国家重大出版工程项目
"十二五"国家重点图书

中国古建筑丛书

◎陈伯超 刘大平 李之吉 朴玉顺 主编

辽宁吉林黑龙江古建筑（上册）

中国建筑工业出版社

审图号：GS（2015）2780号

图书在版编目（CIP）数据

辽宁　吉林　黑龙江古建筑（上册）/陈伯超等主编.—北京：中国建筑工业出版社，2015.12
（中国古建筑丛书）
ISBN 978-7-112-18435-4

Ⅰ.①辽…　Ⅱ.①陈…　Ⅲ.①古建筑-介绍-东北地区　Ⅳ.① K928.71

中国版本图书馆 CIP 数据核字（2015）第216076号

责任编辑：李东禧　唐　旭　杨　晓　吴　绫
书籍设计：康　羽
责任校对：姜小莲　关　健

中国古建筑丛书
辽宁　吉林　黑龙江古建筑（上册）
陈伯超　刘大平　李之吉　朴玉顺　主编
*
中国建筑工业出版社出版、发行（北京西郊百万庄）
各地新华书店、建筑书店经销
北京嘉泰利德有限公司制版
北京顺诚彩色印刷有限公司印刷
*
开本：880×1230毫米　1/16　印张：13　字数：348千字
2015年12月第一版　2015年12月第一次印刷
定价：258.00元
ISBN 978-7-112-18435-4
　　（25808）

版权所有　翻印必究
如有印装质量问题，可寄本社退换
（邮政编码 100037）

《中国古建筑丛书》总编委会

总顾问委员会：

罗哲文　张锦秋　傅熹年　单霁翔　郑时龄

总编辑委员会：

主　　任：吴良镛　周干峙
副 主 任：沈元勤　陆元鼎
总 主 编：陆　琦　戴志坚
委　　员（按姓氏笔画排序）：

丁　垚　王　军　王　南　王金平　王海松　左满常　朱永春
刘　甦　李　群　李东禧　李晓峰　李乾朗　杨大禹　杨新平
吴　昊　张玉坤　张兴国　张鹏举　陆　琦　陈　琦　陈　颖
陈　蔚　陈伯超　陈顺祥　范霄鹏　罗德启　柳　肃　胡永旭
姚　赯　徐　强　徐宗威　翁　萌　高宜生　唐　旭　黄　浩
谢小英　雍振华　蔡　晴　谭刚毅　燕宁娜　戴志坚

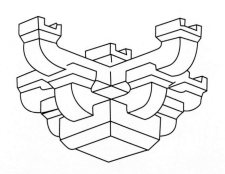

《辽宁 吉林 黑龙江古建筑》

编委会主任：	陈伯超
编委会副主任：	刘大平　李之吉　朴玉顺　胡文荟
编委会委员：	张成龙　赵兵兵　哈　静　徐　帆　吕海平　汝军红 刘　洋　张俊峰　李　刚　李培约　赵龙珠　刘思铎

主　　　编：	陈伯超　刘大平　李之吉　朴玉顺
副　主　编：	胡文荟　刘　洋　张俊峰　哈　静　李培约　赵兵兵
主要执笔人：	吕海平　汝军红　李　刚　李炎炎　赵龙珠　刘思铎 张　勇　原砚龙　郝　鸥　徐　帆　谢占宇　何颖娴 王严力　金日学　耿铁华　肖　东　朱洪伟　邵　明 杨梦阳　牛　笑　王烟雨

主要参编单位：	沈阳建筑大学、哈尔滨工业大学、吉林建筑大学、 大连理工大学、辽宁工业大学、辽宁建筑职业学院

审　稿　人：	刘克良

总 序

中国历史悠久，地大物博，人口众多，是一个多民族的国家，文化遗产极为丰富。中国古建筑是世界建筑史上的四大体系之一，五千年来，光辉灿烂，独特发展，一脉相传，自成体系。在建筑历史发展过程中，从来都没有中断过，因而，积累了大量的极为丰富的优秀建筑文化遗产。中国古代建筑的实践经验、创作理论、工艺技术和艺术精华值得总结、传承和发扬。

中国古代建筑具有强大的生命力，首先是独特的地理环境。中国位于亚洲东方，北部有长白山、乌苏里江高山河流阻挡，西有天山、喀喇昆仑山脉和沙漠横贯，西南有喜马拉雅山脉，东南则沿海，形成封闭与外界隔绝的地域，加上地处热带、温带和寒带，宽阔的地理和悬殊的气候，促进建筑与环境的巧妙和谐结合。

其次，独特的民族性格。中国是以汉族为主的多民族所组成。以中原文化为主的汉族人民团结、凝聚着居住和生活在各地的少数民族。由于各民族的历史、文化、宗教信仰、生活习俗与审美爱好的不同，以及他们所处地区的自然条件和地理环境的差异，长期的劳动实践，形成了各民族独特的性格和绚丽灿烂的建筑风貌。

其三，文化的独特体系。中国文化是以黄河流域中原文化为中心，周围有燕赵文化、晋文化、齐鲁文化、吴越文化、楚文化、秦文化和巴蜀文化所烘托，具有历史渊源长久、人类智慧集中、思想资源丰富的特点。中国传统文化思想的集中表现是以儒学、道学为代表，其后，佛教的传入与中国传统文化的结合，形成以儒学为主的儒、道、释三者合一的中国传统文化思想。归纳起来，就是天人合一的宇宙观念，以人为本、和为贵的人文思想，整体直觉的思维方式，真善美相结合的美学观念。

封闭而独特的地理环境，团结凝聚而又富于创造的民族性格，以儒学为主的文化独特体系，创造了中华民族的雄伟壮丽的建筑工程。长期的经验积累，独树一帜，虽经战争的炮火，民族之间的斗争与融合，外来文化之传入及本土化，但中华民族建筑始终一脉相传，傲然生存下来，顽强发展，独树一帜而不倒，在世界建筑史发展中是罕见的、独有的。

中国古代建筑发展经历了原始社会、奴隶社会和封建社会三个历史阶段。

旧石器时代，原始人群利用天然崖洞作为居住场所。南方湿热多雨，虫害兽多，出现巢居。1973年，在浙江余姚河姆渡村发现大约建于6000~7000多年前的、长约23米、进深约8米的木构架建筑遗址，推测是一座长方形、体量相当大的干阑式建筑，这是我国最早采用榫卯技术构筑房屋的一个实例。

原始社会晚期，黄河流域有广阔而丰厚的黄土层，土质均匀，含有石灰质。黄河中游的氏族部落，在利用黄土层作为壁体的土穴上，用木架和草泥建造简单的穴居，逐步发展到浅穴居，再到地面上的房屋，形成聚落。

奴隶社会，夯土技术逐步成熟，宫室建于高大的夯土台上，木构建筑逐步成为中国古代建筑的主要结构方式。等级制度出现。工程管理有了专职的"司空"，以后各朝代沿袭发展成为中国特有的工官制度。

封建社会初期，高台建筑盛行，修建了长城、驰道和水利工程。东汉时代，建筑中已大量使用成组的斗栱，木构楼阁增多，城市和建筑类型扩充，中国古代独特的木构建筑体系基本形成。

两晋南北朝是我国历史上充满着民族斗争和民族融合的时期，佛教的传入，宗教建筑大量兴建，高大的寺庙、壮丽的塔幢，石窟中精美的雕塑和壁画，这是我国古建筑吸收外来文化使之本土化的创造时期。

隋、唐统一全国，开凿贯通南北的大运河，促进了我国南北物资和文化的交流和发展。唐代的长安、洛阳成为世界上最大的城市。木构建筑的宫殿、楼阁和石窟、塔、桥，无论布局或造型都具有较高艺术和技术水平，唐代建筑已发展到成熟的阶段。

宋、辽、金时期，南方在经济和文化方面居于先进地位。由于手工业分工更加细致，国内商业和国际贸易活跃，城市逐渐开放，改变了汉以来历代都城采用的封闭式里坊制度，形成沿街设店的方式。建筑的设计和施工达到一定程度的规格化、制度化，公元12世纪初在总结经验的基础上编写了《营造法式》这一部重要文献。

元代大都建立，喇嘛教和伊斯兰教建筑影响到各地。明、清时期官式建筑已经达到完全程式化、定型化阶段。明代后期出现资本主义萌芽，清代在城市规划上、建筑群体布局和建筑艺术形象上有所发展，例如北京城、故宫、天坛等。民居、园林和民族建筑遍布各地，呈现一片繁荣景象。

中国古建筑有明显的特征。在城市规划上，严谨规整、对称宏伟，表现出庄重威武的中华民族性格。单体建筑中，雄伟的飞檐屋宇、大红的排列柱廊、高大的汉白玉台基，呈现出崇高壮丽又稳定的形象。黄河流域盛产的木材资源，形成了中国古建筑木构架体系的特色。室外装饰的富丽堂皇、金碧辉煌，室内陈设装修的华丽多样、细腻雕饰，体现了中国古建筑绚丽多彩的民族风格。

聚居建筑方面，包含民居、祠堂、家庙、书院等遍布全国各地，它们与人民生活息息相关。各地各族人民根据自己的生活习俗、生产需要、经济能力、民族爱好和审美观念，结合本地的自然条件和材料，因地制宜、因材致用地进行设计与营造。他们既是设计者，又是营建者、使用者，可以说设计、施工、使用三位一体，因而，这种建造方式所形成的民宅民间建筑，既实用简朴，又经久美观，并富有民族风格和地方特色。

中国古园林的特征。以自然山水即中国山水画为蓝本，并以景区、景物和建筑、山水、花木为构件，由景生情，产生意境联想，达到艺术感受。皇家园林因其规模大、范围广，其园林布局自秦、汉时期的一池三岛，到唐、宋以山水画为蓝本，明、清仍沿袭池中置岛古制，但采用人工造山置水的方法。

明、清私家园林因属民间，士大夫文人常在宅后设园休闲宴客，吟诗享乐，其特点是以最小的场所造成无限的景色为目的。因其规模小，常以叠石或池水为主，峰峦洞壑、峭壁危径或曲径通幽取胜。在情景中则采用巧于因借、精在体宜的手法。

我国是一个人口众多的多民族国家。相传秦汉以前，中华大地上主要生存着华夏、东夷、苗蛮三大文化集团，经过连年不断的战争，最终华夏集团取得了胜利，上古三大文化集团基本融为一体，历史上称为华夏族。春秋、战国时期，东南地区古老的部族称为"越"，逐渐为华夏族所兼并而融入华夏族之中。秦统一各国后，到汉代都用汉人、汉民这个称呼，直到隋、唐，汉族这个名称才固定下来。

由于各民族的历史文化、宗教信仰、生活生产、习俗性格的不同，又由于各族人民所处地区的自然条件和环境的不同，导致他们各自产生了富有特色的建筑和民宅，如宏伟壮丽的藏族布达拉宫，遍布各族聚居地的寺院庙宇、寨堡围村、楼阁宅居，反映了绮丽多彩的民族风貌。

中国传统文化渗透了中国古建筑，中国古建筑深刻地体现了中国文化。

新中国成立后，作为全国性有领导有组织地编写中国古代建筑史，第一次是1959年，由原建筑科学研究院组织"编写三史"开始。当时集中了全国高等院校、科研部门分工编写，1962年由中国工业出版社出版《中国建筑简史》第一册（古代部分）。随后，又组织有关院校、文化、历史、考古等单位对古代建筑史有研究的人员，经多次修改，由刘敦桢教授执笔主编的《中国古代建筑史》，于1966年完成。由于"文化大革命"，未能出版，1980年才由中国建筑工业出版社正式出版。作为高等院校的中国建筑史教材则由全国高校教师编写，参考了上述专著，由中国建筑工业出版社1982年出版。

作为系统的、全面的、编写中国古建筑丛书是从1984年开始，当时作为《中国美术全集》中的一个门类——建筑艺术，称为《中国美术全集·建筑艺术编》，共6辑，包含宫殿、坛庙、陵墓、宗教建筑、民居、园林，1988年完成出版。

第二次编写从1992年开始，编写的原因是《中国美术全集·建筑艺术编》6辑出版后，各界反映良好，但感到篇幅不够，它与我国极为丰富的建筑文化遗产大国不相适应。于是，再次组织编写《中国建筑艺术全集》丛书30辑，其中古建筑24辑，近现代建筑6辑。古建筑部分仍按类型编写。该丛书中的24辑于1999年5月出版。

由于这两次丛书都是全国性编写，按类型写，又着重在艺术，因此，一些地方特色和民族特色的、中型的优秀古建筑就难于入选。为了弘扬和传承优秀传统建筑文化体系，总结经验和规律，保护我国优秀传统建筑文化遗产，因此，全面地、系统地、按省（区）来编写古建筑丛书是非常必要的、合时宜的。

本丛书编写的主要特点是：其一，强调本省（区）古建筑的民族特色和地方特色；其二，编写不限于建筑艺术，而是对本省（区）古建筑的全面叙述，着重在成就、价值、特色、技术和经验、规律等各个方面，这是我国民族和地区的资料比较全面和丰富的传统建筑文化丛书。

陆元鼎

2015年1月10日

前 言

生活在塞外黑土地上的中华儿女，以他们聪敏的智慧、勤劳的双手创造着华夏的北国文明。在这块土地上，曾经建立有渤海国、高句丽国、金国、辽国等地方政权，特别是明末满民族的崛起，建元大清，并最终进入中原，登上中国的最高权力顶峰。

东北历史上属多民族的繁衍之地，所包含的肃慎系、秽貊系、东胡系和汉民族四大族系文化，呈现出多元的态势。大量汉民受到当地少数民族文化的深刻影响。历史上相当长的一段时期少数民族文化成了东北土著文化的代表。发端于东北森林、草原和白山、黑水之间的少数民族长于渔猎，善于骑射。采摘、渔猎、游牧成为东北古代人民最主要的谋生手段和生活方式。正是由于东北多民族聚居的社会环境使得各民族之间的文化相互借鉴、相互影响，最终在保留本民族特色的基础上，产生了一种趋同性，形成适应地域环境的共同传统，也成就了东北古建筑的地域性特色。

同时，从汉代起就有大量的中原人移民至东北地区，特别是明清以后移民规模和移民比例越发增大。在中原移民与东北土著民族两千多年的杂居共处中，尤其是近八百年的相互影响，汉族移民带来的中原文化在少数民族中传播，逐渐渗透到东北各地，改善着土著文化。然而，对中原文化又并非是一个简单的"复制"过程，汉族文化与土著文化的融合表现出被东北土著民族文化异化的痕迹。二者相辅相成，融会贯通，形成了新型的东北文化。

另一方面，文化的流向永远都不会是单向的，东北文化也在一定程度上影响着中原文化。除了两地之间的正常交往作为文化交流的重要渠道之外，特别是历史上鲜卑、契丹、女真、蒙古和满族的"五次入主中原"，统治长达900年之久。这一时期，东北与中原地区同处于来自东北民族掌控的政权之下，两地交流渠道畅通，交流活动频繁而广泛，由北向南的影响是显而易见的。至于来自满族的清朝统治，更将满文化堂而皇之地尊奉到至上地位。因此，东北文化对中原文化所产生的逆向作用也是必然的和不能忽略的，其中也包括建筑的发展脉络与体系。这也是在文化和建筑传递研究领域需要加以注重的方面。

东北不同的政治和历史等社会因素与特殊的地理和气候等自然因素，塑造出具有东北地域性特征的关东建筑体系。它沿袭着中原建筑体系的基本规律、秩序与做法，又在空间组织、建筑构架、营造技术、构造做法、装饰艺术等不同方面体现着地方性特点。至今仍完整保留下来的盛京皇宫、关外三陵，以及高句丽时代的古城遗址，更成为国内以至世界上极为珍贵的人类文化遗产。它们与祖国各地丰富多彩的地方建筑在中原文化的总干下形成不同的分支，共同铸就了博大精深的中华传统建筑文明。

《辽宁　吉林　黑龙江古建筑》一书分为上下两册，共包括118个古建筑项目，它们涵盖了东北古建筑的各种类型，具有普遍性和代表性。本书以文字、照片、测绘图三种不同的表述方式，诠释着体现于建筑之中的人类历史与文明。收录内容和表述形式力求同时具有专业性与普及性、资料性与可读性。鉴于书中涉及的建筑分布范围广、历史跨度大、类型多、数量大，共有6所高校、近百人参与了本书的编写、测绘、拍照及其辅助性工作。同时，这些资料也并非一次性工作的成果，而是经编撰者长期收集与积累、研究与再加工的结晶。它们曾为祖国的文物保护事业和城市建设工作提供了重要的依据、佐证与参考，本书的面世更将使它们在今后的城市建设、文化建设和旅游事业中发挥更大作用。

作为《中国古建筑丛书》的分册《辽宁　吉林　黑龙江古建筑》，是对中华文明与关外古建筑的生动写真，它将以翔实而准确的笔墨、真实而生动的图片将这些宝贵遗产展示给世人，并永久地记录于史册。

陈伯超

2015年1月1日

目 录

（上册）

总 序

前 言

第一章 绪 论
第一节 影响东北古建筑的因素 / 〇〇二
一、东北独特的文化体系对东北古建筑的
　　影响 / 〇〇二
二、东北独特的地理气候环境对东北古建筑的
　　影响 / 〇〇三
第二节 东北地区古建筑演进过程 / 〇〇四
一、蒙昧至文明的开端时期 / 〇〇五
二、东北各地方民族政权分立迭起时期 / 〇〇六
三、隋唐王朝羁縻统治时期 / 〇〇七
四、辽金北方王朝统治时期 / 〇〇八
五、元明清中央王朝统治时期 / 〇一〇
第三节 建筑特征 / 〇一〇
一、建筑类型 / 〇一〇
二、选址与布局 / 〇一一
三、建筑营造技术 / 〇一一
四、建筑装饰艺术 / 〇一四

第二章 古城、古镇（村）与民居
综述 / 〇二一
一、古城 / 〇二一
二、古镇（村）/ 〇二四
三、民居 / 〇二八
第一节 古代都城 / 〇三六
一、五女山山城 / 〇三六
二、盛京城 / 〇四〇
三、丸都古城 / 〇四二
四、国内城 / 〇四五
五、双城承旭门 / 〇四九
六、凤林古城 / 〇五一
七、金上京城 / 〇五二
八、渤海上京城 / 〇五二
第二节 古镇 / 〇五三
一、鞍山海城市牛庄镇 / 〇五三
二、大连瓦房店市复州城镇 / 〇五五
三、兴城古城 / 〇五七
四、丹东东港市孤山镇 / 〇六一
第三节 古村落与民居 / 〇六九
一、沈阳石佛寺朝鲜族锡伯族村与锡伯族民居 / 〇六九
二、凤城关大老爷旧居 / 〇七四
三、新宾肇宅满族民居 / 〇七六
四、龙井凉水镇长财村与朝鲜族民居 / 〇七八

五、图们智新乡北大村与朝鲜族民居 / 〇七九

六、长白金华乡梨田村与朝鲜族民居 / 〇八一

第三章 宫殿、衙署、府邸

综述 / 〇八七

第一节 宫殿 / 〇八八

沈阳故宫 / 〇八八

第二节 府邸和衙署 / 一一四

一、前郭尔罗斯哈拉毛都蒙古贵族府邸 / 一一四

二、永吉乌拉街满族贵族府邸 / 一一九

第四章 陵寝

综述 / 一三五

第一节 皇陵 / 一三七

一、沈阳昭陵 / 一三七

二、沈阳福陵 / 一四九

三、抚顺永陵 / 一六二

第二节 墓葬 / 一七五

一、棒台子1号壁画墓 / 一七五

二、棒台子2号壁画墓 / 一七六

三、辽阳北园1号壁画墓 / 一七六

四、三道壕车骑壁画墓 / 一七八

五、三道壕1号壁画墓 / 一七八

六、三道壕令支令壁画墓 / 一七九

七、集安高句丽太王陵 / 一七九

八、集安高句丽"将军坟" / 一八一

九、舒兰完颜希尹家族墓地 / 一八二

辽宁 吉林 黑龙江古建筑地点及年代索引 / 一八四

参考文献 / 一八九

后记 / 一九一

作者简介 / 一九二

（下册）

总　序

前　言

第五章 寺　观

综述 / 〇〇三

东北古代宗教建筑类型 / 〇〇三

第一节 佛教寺庙 / 〇〇八

一、大广济寺 / 〇〇八

二、奉国寺 / 〇一四

三、沈阳四塔四寺 / ○二○
四、慈恩寺 / ○二四
五、千山龙泉寺 / ○三一
六、千山大安寺 / ○三三
七、千山香岩寺 / ○三九
八、千山中会寺 / ○四三
九、千山祖越寺 / ○四六
十、沈阳般若寺 / ○四八
十一、沈阳实胜寺 / ○五一
十二、沈阳太平寺 / ○五七
十三、沈阳大佛寺 / ○六○
十四、沈阳中心庙 / ○六三
十五、沈阳长安寺 / ○六五
十六、海城三学寺 / ○六九
十七、彰武圣经寺 / ○七二
十八、阜新瑞应寺 / ○七五
十九、辽阳首山清风寺 / ○七七
二十、铁岭慈清寺 / ○八三
二十一、朝阳佑顺寺 / ○八八
二十二、凌源万祥寺 / ○九二
二十三、北票惠宁寺 / 一○一
二十四、普兰店清泉寺 / 一○七
二十五、大连观音阁 / 一一一
二十六、庄河法华寺 / 一一四

二十七、吉林观音古刹 / 一一九
二十八、吉林北山药王庙 / 一二三
二十九、渤海兴隆寺 / 一二七
第二节 道教宫观 / 一三○
一、北镇庙 / 一三○
二、沈阳太清宫 / 一三四
三、千山无量观 / 一三八
四、喀左天成观 / 一四三
五、庄河青堆子天后宫 / 一四八
六、普兰店三清观 / 一五二
七、大连响水寺 / 一五六
八、吉林北山玉皇阁 / 一五六
九、吉林北山坎离宫 / 一六六
第三节 伊斯兰教清真寺 / 一七○
一、开原老城清真寺 / 一七○
二、沈阳南清真寺 / 一七五
三、瓦房店清真寺 / 一八一
四、长春清真寺 / 一八三
五、卜奎清真寺 / 一九○
六、呼兰清真寺 / 一九四
七、哈尔滨阿城清真寺 / 一九七
八、依兰清真寺 / 二○○
九、乌拉街满族镇清真寺 / 二○四
第四节 文庙、关帝庙 / 二○七

一、朝阳关帝庙 / 二〇七
二、普兰店关帝庙 / 二一二
三、吉林文庙 / 二一七
四、吉林北山关帝庙 / 二二五
五、阿城文庙 / 二三〇

第六章　书院、会馆、塔及其他
综述 / 二三七
第一节　书院与会馆 / 二三九
一、瓦房店横山书院 / 二三九
二、铁岭银冈书院 / 二四二
三、海城山西会馆 / 二四七
第二节　塔 / 二五一
一、沈阳无垢净光舍利塔 / 二五一
二、辽阳白塔 / 二五三
三、海城银塔 / 二五七
四、海城金塔 / 二五八
五、朝阳北塔 / 二五九
六、朝阳云接寺塔 / 二六三
七、喀左大城子塔 / 二六五
八、朝阳黄花滩塔 / 二六八
九、朝阳双塔寺双塔 / 二七〇
十、朝阳八棱观塔 / 二七二
十一、朝阳南塔 / 二七三

十二、绥中妙峰寺双塔 / 二七五
十三、开原崇寿寺塔 / 二七七
十四、兴城白塔峪塔 / 二七九
十五、长白灵光塔 / 二七九
十六、农安辽塔 / 二八一
十七、洮南双塔 / 二八二
十八、肇源衍福寺双塔 / 二八四
第三节　牌坊、桥梁及其他 / 二八六
一、凤城魁星楼 / 二八六
二、凤城孔庙棂星门 / 二八七
三、沈阳永安石桥 / 二九〇
四、凌源天盛号石拱桥 / 二九〇
五、盖州钟鼓楼 / 二九一
六、宁安大石桥 / 二九三
七、宁安望江楼 / 二九五
八、巴彦牌坊 / 二九七
九、五常蓝旗石牌坊 / 二九八

辽宁　吉林　黑龙江古建筑地点及年代索引 / 三〇〇

参考文献 / 三〇五

后记 / 三〇七

作者简介 / 三〇八

辽宁吉林黑龙江古建筑

第一章 绪论

东北是中国境内界域十分明确的一片沃土。一道古老的长城作为它与其西南相邻的祖国中原大地之间的清晰标划，使它成为中华大家庭中一个在历史、文化与建筑等多方面具有一定个性化特征的子系统。在西北、北、东和东南面，它分别与蒙古、俄罗斯、日本、朝鲜和韩国等国接壤或隔海相望。

东北，古称营州、辽东、关东、关外、满洲，是中国东北方向国土的统称。现包括辽宁省、吉林省、黑龙江省和内蒙古自治区的一部分，是我国东北边疆地区自然地理单元完整、自然资源丰富、多民族深度融合、发展历史相近、经济联系密切的一个整体。

本卷内容涵盖了东北地区的辽宁、吉林和黑龙江三省境域之内具有典型性和代表性的古建筑。

第一节 影响东北古建筑的因素

一、东北独特的文化体系对东北古建筑的影响

东北的历史和社会是一个多元文化的集合体。从建筑研究的角度，它包含四种类型：游牧文化、移民文化、殖民文化、工业文化。四大文化在这片土地上交汇、碰撞、组合、更新，最终形成了今天独特的东北文化。这四大文化也可代表东北历史建筑研究的四大倾向，即：少数民族传统建筑研究、汉族传统建筑研究、近代殖民建筑研究、工业建筑研究。针对古建筑研究，重点需要关注的是游牧文化和中原移民文化的交流与融合。

东北是一个移民社会，是一个多民族聚居的地方，这是东北社会文化的最显著特征。移民活动和民族融合带来的建筑文化交流方式主要有两种：一是汉族移民史引发的中原建筑文化的移植；一是多民族聚居引发的建筑文化的相互借鉴。以下将作分别说明。

（一）汉族移民史引发中原建筑文化的移植

中原汉族迁徙东北的过程是持续性的，各朝各代均有中原汉族不断迁徙到东北。迁徙的地域空间也是依地缘渐次性推移的。大体以辽宁为基地，随着历史的进程，北上幅度越来越大，直至吉林、黑龙江及其以北。历史上，东北地区汉族人口的增长并非直线上升。有时也在减少、回迁，甚至跌入低谷。但总的趋势是增加的、发展的，甚至攀登上几个高峰。明代以前，并未形成大的移民规模。白山黑水之间，主要是满族等土著居民的故乡。直到明末清初，大批的华北等地的移民涌入东北，进而确定了以汉族为主体的多民族聚居的社会环境。

以礼制文化为代表的中原汉族文化，是中国最为强势的主导文化。与东北汉族移民活动相生相伴的，便是中原强势文化不断向东北游牧社会的移植，这其中也包括了中原建筑文化的移植。尤其是移民的最大输出地——华北、山东的建筑文化，深刻影响了东北古建筑。因此，考察东北古建筑，会发现很多山东、河北等地传统建筑的影子，它们像印记一样深深烙进了东北的古建筑的骨骼，昭示着东北汉族与中原汉族一脉相承的亲缘关系。

（二）多民族聚居引发建筑文化的相互借鉴

东北地处边塞，历史上又一直是多民族繁衍之地，各民族相互间不断地进行攻伐、兼并与融合，"这种长期极不稳定的社会状态，对于社会制度的确立与经济的发展造成了极大的影响，当黄河流域已经进入奴隶社会和封建社会时，这里的原始氏族制度仍然牢固地存在着。"[①] 而且，东北独特的自然地理条件，使游牧渔猎成为东北古代人民最主要的谋生获食手段和生产生活方式，成为最基本的物质文化。随着社会文化的发展嬗变，当中原地区逐渐从游牧渔猎时代过渡到农业时代并创造了灿烂辉煌的农业文明时，由于地理、气候等自然状况和某种社会历史原因，东北却长时期地停留在渔猎、牧猎及半渔猎半农耕时代。

历史上，在东北地区，不仅少数民族被汉化，而且在某些环境中，大量汉族少数民族化。"东北文化开始呈现出一种多元的民俗类别，使得原来以'民族'为主的文化特征开始向以'地方'为主的文化特征转化，并在各自原有民族特性的基础上进行自觉的融合和优化。"[②]

中原的移民来到东北，只能适应这里的环境。慢慢的，从故乡带来的习俗沉淀在这片黑土地上，又影响了黑土地的文化，文化以独特的方式开始轮

转。早期的东北汉族移民，为适应东北陌生、艰苦的生存环境，首先向土著民族学习生存经验；当汉族移民逐渐安居下来，开始农耕劳作，有了一定的物质基础，便开始建造固定式住宅，但又因为适应东北地域特殊环境的需要，少数民族的居住经验也被吸收进汉族的居住建筑中。反过来，当汉族的农耕文化逐渐影响了东北少数民族（尤其是满族）的游牧渔猎文化，又需要向东北汉族移民学习建造建筑的经验。

正是由于东北多民族聚居的社会环境使得民族文化之间相互借鉴、相互影响，最终在保留民族特色的基础上，产生了一种趋同性，具有了一种适应地域环境的地域共同传统，也成就了东北古建筑的地域特色。

从某种意义上说，中原文化是滋养东北文化的重要源泉，特别是东北古建筑更是在大量地吸收了中原建筑的给养而成为中华建筑主系中结合本土条件成长起来的一个支系。当然，文化的流向永远都不会是单向的，东北文化也在一定程度上影响着中原文化。除了两地之间的正常交往作为文化交流的重要渠道之外，特别是辽、金时期，东北与中原地区同处于一个来自东北民族掌控的政权之下，两地交流渠道畅通，交流活动频繁而广泛，由北向南的影响是显而易见的。至于来自满族的清朝统治，更将满文化堂而皇之地尊奉到至上地位。因此，东北文化对中原文化所产生的逆向作用也是必然的和不能忽略的，其中也包括建筑的发展脉络与体系。这也是在文化传递研究领域需要加以注重的方面。

二、东北独特的地理气候环境对东北古建筑的影响

（一）气候变化影响下东北古建筑的建造差异

即使在同一气候区，由于气候变化的程度不同，也使得建筑的构造形式或细部处理存在一定的差异，不可能一种建筑形式适应所有地区。虽然东北地区的气候特征总体接近，但由于地理位置、地形地貌的不同会造成局部气候的差异，会导致东北各地的汉族民居略有不同。

辽宁省属北温带大陆季风气候，四季分明，境内日照时间长，气温较高，冬长夏短，春秋季短，雨量不均，东湿西干，年日照时数2100～2600小时，无霜期125～215天，年降水量440～1130毫米，是东北地区光照最多，热量最富，降水最多的省份。

吉林省境东南部山地气候冷湿，西北部平原接近蒙古高原，气候干暖，全省属温带大陆季风气候，春季干燥多风，夏季温暖多雨，秋季晴冷温差大，冬季漫长干寒，具有明显的四季之分，年降水量400～1000毫米，冬季积雪深厚，尤其是山地，厚度可达40～50厘米。

黑龙江省省境位于中国最北部，属于寒温带大陆性季风气候，为中国大陆气温最低的省份。冬季漫长，多西北风，寒冷干燥；夏季短促，盛行东南风，高温多雨，适宜农作物生长。省内南北温差明显，温度从南往北逐渐降低；湿度由西往东递增。大兴安岭北部属寒温带，冰土深厚，无霜期不足3个月；南部气温较高，无霜期100～140天。年降水量400～650毫米。

地域内部的气候差异，导致了东北古建筑的地方性差异。比如：虽然东北建筑都以抗寒保暖为特色，但由于东北三省从南到北，从寒冷地区过渡到严寒地区，冬季寒冷程度逐渐增加，因此，黑龙江建筑的外墙一般要厚于辽宁民居，房屋更加敦实，也更注重保暖。山地林区的建筑又常常使用大量木材，除用作建筑的构架之外，也用于建筑的维护部分，如原木外墙、木屋面……又如：辽西地区处在季风带，来自内蒙古高原的风沙于春季肆虐辽西，气候干燥、雨水少，当地建筑多采用有利于防御风沙的建筑形式。

（二）地理关系影响下东北古建筑的建造差异

东北地区境内有高山平原、有大海大川，有中国最大的原始森林，更有神奇的"黑土地"。地形地貌甚为清晰：东、西、北三面环山，南面靠海，中部即是广阔的东北大平原。整体看来，周围高中间低，呈山水环绕的"马蹄形"格局。大、小兴安岭屏障西北，长白山屏障其东，地势高耸；辽河、松花江、嫩江、黑龙江、乌苏里江等水系，纵横环绕，冲刷出肥沃富庶的平原；南部有辽河平原，中部有松辽平原、松嫩平原，东北部有三江平原，地势平坦。丰富的山水资源与林海旷野为牧猎和农耕文化的发

展与并存提供了天然的滋养。同时，不同的地域条件又是造成东北三省古建筑不同特质的重要原因。

首先，由地缘条件所造成的文化属性的差异，导致了东北古建筑的部分建造差异。黑龙江和吉林相对偏远，生活于白山黑水之间的游牧民族创造了鲜明的特色文化，并留下了不同凡响的历史积淀。高句丽、渤海、大金等都曾在这片土地上建立地方政权。勤劳、彪悍、上进的东北边民用自己的双手丰富着祖国的游牧文化，创造了多彩的地方式建筑，如山城、民居、陵墓等，这里存在有许多其他地区鲜见的建筑形式和独到的建筑技术。东北三省虽同属于游牧文化圈，但与吉林、黑龙江相比，辽宁独特的地理位置，使其成为中原文化与游牧文化的交汇点。其地理联系使得辽宁境内的建筑也存在着一定的区域性差别：由于辽西近河北，辽南近山东，受文化辐射的影响，辽西在文化属性上偏向于"燕辽文化区"，辽南在文化属性上偏向于"齐鲁文化区"。同时，历史因素也造就了地理上的文化属性差别。为抵御边塞少数民族势力的入侵，明代曾设"九边"，最东边是"辽东镇"。"辽东镇"长城西起山海关，东至辽宁凤城，"北拒诸胡"，"东控扶余"，全长1000多公里，是明代中原文化与游牧文化的大概分界线，而辽宁大部分区域曾一度属于中原朝廷实控范围之内。清兵入关以后，"清朝以东北为'龙兴之地'，禁止汉人自由迁入，并沿着明代辽东边墙旧址插柳结绳，构筑警戒线，称为'柳条边'。"③边内为封禁区，边外则鼓励汉人去开垦。"由于文化相互交流和空间占用，文化区之间没有绝对分明的界限，其文化的一致性只在核心区中最为明显，向外（即文化辐射区）则逐渐减弱。不同文化区之间的接触地带实际上是一个过渡地带（灰色地带），"④辽宁正是游牧文化与中原文化区的过渡地带。

从辽宁到吉林再到黑龙江，中原文化的辐射影响逐渐减小，而游牧文化的影响逐渐增加。因此，相比吉林、黑龙江的古建筑，辽宁的古建筑受游牧文化的异化较少。

其次，移民迁徙活动使地域文化发生渐变，从而也导致了古建筑的部分建造差异。辽宁作为中原汉族移民到达东北的第一站，是东北三省汉族移民活动最活跃的区域。从辽宁出发，移民活动逐渐向吉林、黑龙江递进，中原文化不断深入到东北少数民族的发祥地，在与游牧文化的碰撞和交融中，古建筑的中原文化属性逐渐减弱，并为适应苦寒之地和多民族的社会环境，其游牧文化属性逐渐加强。仅就辽宁而言，辽西与河北的古建筑相似，而辽东、辽南的古建筑又多山东的影子。除了受文化辐射的影响，还因为河北、山东的移民多在此处落脚。过去中原到东北的移民主要有陆路和水路两条输出通道，"这些流民主要来自于与东北毗邻或路途相隔不远的地区，如直隶、山东、河南、山西；或者是有海路可通达辽东各海口的地区，如闽、广、江浙、山东。"⑤河北的移民往往"闯关"，即山海关，经"辽西走廊"到达辽宁。山东的移民则从烟台、青岛、龙口等地"泛海"，在大连、营口、丹东等港口城市登陆。而河南、山西等内陆地区的移民，则陆路、水路均有。

因此，辽、吉、黑的古建筑都具有东北的共性特征，但它们之间的地域之间所造成的文化差异仍然是明显的，不同区域之间又存在着某些各自的建筑特点。

第二节 东北地区古建筑演进过程

东北自古以来就是多民族聚居区，各民族社会发展不平衡是东北历史最基本和最显著的特点。其南部一部分地区与中原发展基本同步，但其他大部分地区则明显滞后于中原地区，有的在公元前后开始建立民族政权，有的到公元3～4世纪才脱离原始社会形态，个别者直到近代社会尚处于原始氏族部落阶段。另一方面，东北民族经济类型多样，社会发展道路不尽相同，有的由原始社会经由奴隶社会进入封建社会，有的由原始社会末期直接飞跃到封建社会，加上各民族与中原王朝的距离远近不一，受中原文化影响亦有大小之别，使得东北历史呈现出复杂多样的局面，为这一地区历史分期带来了诸多困难。根据2002年吉林大学程妮娜教授的《中国边疆史地研究》

一文中有关东北历史分期的叙述和建筑的发展情况，将东北地区建筑的演进历史分成如下五个时期。

一、蒙昧至文明的开端时期

从旧石器时代早期到公元前3世纪后期，是东北地区蒙昧至文明开端时期。东北是中华大地人类早期生存的重要区域之一，与中原文化交流源远流长。由于自然环境等因素的制约，东北各地文化发展呈现出不平衡的局面，只有南部一小部分地区发展迅速，率先进入文明社会，并与中原地区同步进入奴隶社会和封建社会。而代表东北地区总体发展水平的、占绝大部分的各少数民族地区，长期处于原始社会的不同发展阶段。东北地区早在人类童年阶段就开始有原始人类生活的足迹，他们经由旧石器时代发展进入新石器时代，创造了丰富灿烂的原始文化，成为中华文明重要的起源地之一。

20世纪七八十年代，考古工作者首先在辽河流域发现和发掘了辽宁营口金牛山洞穴遗址、本溪庙后山洞穴遗址。20世纪90年代末，又在松花江流域发现了位于我国境内最北的旧石器早期遗址，黑龙江省阿城交界镇洞穴遗址，其年代为距今26.3万年～17.5万年左右。说明在旧石器时代早期东北地区已经有原始人类生活。到了旧石器时代中晚期，随着人类征服自然的能力增强，原始人类居地几乎遍布整个东北地区。辽宁省本溪中部地区太子河上游支流汤河河畔的山城子村东庙后山的南麓山坡上的庙后山遗址是迄今为止发现的中国最北的一个旧石器早期文化遗址。山洞穴中的原始人，几十个人集体穴居在岩洞里，过着血缘群婚的生活，几个年长的姊妹主持着这个家庭。这也是辽宁省出现得最早的居住聚落。

直到距今5000年前左右，辽西地区原始氏族部落的文化发展较快，氏族成员之间出现了明显的等级差别，红山文化东山嘴遗址和牛河梁遗址发现了大型祭坛建筑、女神庙和积石冢，放射出辽西大地上第一道文明曙光。牛河梁女神庙遗址位于辽宁西部凌源、建平交界处，牛河梁主山梁的中心部位。女神庙主体建筑在北，由一主室和若干侧室、前后室组成；附属建筑在南，为单室建筑。庙的顶盖和墙体采用木架草筋，内外敷泥，表面压光或施用彩绘。主体建筑已形成有中心、多单元、有变化的殿堂雏形。该处是中国已知最早的神庙址，室内有巨大塑像群，出土的女神像造型准确，形象生动，艺术水平较高。女神庙长22米，宽5.3米，分前、中、主、耳和后室。遗址的大型祭坛、女神庙和积石冢群址，距今已有5000多年的历史，其布局和性质与北京的天坛、太庙和十三陵相似。5000年前，这里存在着一个具有国家雏形的原始文明社会。它把中国古代史的研究从黄河流域扩大到燕山以北的西辽河流域，并将中华文明史提前了1000多年，对中国上古时代社会发展史、思想史、宗教史、建筑史、美术史的研究也产生了巨大影响。

新石器时代，东北各地文化面貌已呈现出地区性差异，发展程度日趋不平衡。中原进入国家时期后，东北各地发展不平衡的特征越发突显。由于越向东北方向气候越加寒冷，受人类征服自然能力的限制，原始文化发展速度也越缓慢。东北的中部、北部和东北部等绝大部分地区的居民，则长期停滞在原始社会的不同发展阶段，并逐渐按地域形成三个不同经济生活类型的原始集团，即中部和东部的秽貊集团、东北部的肃慎集团、西部的东胡集团，分别以氏族部落的形式向中央王朝称臣纳贡，进行政治、经济、文化交往。这个时期在辽宁境内现存有沈阳新乐遗址以及土珠子遗址。

沈阳市的新乐遗址是新石器时代遗址，是一处原始社会母系氏族公社繁荣时期的村落遗址，其布局与半坡文化很相似。遗址分布面积达17.8万平方米，中心区域2.25万平方米。是已发现辽宁省最早的半地穴式房址。房址平面是4.6米×5.2米的不规则圆角长方形。房中间有椭圆形火塘一座。新乐遗址出土石器、骨器、陶器、木器、煤制精品等重要文物千余件。其中"木雕鸟"是沈阳地区出土年代最久的珍贵文物，也是世界上唯一保存最久远的木雕工艺品。

位于辽宁省长海县广鹿岛中部的土珠子遗址。房址为圆方形，半地穴式，建筑结构比较简单，房内设有火灶。房址有圆形和圆角方形两种，均为半地穴式。

周壁有柱洞，房子中间有柱础，房顶抹草拌泥。

位于黑龙江七台河市区西南约3公里处的大顶子山古城遗址，在大顶子山顶的柞树林中，西与太和村隔河相对，东为峡峪平地。这是一处距今约2000年左右新石器晚期到铁器时代早期满族祖先肃慎延至金代时期的人类生活聚落。古城遗址总面积3000平方米，旧城墙高10米，平均厚度约1米，周长100余米，外有护城壕。

在中原早期国家时期，中原王朝就开始对东北地区有一定的政治统辖关系。这不仅对中原王朝在东北区域的统治具有重要的意义，而且对当时乃至后来东北各少数民族的发展也具有特殊的意义。

二、东北各地方民族政权分立迭起时期

从秦朝到南北朝时期东北各民族与地方政权分立迭起，此消彼长，在争衡中迅速发展起来。秦汉王朝实行中央集权制度，政治统治空前强化，经济实力十分雄厚，对边疆地区统治的加强随之出现，这对散居于东北边疆地区的少数民族社会产生了强烈的影响。秽貊族系人在东北诸族中率先建立了地方民族政权——扶余政权、高句丽政权，而且这两个政权很快就与中原王朝建立了明确的隶属关系。秦朝统一以后，已经出现很多的较大规模聚落。此外，在葫芦岛市绥中县万家镇的止锚湾海滨的碣石宫即碣石秦汉遗址群，碣石宫遗址为六处遗址中最大的一处，经考证为当年秦始皇东临碣石的驻跸之地，是整个遗址群的主体建筑。其总体布局为长方形，南北长500米，东西宽300米，占地面积15万平方米。四周构筑夯土墙，墙基宽2.8米，内外壁陡直。碣石宫建在石碑地高大的夯土台基上。遗址的立体建筑靠近海岸线，遗留下来的夯土台高达8米，地基边长40米，有一半沉入地下，是一座规模宏伟的高台多级建筑。立体建筑的两翼有角楼，后面有成批的建筑群，除秦都咸阳和汉都长安以外，极少见有如此大型而又布局有序的宫殿建筑群。从这里出土的建筑上使用的当头筒瓦，当头为大半圆形，当面为高浮变纹，直径54厘米，瓦高37厘米，通长68厘米，堪称"瓦当王"，是秦代皇家建筑的专用材料，图案的规范化为国内所罕见。两千年前的行宫中的大小居室，排水系统，储备食物的窖井等，均清晰可见。碣石宫中轴线南端正对着海中巨石——姜女石，相距400余米。姜女石即为秦汉时的碣石（门）。碣石宫是利用海滨自然景观，前临一望无际的渤海，海中有昂然耸立的碣石；后靠巍峨连绵的燕山，山上有逶迤起伏的长城。以墙子里宫殿为主体建筑，止锚湾为左翼阙楼，黑山头为右翼阙楼，衬以瓦子地、周家、金丝屯等众多的附属建筑，呈合抱之势，正对海中碣石（门），形成一处完整壮观的建筑群体。可与始皇陵、阿房宫并列为秦代三大工程。

位于现双鸭山市的友谊县富乡凤林村，有一处汉魏时期规模最大的王城城址——凤林古城。古城东墙长116米，南墙长112米，西墙长124米，北墙长119米。城四角有角楼遗址，每边中部设一马面。城外设护城河。在7城区中心有一座半地穴式大房子遗址，它坐西向东，南北长约29米，东西长约23米，面积670平方米。

炮台山古城与凤林古城遗址隔七星河相望，二城的中心直线距离约1500米。其建制特殊，结构复杂，八垣九重，城坛结合。该遗址平面呈椭圆形。城顶中央靠北处有一长方形圆角祭坛，石筑泥铺，是专为祭祀用的坛台。凤林古城与炮台山七星祭坛，是同一座古城被七星河分为南北两个部分；王宫居北，祀天位南，是不可分割的整体。

东北的西部地区，西汉初年在匈奴人的控制下。汉武帝时期，多次出兵大破匈奴，迁乌桓于东北西部郡县外之地，设护乌桓校尉管理乌桓事务。到东汉初年，乌桓人已逐渐向缘边郡县之内迁徙，东汉末年形成了强大的部落联盟。继乌桓南下之后，鲜卑人也开始逐步南迁。汉章帝年间，北匈奴在汉朝的沉重打击下，大举西迁，鲜卑尽占匈奴故地，为鲜卑的勃兴提供了极好的契机。东汉末年，鲜卑诸部曾一度结成横跨蒙古草原的军事部落大联盟。到十六国时期，东部鲜卑人在东北西南部地区建立了前燕、后燕、北燕政权。

位于辽阳三道壕的西汉村落遗址，发掘面积

10000平方米。发现有农家居住址六处，每户占地面积260～660平方米。宅院内房屋、炉灶、土窑、水井、厕所、畜圈、垃圾堆俱全，建筑物以土木和砾石材料为主，宅院间以十几米到二十米的距离错落分布。水井11眼，其中一眼水井用陶制管状井圈18节层层叠落而筑，井深4.5米，这种构置与现代农村的石壁砌井技术基本相同。烧制砖瓦的窑址七座，其数量之多，大概出窑产品不仅是自给自足，或许已经有人从农业生产中分离出来专门从事窑业生产。遗址中发现两段石铺道路，从村中向远方伸延出去，道路上有两条明显的车辙痕迹，这该是东北地区交通史上已知最早的公路了。居民的住房已经有了功能的分区，并且随着经济的发展，建筑的形式和材料都有了很大的改进。

汉墓包括汉至曹魏，甚至到西晋的墓葬，是目前发现的数量最多的一类古墓，分布地域涵盖辽宁全境，约有上万座。比如，在辽阳自20世纪40年代以来，发现东汉至曹魏，最晚到西晋的多个大墓群，其中壁画墓近20座，墓葬的地理位置都在汉辽东郡——襄平城郊外。每个大墓群都有几十、几百或上千座墓。再比如，仅在辽南地区现已经发现贝墓100余座。辽宁地区的汉墓大部分为封土墓，根据墓室材料又可以分为贝墓、贝石墓、贝砖墓、砖室墓、石板墓等。根据墓葬形制分为单室墓、双室墓、并室墓和三室墓。

魏晋南北朝时期，佛教传到东北地区，在辽宁出现了最早的佛寺——义县的万佛堂，也是最早的独立的公共建筑。它是我国东北地区年代最早、规模最大的石窟群。分东、西两区，共存16窟430余尊造像。据碑刻记载，西区是北魏太和二十三年（公元499年）平东将军营州刺史元景为皇室祈福开凿的，现存九窟，分上下两层，下层为六大窟，上层为三小窟，保存较为完整的是第一窟和第六窟。第一窟为中心柱窟，中心柱上部的佛造像与供养人为北魏遗迹，下部的四尊佛为唐代补雕；第六窟为佛殿窟，主像交脚弥勒高3.5米，是典型的北魏佛造像，东区是北魏景明三年（公元502年）慰喻契丹使韩贞联络同乡开凿的私窟，现存7窟，因历年久远，造像多已风化无存。其第三窟中的千臂观音和二胁侍菩萨为清代的密宗造像，生动别致，为他处少见。韩贞摩崖造像碑刻于第五窟南壁，已残，此碑是研究我国北方民族史及边疆史极为珍贵的实物资料。

公元3世纪初至5世纪中叶曾活动于今辽宁西部大凌河流域的慕容鲜卑族（通常简称慕容鲜卑或鲜卑慕容部）是一个颇值注目的中国北方地区古代少数民族。三燕，是中国历史上五胡十六国时期由慕容鲜卑和后来的鲜卑化的汉人先后建立的三个地方性割据政权。前燕王在"柳城之北、龙山之西"建都为龙城，即今辽宁省朝阳市，从公元342年慕容皝将都城由棘城迁到龙城，到公元436年北燕被北魏灭亡，中间去掉前秦占据15年，三燕王朝以龙城为都城或留都，前后共计约80年。

作为中国古代都城演变史上的重要一环，作为少数民族政权建立的都城，三燕故都龙城在中国古代都城演变过程中占有重要位置。魏晋至隋唐时期是古代都城格局的形成阶段，代表都城布局演变的典型古城有三国时期的曹魏邺城、十六国时期的三燕龙城、南北朝时期的北魏洛阳城，此后传承到唐长安城、明清的北京。龙城在这一过程中承前启后。

三、隋唐王朝羁縻统治时期

隋朝结束了南北对峙的分裂局面，建立了我国历史上第二个全国空前统一的中央王朝。唐朝进一步发展，将中国封建社会推向繁荣昌盛的新阶段。隋代及唐初，两朝已开始在归附的东北少数民族地区设置羁縻州县。羁縻府州的统治形式，不仅强化了中央王朝对东北地区的政治统治，而且扩大了中原经济、文化对东北各地区的影响，对促进东北各民族社会的发展与进步产生了积极作用。

高句丽系族名，亦为中国东北地方政权的国名，又作"高勾骊"。公元前37年，朱蒙由扶余逃至卒本（今辽宁桓仁满族自治县），联合当地貊人建立政权。公元3年，建都于国内城（今吉林集安市），至427年迁都平壤。辽宁桓仁和吉林集安分别是高句丽都城所在地，其境内城址、关隘、墓葬随处可见。

高句丽的建筑水平较高。其俗节食，好治宫室。在辽、吉两省先后建成的两座都城均是于要冲地带所构筑的山城，除居住之外更具有安全守备之功用。高句丽人十分重视丧葬，建有并保存下来大量规模恢弘、尺度巨大的墓葬群，以金银财币随葬，积石为封，列种松柏。公元4世纪佛教正式传入高句丽，在集安国内城筑肖门寺和伊弗兰寺以传播佛法。道教也是高句丽时期由中原地区传入的，但比佛教要晚些。从集安市周边的高句丽遗址可以看出道教文化兴起的遗存，反映出道教在高句丽有过盛传和广泛的影响。但是，高句丽政权面对空前强大的中央王朝，颇感自危，生怕失去已占有的原郡县地区，后期则采取了与中央敌对的政策，结果适得其反，促使隋唐两朝多次大规模征伐高句丽，致使其遭到了灭顶之灾，公元668年高句丽政权为唐朝所灭。

渤海是唐时期以靺鞨粟末部为主体，结合其他靺鞨诸部和部分高句丽所建地方政权，初称震国。玄宗先天二年（公元713年），唐派崔忻封其首领大祚荣为左骁卫大将军、渤海郡王，设置忽汗州，加授大祚荣为忽汗州都督，改称渤海（公元698～926年）。在渤海国时按唐制建立政治、经济制度，使用汉文。佛教成为上层贵族信奉的主要宗教，各地兴建了许多寺院，其建筑风格多仿唐制。受唐朝道教思想的直接影响，民间已经有不少人接受道教思想，而内地的道士也有云游东北者，开始在东北落脚建观，登坛说法。位于长白朝鲜族自治县的五层方形楼阁式砖塔，是渤海国存世的惟一一处砖结构建筑。

上京城是渤海国的都城，现今的黑龙江省渤海镇就建在当年都城的遗址之上。古城始建于唐代，它作为渤海国都前后共达160年。它的规模相当宏大，占地面积约16平方公里。它是由外城（郭城）、内城（皇城）、宫城（紫禁城）和内苑等部分组成的。外城四面11门，东西各二门，南面三门，北面四门。城内有5条横向大街和4条纵向大街，纵横交错将城区分割为82里坊和东西二市，民居和寺庙建在坊内。内城东西南三面有城垣，北面隔"宽街"与宫城和内苑相连，城垣石筑。宫城中轴线上有五重大殿，两侧廊与大殿相通。宫城东西北三面为三个内苑，在内苑中发现有假山、岛屿、亭榭、池沼等痕迹，应为皇宫的花园和游乐之所。

在东北的最东北地区，唐贞观十四年（公元640年），黑水靺鞨遣使朝贡，唐太宗以其地为黑水州，这是中央王朝在黑龙江流域设羁縻州之始。开元十三年（公元725年），安东都护薛泰请于黑水靺鞨内置黑水军。开元十四年（公元726年），于黑水靺鞨中最大部落的所在地设置黑水都督府，并向唐朝遣使朝贡不绝。

东北的西部地区，唐贞观二十二年（公元648年），契丹大贺氏首领窟哥举部内属，唐设置松漠都督府。同年，奚人在可度者的率领下举部内属，唐于其地设置饶乐都督府。唐显庆五年（公元660年），唐设置居延都督府，以首领李含珠为居延都督。唐元年间，唐朝在室韦地区已设置室韦都督府。室韦都督府的设置标志着唐朝在东北少数民族地区全面实现羁縻府州统治。

实行羁縻统治是唐朝对东北边疆少数民族的主要统辖方式，唐朝统治者放弃对少数民族实行武力征服的策略，采用以安抚、笼络、因俗而治为主的方针；另一方面又从侧面反映出唐朝东北少数民族大多脱离了特别落后的原始状态，或处于原始社会末期，或处于向阶级社会过渡阶段，或已进入文明社会，逐步强大，独据一方，其本身社会发展状态适于设置羁縻府州进行统辖。

辽西朝阳市闹市区内发掘出五座距今逾千年的唐代古窑遗址。这是迄今为止该省发现的规模最大、保存最完整的唐代古窑群。说明这里曾经是繁荣的砖瓦作坊。

四、辽金北方王朝统治时期

辽宋金时期，中国进入后南北朝时期，东北地区作为北朝统治民族契丹、女真人的勃兴之地，成为辽金王朝的内地。契丹、女真统治者用政治手段将中原封建制度、经济技术、儒家文化输入东北民族地区，契丹、女真在较短的时间内缩短了与汉族间的差距，从而达到了强化统治的目的。辽金时期，首次将直接统辖的地方行政区划遍置于东北各民族地区，在"因俗而治"的治国方针指导下，又形成了多种制度并存的局面。辽金地方行政设置区划东及日本海,北达外兴安岭以南,西越大兴安岭,对于确立我国东北疆域具有十分重要的意义。

对宋战争的胜利,使辽金王朝不断将大批汉人迁入契丹、女真居地。契丹、女真统治者都十分注意搜罗汉族封建礼乐仪仗、儒家图书文籍,吸纳汉、渤海等各族封建文人为新兴政权服务。辽金王朝很快发展成为以"尊孔崇儒"为基本国策,具有中原封建制度基本特征的北方民族王朝。地处东北的辽上京(内蒙古巴林左旗林东)和中京(内蒙古宁城)、金上京(黑龙江阿城)都曾是当时政治、经济、文化的中心,各族封建官吏和士大夫云集其地,中原的封建政治、经济、文化在东北地区空前传播与发展,东北各民族进入了前所未有的大发展时期。

辽朝东北地区居住着社会发展水平不相一致的各民族,就其经济生活类型看,大致可分为两种,一是"畜牧畋渔以食,皮毛以衣,转徙随时,车马为家"的契丹等游牧民族;二是"耕稼以食,桑麻以衣,宫室以居,城郭以治"的汉和渤海国遗民等农耕民族。辽朝实行"以国制治契丹,以汉制待汉人"的蕃汉分治的南北面官制,以部族制统辖契丹、奚等北方游牧民族,以州县制统治汉、渤海国遗民等农业民族;对东、西部边地女真、阻卜等社会发展缓慢的民族,置大王府、王国、都部署司、都详稳司、部族节度使等等,实行羁縻统治。

辽金时期是东北古建筑的发展时期。唐朝末期,中原地区藩镇割据,战乱频出,很多汉人逃亡,契丹族趁机俘虏人口,使契丹境内的人口增多,被俘虏的人带去了先进的生产技术,大大发展了契丹的经济,开始了大规模的建造房屋和筑造城邑。契丹统治者从建国伊始就对儒学和佛、道二教采取兼容并蓄的态度。辽代佛教由于帝室权贵的支持、施舍,寺院经济特别发展。辽圣宗时,经济、文化、军事等方面都发展到鼎盛时期。随着佛教盛行,辽代在兴建城堡的同时,也大建寺院和佛塔。迄今已有近千年历史的锦州奉国寺大殿、位于辽宁的几十座辽塔和吉林的"农安辽塔"就是在这种特定的历史环境下修筑而成的。砖石塔是辽代保存至今数量最多的建筑类型。

金朝建立后,迅速完成了国家政权的封建制变革,以中原制度为主体,兼容女真、契丹等族制度,一元化于中央封建集权制的政治体系之中。东北地区各民族既混居杂处,又各自有相对的聚居区。金朝设置了上京路(以女真人为主)、东京路(以渤海国遗民、汉人为主)、北京路(以契丹、奚、汉人为主)等路,形成了各具特色的政治统治区域。金上京城是完颜都女真人在1115年,在阿什河畔建立大金国时的都城。经太祖、太宗、熙宗和完颜亮四代帝王的营造和扩建,成为辽金时期东北亚地区最大的通都大邑,后来被海陵王完颜亮迁都燕京后焚烧毁弃。金上京城由南北二城组成,南北二城皆为长方形,但形状不同。北城南北长1828米,东西宽1553米;南城东西长2148米,南北宽1523米。两城中间由一条腰垣连成一体。整个京城周长10998米,占地面积有11平方公里之多。皇城在南城西部偏北处,南北长645米,东西宽500米,皇城城垣基宽6.4米。在午门的中轴线上,皇城内有五重大殿遗迹。金上京城的建筑特点是"北城竖修,南城横建,两城相连,形制特殊"。这个特色是文化融合的产物。北城是女真文化的体现,南城受契丹文化的影响比较明显。皇城的修建和以后的扩建则完全是仿照北宋京城汴梁的模式。

金朝在吉林境内也遗留了为数众多的城址、墓群等建筑。金朝沿用了辽代兴建的城池,规模和形制基本上没有变化,坐落在舒兰市小城子丛林中的墓群,是金朝开国元勋、左丞相完颜希尹家族的墓地,从中可以领略到女真贵族的墓地建筑及埋葬风俗。

辽金对东北地区的开发卓有成效,各民族文化与风俗在一定程度上发生了重要变化,契丹、女真统治者皆崇尚儒学,以契丹文、女真文译儒家经典,推行于少数民族社会,渗透于少数民族的观念之中,使以儒家文化为基本特征的中原封建文化在东北得以广泛传播,促进了各民族之间文化相互交流、影响,乃至吸收与交融,在各具特色的民族文化发展的同时,又出现华夷同风的地方文化特色。正是这些背景,使得辽金建筑承继了唐宋时代中原建筑的风格，又具有本地区建筑的技术与形式特点。

五、元明清中央王朝统治时期

元明清时期，中国结束了南北分立的形势，再次建立起大一统封建王朝，东北地区首次纳入全国统一的行政区划，清代后期基本确定了现代中国东北部的疆界。建立元朝的蒙古人和建立清朝的满族人，分别起源于古代东北的西、东部地区，他们对祖先肇兴之地怀有特殊情感，尤其清朝统治时期，东北被视为"龙兴之地"而备受重视。这一时期东北仍然具有多民族聚居区的地方特点，三朝在统治东北的政治、经济政策及行政建制等方面都具有鲜明的区域特征。

元代由于一直征战，在东北地区的建设几乎处于停滞状态。到了明代国家建设逐渐恢复，兴建了大小不等的城市，随着建筑功能分类的明确，建筑类型逐渐增多。比如，明代出现了专门设置的马市。明朝统治阶级为了顺应东北地区汉、女真、蒙古各族强烈要求通商互市的愿望，同时也为了在政治上笼络东北各民族及巩固边防的需要，于明永乐四年正式设立了辽东马市。该马市分设开原、广宁二市。并在开原设"提督马市公署"，明朝很注重马政，同时设置了专门饲养和调训马匹的苑马寺。其他的辅助的建筑，主要就是驿站。明代辽东共设置驿站35个，递运所34处，安榻所18个及相当数量的驿馆和铺舍。比如今天的复州城当时就设置了3个驿站，4个递运所。同时，这个时期还设置有专门接待不同民族的使客的驿馆，比如在辽阳设的朝鲜馆，就是主要接待朝鲜的使客，夷人馆主要接待野人、海西、建州三部女真人，在广宁设置安夷馆主要负责接待兀良哈三卫蒙古人。可见当时的建筑功能已经有了更明确的分类。建筑技术和建筑艺术都有了长足的进步。

从努尔哈赤十三副铠甲起兵到建立起一个延续了300余年的大帝国的清朝，在东北大地上留下了数量众多、形式多样的古城和古建筑。将中原先进的建造技术和当地的建造做法相结合，使营建技术得到空前的发展和进步。青砖开始大量使用，不仅用在城墙的建造上，也开始大量用于民居建造中。

努尔哈赤在辽阳建造了东京城，而后又在沈阳兴建盛京城，盛京城的建设开辟了沈阳作为都城营建的历史，也是沈阳城市建设史上重要的里程碑。努尔哈赤在辽阳东京城建造了宫殿，但现在只留有遗址。但在沈阳建造的宫殿，即今天的沈阳故宫，却成为我国目前仅存的2座宫殿建筑群之一，并于2004年被列入世界文化遗产名录。它以区别于北京故宫的鲜明特色成为塞外皇宫的典范。"关外三陵"分别是清帝的祖陵、努尔哈赤的福陵和皇太极的昭陵，这三陵以其独特的营建思想和布局形态，在明清帝陵中自成体系，独树一帜。各类宗教建筑（喇嘛教建筑、汉传佛教、道教、伊斯兰教等）也得以快速和广泛的建造。比较著名的如沈阳的"四塔四寺"、实胜寺、慈恩寺、太清宫等。另外，仅吉林省吉林市就修建起40余座大型寺院与道观以及其他各类庙宇。自清嘉庆朝后，由于吉林地方开始弛禁，流入的汉族人口逐年增加，农村聚落日渐增多，原有村落不断扩大，修建佛寺、道观之风大盛。不仅数量多、规模大，且风格各异，颇具特色。到清康熙三年（1664年）在前朝一度中断的道教又传入吉林，康熙年间兴建的宫观约在10座以上，大多分布在八旗驻防地周边、驿站周边、汉人聚落周边。清朝帝王对道教的推崇，推动了吉林境内道教的传播，道教宫观香火兴旺，全省有道教宫观200座左右。清光绪三十二年（1906年）以后，清政府倡办新式学堂，诏令各地寺庙宫观的地产交官府改做"学田地"，分配给新式学堂。这一政策虽未普遍推行，但吉林境内寺观逐减的态势由此为发端。

随着东北的开发和城市建设，除了普通百姓的住宅被大量兴建外，王府、官员的府邸以及有钱商人、地主的住宅也开始大量出现，这些住宅规模大，建造水平高，是那个时期民居建造水平的代表。

第三节 建筑特征

一、建筑类型

东北地区古建筑的类型比较丰富，按现存情况和收录到本书中的建筑主要有以下各种类型：

居住建筑（传统民居）——按照民族分类，以满族民居、汉族民居为主，另有朝鲜族民居、回族民居、锡伯族民居和蒙古族民居。在所有建筑类型中，这类建筑的数量是最多的。

宫殿、衙署及其附属建筑——高句丽时期的宫殿和清初的宫殿，清初的二院六部等衙署以及兵营、官仓等。

祭祀礼制建筑——以祭天为主的天坛，以祭祀万物神灵的满族堂子，以祭祀祖先为主的清初太庙，以及祭祀各种圣贤的庙宇及塔、石灯等。

陵墓建筑——汉代、隋唐的墓葬，辽代和清初皇帝的陵墓。

宗教建筑——各地的佛教寺院（汉传佛教寺院、藏传佛教寺院和汉藏合一的佛教寺院）、道教宫观以及清真寺。这类建筑目前的遗存的数量仅次于民居。

其他——除以上建筑类型以外，还有文化教育类的书院，藏书楼，文人集会的会馆，娱乐建筑戏台，市政建筑钟鼓楼和桥梁，标志性建筑牌坊，防御性建筑城垣、城楼（门楼和角楼）、墩台等。

二、选址与布局

无论都城、城镇、村落，还是宫殿、陵墓、寺庙、民居，在选址时一般均遵循以下基本原则：

因地制宜：即根据河流、山川、道路的形式，基地的大小和地势的变化，灵活地布置城镇、村落和建筑群。由于东北地区地域广阔，地形复杂，有山地、平原、丘陵和海岛，所以有诸多与环境紧密结合的优秀范例。

风水理论的应用："风水"这种文化现象在本地区的城市和建筑选址、布局和单体设计中都得到了广泛的应用。成为无论是皇城、皇陵还是寺庙，乃至平民的住宅选址的重要原则和依据。如辽宁的桓仁古城，充分利用自然山水之势，又结合人工塑造构建八卦城的格局，特色十分鲜明。吉林长白县城，风水条件优越，风水特色浓烈。而以"关外三陵"著称的清永陵、福陵和昭陵更是充分考虑风水理论建造而成的经典实例。

建筑群的布局既有与中原相似之处，又有不同之处：相似之处在于，无论宫殿、陵墓、宅邸，还是各类的宗教建筑均通过院落的组合来将众多的单体建筑组合成建筑群，表达不同的使用要求和精神目标，运用纵向轴线将一个个院落串联起来。不同之处在于各院落中纵向串联而轻横向沟通。在南北方向上形成多进院落的做法普遍，而同时形成跨院者不多，即使有也对其横向流线组织不做重点考虑。院落大门一般都开在中间，除特殊要求，轴线两侧的建筑也不严格按照对称的方式进行布局。通常府邸和民居的院落空间开阔、尺度大，以保证冬天有足够的阳光。院落多以院墙形成围合，无论院落周围是否布置有主房、厢房，是否建筑本身形成围合效果，仍旧在其外围建围墙。

三、建筑营造技术

多民族融合的文化特征以及寒冷的气候条件决定了东北地区古建筑在建造技术既有对中原建造技术的传承，又有许多独特的创造。

（一）吸收和传承了中原古建筑的营造技术

对中原古建筑技术的吸收和传承在东北地区的古建筑中有突出的体现，吸收和传承中原古建筑先进的营造技术，是东北地区古建筑诸多营造特点中最为鲜明的。

具体表现在以下几个方面：

1. 建筑多采用中原传统建筑的基本形式。东北地区古建筑的建筑形式归结起来不外乎我们所常见到的庑殿、歇山、悬山、硬山、攒尖几种基本形式，均是中原传统建筑的基本形式。大多建筑采用硬山式屋顶。甚至在等级很高的建筑中仍以硬山为主。清以前的歇山屋顶大多采用了"硬山加围廊"的做法。即山面檐椽后尾插入山金缝梁架中的五架梁，省却了踩步金梁，做法简单利落。沈阳故宫、关外三陵、许多寺庙建筑中这种歇山很多。

许多清真寺的拜殿又常采用勾连搭做法，具有清真寺建筑造型的典型特征。黑龙江阿城清真寺与卜奎清真寺的东西两寺均为三进勾连搭，呼兰清真寺与依兰清真寺为两进勾连搭。第一进建筑多为卷棚屋顶，而第二进建筑为尖山式硬山。卜奎清真寺的第一进为卷棚歇山的抱厦，其余各清真寺第一进为卷棚硬山前出廊，廊内山墙做廊心墙。除依兰清真寺无窑殿外，其余各清真寺均在拜殿后面设三层塔形的窑殿。卜奎清真寺东寺与呼兰清真寺的塔形窑殿与勾连搭式拜殿连为一体，阿城清真寺的楼阁式塔形窑殿位于勾连搭的最后一进建筑正中。

一些乡村民居，特别是土坯砌筑的民居则采用悬山式屋顶，以保护山墙少受雨水冲刷。朝鲜族传统民居多就地取材，采用稻草做四坡式屋顶。而瓦屋顶则都做成歇山式屋顶，以筒瓦与板瓦相结合的形式，其构造做法也与满族、汉族民居有很大差别。朝鲜族民居无论是草顶还是瓦顶都采用白色墙面，形成强烈的对比效果。建筑多为一字形的矩形平面。除满族民居常采用双数开间非对称开门以满足其对室内"口袋房"的特殊需求之外，大多建筑采用单开间中间入口的布局。居住建筑的入口开间大多用作灶间，两侧为居室。灶间与居室之间设隔墙和门，作为隔绝室外冷空气的过渡空间。

2. 沿用中原古建筑基本模数和扩大模数的设计方法。东北地区古建筑，明清时期的建筑仍沿用有斗栱建筑以斗口为基本模数，辽金时期则采用以材为基本模数，无斗栱建筑以檐柱径为基本模数的用材制度。并且承袭着以檐柱高为扩大模数的设计方法，而且比较准确地掌握和运用了这一规律。

3. 单体建筑的平面以间为单位的并列式布局。矩形平面和方形的建筑占现存古建筑总数的四分之三以上，这说明东北地区古建筑的平面构成与形状与我国传统建筑平面构成与形状的主流是一致的。早期建筑的尺度构成，开间方向是各间面阔相等；明清时期建筑大体遵循着明间最大，次间次之，梢间最小，依次递减的规律，这同中原建筑不同时期建筑面阔和进深的尺度构成特点是一致的。

4. 沿用中原古建筑的结构体系。建筑均属于中国传统的木构架系统。无论是正身梁架，还是排山梁架都采用了基本的抬梁式的构架组合方式，而很少用穿斗式构架。另在黑龙江山区有井干式结构做法。

5. 使用同中原古建筑一致的各构件搭接做法。

各构件的分件形式和尺寸虽有差异，但其基本组合规律同传统的做法没有太大差异，而搭接做法仍采用中原古建筑所用的榫卯形式。

6. 沿用中原古建筑屋面的坡度升起的做法。本地古建筑的屋面承袭升起之制，外轮廓为一内凹曲线，具有中国传统屋顶的典型特征。如清后期建筑步距接近清时的常规做法。除个别建筑之外，大多数建筑自身的檐步、金步、脊步的距离相等或近似相等，这一点同中原其他古建筑的步距规律是一致的。

7. 在建筑细部做法上与中原同时期古建筑非常相似。如从柱子的长细比看：明清时期主要建筑的柱高与柱径的比例关系，特别是乾隆年修建的建筑的柱子的长细比与中原更加接近。再如，室内藻井和天花的做法均是中原古建筑常见的形式。组成门窗的构件和配件之间的联结方式同我国封建社会晚期的做法亦无太大的差异。

（二）与当地气候相适应的营造技术

在建筑空间布局、大小木作、砖瓦石作等营造技术上紧密结合了东北的气候特点，采用了适合当地建造习惯的做法。

1. 十分注重保温要求与取暖方式。建筑注重建筑平面形状的简洁，少凸凹而多采用矩形简洁的平面，以减少外围护面积，利于建筑的防寒保温效果。在入口处的堂屋不是布置客厅，而是以灶间作为隔绝室外冷空气的过渡空间。这种做法也被活用到寺院建筑之中。一些寺院大殿前面常建有"抱厅"，这种只有屋顶和柱廊的空间既可以有效地阻隔风雪的影响，又可以最大程度地丰富建筑空间层次。

在建筑的构造做法上同样十分注重建筑的保温与采暖技术。为了抵御严寒的气候，建筑外墙大都采用厚重的实体墙或夹心保温外墙。墙体的承载能力强，甚至使得建筑北侧外墙的木立柱失去了实际承重作用，而流于形式。建筑的屋面、墙身等各构造节点都十分慎重地采取保温材料和利于加强保温的措施。例如：灵活的外墙包砌方式。外墙的布置十分灵活，有的包后檐柱，有的包前后金柱，还有的呈曲尺形，包部分檐柱和部分金柱。外墙多种多样的包砌方式不仅在不同的建筑中有所体现，即便在同一建筑群中，比如沈阳故宫建筑中外墙也有多种包砌方式。保温需要是其首要解决的问题，而其他诸多的因素均在其后。现仅举一例说明，盛京太庙是皇帝奉祀祖先的宗庙。单从平面柱网看，属于周围廊建筑，但是除了前檐柱，其他檐柱都被包砌在厚达540毫米的墙体内。其原因主要是为了防寒保温。对处在寒冷地区的沈阳的建筑，冬季防寒的要求远远大于夏季通风散热的要求。当墙体将后檐柱和两山面的檐柱包砌在墙里后，外廊的阴影区面积大大减小，有利于墙体蓄热，从而提高室内的使用温度。窗户纸糊在外，避免外窗棂上积雪而被室内温度溶化浸湿并破坏窗户纸，保证有效的保温效果。

为了抵御严寒的气候，当地传统建筑普遍采用火炕的取暖方式。火炕不仅作为采暖设施，也作为睡眠、起居和除去交通之外的各种室内活动的场所。包括官衙中的办公、休息、等候等许多活动都在炕上进行。朝鲜族民居多采用满铺火炕，而蒙古族贵族的府邸则采用地炕取暖。

2. 明清建筑中结构构件与装饰构件合二为一。中国古建筑中早期建筑的结构构件和装饰构件均是合二为一的，在建筑物上没有纯粹为了装饰而加上去的构件，也没有歪曲建筑材料性能使之屈从于装饰要求的现象。但是，到了明清时期，建筑结构构件和装饰构件开始分离，比如梁柱直接连接使得斗栱成为装饰构件。而辽宁地区的清初建筑中，仍然有些构件本身既有一定的结构功能，又有强烈的装饰作用。例如，沈阳故宫大清门和崇政殿出现的龙形抱头梁，既是重要的结构构件，同时也是一种十分醒目的装饰。另一处典型实例是大政殿的木构架。大政殿的外圈檐柱支撑其重檐攒尖顶的下檐，而外槽金柱通达上层檐，内槽的八根金柱承托上部藻井。这种结构部分与装饰部分融为一体的做法，在现存的遗构中实属少见。北京天坛的祈年殿，平面是圆形，也是三圈柱网。12根檐柱支撑下层檐，12根金柱支撑中层檐，正中四根巨大的金龙柱支撑上层檐，从构架上看仍属于梁架结构，但其结构部分与装饰部分是分开的。沈阳故宫大政殿则采用的是大木作与小木作相结合的做法，这是一个创造。此外，大政殿斗栱各件的刻意装饰，令构件本身具有装饰效果。如昂均呈如意头状，昂后尾呈翘；在挑檐枋的位置安装有透雕的兽面，散斗（十八斗、槽升、三才升）的平面都是平行四边形，所有的横栱前后两个面大小不等，而是前大后小的相似形；耍头麻叶状；斗有内凹的曲线；撑头木为龙形等。因为喜好夸张的装饰和浓烈的色彩是北方少数民族的共同特点，特别是满族人更具有重装饰的审美习惯，对于其心目中的重要、神圣之物，则必将赋予充分而大幅度的装饰效果。

3. 建筑外檐装修种类与样式少，工艺简单。无论是皇家建筑还是民间建筑，外檐装修的种类与样式比较单一。门的种类主要有隔扇门和板门，窗以支摘窗为主上安横陂窗，个别建筑设与隔扇相配套的槛窗。隔心式样也只有斧头眼（斜方格），三交六椀和直棂码三箭几种，而后随中原汉文化影响，更多的窗棂样式被应用到建筑之中。裙板式样主要是阳线四合如意头、贴金团龙和石榴夔龙等几种。而中原建筑在外檐装修上的种类和样式很多，因建筑的性质、等级、使用者的喜好等各不相同，题材广泛，工艺精美，装饰趣味和艺术水准很高。其原因，经济实力不足和营建制度不健全也是一个重要原因。此外，清初满族"尚简"风习也是其中的一个原因。

4. 木构部分做法灵活随意，没有统一的标准。清代不同时期建筑木作的营造存在着明显的差异，比如在沈阳故宫中歇山建筑山面的构造处理方法就有三种情况，一种同清工部《工程做法》的规定完全一致，典型代表是太庙正殿、颐和殿和迪光殿三座建筑。第二种是类似清工部《工程做法》，但山面没有做收山处理，典型代表是敬典阁和崇谟阁两座建筑。第三种是主要梁架承袭踩步梁的典型做法，但未用草架柱等构件，呈现出早期做法的特点。即使是同一时期的建筑，其木作的营造也不完全一致，有些还存在着较大的不同，比如前文所述的大政殿与十王亭的营造，就有相当大的差异；甚至同一座建筑内的不同部位的营造都存在着相互矛盾的地方，比如台上五宫建筑，尽管金瓜柱和脊瓜柱都很高，但全部未用角背。

这恰说明其建筑尚未形成严格的规制，还不够规范化。

5. 明清时期木构部分用材普遍较小，且用材规律不明显。直到明清时期，古建筑所用材等大多小于清式常规的八等材，即便宫殿建筑和皇陵建筑也是如此。另外，明清时期不同建筑中的相同构件，用材的差别有的则会很大，甚至一个建筑一种用材标准。在有的建筑中甚至比《工程做法》更科学合理，同样的构件在另一个建筑中却又可能表现出很不科学的一面。比如，清一般做法的山柱的柱径为檐柱径加2寸，比金柱的柱径大1寸，而沈阳故宫崇政殿山柱的柱径仅为檐柱径加0.6寸。由于崇政殿为硬山建筑，山墙具有一定的承重作用和抵抗水平荷载的能力，无形中减小了山柱的承载要求，聪明的匠人也不失时机地减小了山柱的直径。而大清门的山柱柱径为檐柱径加5.3寸，虽然它与崇政殿为同期的硬山建筑，山墙具有的承重作用和抵抗水平荷载的能力，但在该建筑中非但没有减小山柱的直径，反而加大了直径，说明建筑的用材仍存在不够科学的一面，用材制度也不够成熟，这是其地域性建造水平和特点的体现。

（三）满、蒙、藏、契丹等少数民族独特的建筑技术

东北古建筑除了吸收和借鉴汉族传统的建造技术以外，也采用了满、蒙、藏、契丹等少数民族独特的建筑技术。

1. 采用檩枕式屋架。檩枕式屋架是东北地方建筑的典型做法。无论是宫殿建筑、陵墓建筑、佛寺建筑还是民居，大多采用檩枕式的屋架。一般做法是在建筑檩下设垫板和枋。而檩枕做法是在檩下边置断面直径与檩相近的原木"枕"代替垫板和枋。几种做法在东北地区的辽宁、吉林、黑龙江都有体现，形成较为普遍的地方性特点。

2. 独特的柱与墙的包砌关系。满族建筑檐柱是包砌在外墙里面的。这样的做法显然是不同于汉族建筑的墙柱处理方式。气候较为寒冷的东北地区，如果像汉式做法——令外墙在檐柱处折入45度，露出檐柱，柱子虽然不会因墙内结露而受潮，但建筑局部却会因产生热桥而降低保温性能。因此满族人在此进行了构造上的变通，将檐柱藏入墙内，以保证外墙厚度的均匀性。但这样的做法却会产生另外一个弊端，即室内外的温差会在墙体内形成结露，使埋在墙体内的柱子会因此而受潮，并且由于水汽不易蒸发，时间久了，木柱会腐烂损坏。故一般均在墙外下部与柱相对应处开设通风孔，使柱与墙体的空隙允许空气流通，有利于墙内木柱的干燥。并且在通风孔处作以透孔砖雕形成适当的雕饰，既丰富房屋外观形象，又可防止鼠雀等进入对木柱构成危害。

3. 藏式梁柱关系与弓形秀木的采用。辽沈地区的宫殿、皇陵、寺庙等建筑中，常有体现出藏式梁柱关系的现象。比如沈阳故宫大清门和崇政殿的檐柱并非直接承受由梁所传递下来的荷载，而是由檐柱承托着一个形如横弓状的"秀木"，再由秀木承托着屋梁。它与汉式做法不尽相同。汉式做法是以檐柱直接承托屋梁，而类似秀木形状的构件被一分为二置于檐柱两侧，亦即雀替，承担并减小檐柱之间檐枋所受的剪力。以檐柱直接承担梁之荷载的做法来自藏式建筑。以至檐柱的收分比例都与藏式做法相近。

4. 源自藏式做法的叠经装饰。在宫殿、皇陵、寺庙等建筑的内檐和外檐装修的檐枋部位上，常会见到本在藏族建筑用于门口周边上起装饰作用的构件——一圈形如蜂窝呈无数小立方体凹凸拼合起来的水平装饰带——俗称"蜂窝枋"。沈阳故宫大政殿和崇政殿等建筑的外檐和室内都采用了这样的叠经装饰。

5. 使用了具有辽金特点的斜栱。在明末清初设有斗栱的建筑上出现了辽金建筑中标志性的45°或60°斜栱，并且斜栱的单件尺寸也与辽金建筑异常相似。这应是辽金做法的沿承，如沈阳故宫大政殿的斗栱就是这样。

四、建筑装饰艺术

在以明清为主的现存建筑装饰中，经常体现出具有中原汉族、满族、契丹、藏族及蒙古等多种少数民族文化艺术相互融合的特点。

（一）建筑色彩的等级

明末清初的建筑受北方少数民族文化的影响，

在色彩上更趋于鲜艳、纷繁，用色大胆，热烈奔放，体现以少数民族文化为主导的特点，表现在皇家建筑色彩方面，并非以单一的黄色为尊，而是以多种色彩相结合为至高等级。比如，沈阳故宫早期建筑色彩等级序列如下：对于屋顶色彩等级最高者为黄琉璃绿色剪边，其他部位为黄、绿、蓝三色为主的多彩琉璃饰件。等级最低的是灰色瓦顶。清入关后汉族文化居主导地位，体现对中原汉文化的吸收和传承，在辽沈地区的建筑色彩上追求统一和谐、庄重。

（二）多民族文化融合的装饰细部

明末清初建筑装饰形式多来源于中原汉族、藏族及蒙古族的图案纹饰，并经过一定的艺术加工，使之符合本地民族的民俗和审美特性，并具有浓郁的时代特征。

1. 对龙形态的利用和再创造

龙在明清皇家建筑的装饰纹样中占了很大比重。比如沈阳的"一宫两陵"，建筑的石栏杆望柱头上有雕龙，廊下柱子上有木雕盘龙，檐下置龙形抱头梁，檐下彩画里有行龙、升龙、降龙、坐龙，在屋脊和博风上布置五彩琉璃行龙等。不仅龙本身充满在各部位的装饰里，而且由龙衍生的兽形也出现在建筑装饰之中。屋脊两端的正吻、屋脊端头的走兽、宫门上的铺首、台基上的螭首等。黑龙江呼兰清真寺前檐穿插枋伸出檐柱的榫头雕成龙头状。阿城文庙与宁安兴隆寺大雄宝殿柱头科斗栱上方的梁头雕成龙头状。檐柱上方向前伸出的大柁（五架梁）或接柁（抱头梁）梁头多雕成蛇探头形状。穿插枋则有中间向上凸起的做法。建筑上龙的造型张扬，神态威猛，体量巨硕，应用广泛，与建筑结合得非常紧密。龙的形态及细部纹饰均不是首创，而是在借鉴了汉、藏等不同地区做法的基础上，按照满族人的审美要求，重新组合，经再加工所形成的独特做法，创造了生动而有几分原始、粗犷而有几分浓烈的艺术风格。

2. 对喇嘛教建筑装饰的吸收

明末清初有些古建筑的檐下大木作与中国传统建筑做法的不同部分来源于喇嘛教建筑。如：外檐柱断面呈方形，收分特色明显，坐落在八瓣覆莲式的柱础上，上部连珠纹，每一个莲瓣上又饰以如意纹。这种柱式分布在沈阳"一宫两陵"的早期建筑中，如崇政殿和清宁宫的外檐廊柱。这种柱式的两种变形也出现在"一宫两陵"的早期建筑中，一种变形是每个莲瓣上不雕有纹饰，而其他形式相同；另一种柱式为圆形，每个莲瓣上也有不雕纹饰的，其他形式相同的，如大政殿檐柱、凤凰楼外檐柱等。这说明了当时东北地方工匠对这种柱式的灵活处理。柱身上小下大，有明显的收分。柱头上往往加一个方形的棱台，而不像汉族建筑直接在柱头进行卷刹处理。柱两侧的雀替被一个完整的弓形秀木所替代，雕卷草纹饰，中央有狰狞的兽面装饰。再比如：沈阳故宫的大政殿、崇政殿、大清门，以及福陵、昭陵的隆恩殿等主要建筑檐柱（也包括室内）柱头上装饰有兽面雕饰。兽面环眼圆瞪，宽鼻狮口，头顶一对卷曲犄角（类似于羊角），背衬镂空卷云图案，兽头两侧各有一只下垂的人手形雕饰。这种做法来源于藏传喇嘛教建筑。只是藏传喇嘛教重要建筑上的兽面多做竖直的牛角或分叉鹿角。此不同之处在于兽面的角变为羊角。这种在借鉴基础上改进后的曲角兽面成为本地满族古建筑装饰的代表和特色。

从本地古建筑的装饰纹样中，我们可以看到满族人对外来文化及其纹样逐渐地融合、吸收和接纳的过程。这种特点明显反映了清早期满族人的宗教信仰、民族意识和审美观念，体现出满民族在对待外来文化方面的态度及其所受到的广泛影响。

3. 多民族文化融合的彩画

古建筑从建成开始并延续百年，必定要经过多次维修，每次维修都会按照当时的做法作或多或少的有所改变。外檐彩画因经受日晒、风吹、雨淋，表面风化严重，耐久性较室内彩画差。往往经过十几年甚至几十年就要重新油饰，现状所反映的基本上是清晚期的做法。而室内彩画不易受到腐蚀，相对来说都比较耐久，容易保留，所以室内彩画还保留着清早、中期彩画的特点，是辽沈地区古建筑彩画特色的体现，研究价值较高。

（1）梵文和汉文共同组成的天花

本地区古建筑彩画中出现了天花分别以红、蓝、黄、白、金等颜色描绘，既鲜艳又不失稳重，其纹饰不但体现出皇家建筑的高贵，还带有浓厚的藏传佛教艺术特点。梵文天花传承了藏传佛教的装饰艺术，龙、凤及"福禄寿喜"和"万寿无疆"，文字天花又是借鉴了汉族的建筑艺术成就。比如：沈阳故宫大政殿室内藻井外环设八块"五井"天花，五井中上为双龙，下双凤，居中为梵文天花；大政殿中心藻井中层外环为八块写有"福禄寿喜"的文字天花。把传承于藏传佛教的梵文天花放在居中的位置，则说明了藏传佛教在清初统治中的重要地位。

（2）早期苏画——宝珠吉祥草彩画的出现

古代宝珠图案的产生是汉、藏文化融合的产物，清初三宝珠吉祥草彩画应是满族采用了古代传统宝珠图案，并将其融入满族文化艺术的创作构图中。宝珠吉祥草图案纹样在明代早已被广泛运用于彩画、雕刻装饰中，但是主要以辅助主题的地位出现，并没有作为独立的主题纹样来施用。尤其是彩画的设色，其主色或运用朱红色或运用丹色这样两种极暖的颜色，并用做彩画的基底色，而青绿等冷色，只用作占彩画少量面积的细部花纹，这个设色特点与我国满、蒙民族地区的大多数彩画的设色风格是非常一致的。因为该种彩画所运用的主色是暖色，所以彩画的总体色彩必然呈现为暖色调，这类彩画的效果可以给人以红火热烈、兴盛吉庆的强烈感受。如：凤凰楼三层室内梁架上宝珠吉祥草彩画无论纹饰构图、设色都含有浓重的满、蒙民族的艺术特征。

（3）早期的建筑彩画的设色规范

明末清初的建筑彩画，其设色规范与清中、后期的规范做法有很大不同。比如：沈阳故宫建筑中的崇政殿、清宁宫室内清早期建筑彩画，以青、绿、红、金色为主色，其中红色占很大比重，这与满、蒙民族地区的大多数彩画的设色风格是非常一致的。凤凰楼三层室内梁架与其同期建造的福陵、昭陵建筑中的宝珠吉祥草彩画以红色为其主要基色，整体格调浓重古朴、热烈吉祥，为现存清前期彩画中不可多得之作。这些早期彩画的色彩效果，似乎也具有这种粗犷和剽悍之美，这是在别的地方很难看到的一种特殊的美。

4. 独特的琉璃装饰

建筑的琉璃装饰具有明显的时代特征，清早期建筑的琉璃装饰在色彩与题材上明显不同于清乾隆时期加建的建筑。按照中国古代的礼制原则，只有皇家宫殿、神佛庙宇、王公府邸等才可以使用琉璃装饰。后金建辽阳宫殿时已开始将琉璃用于屋顶和室内地面，及至营建盛京宫殿又有了明显进步，大政殿、崇政殿、大清门、凤凰楼、台上五宫即为其典型代表。

（1）多彩琉璃的使用

明清早期建筑（包括宫殿、陵墓和佛教建筑）琉璃装饰很有特点，它是按照满族审美习俗和当时烧制技术提供的可能，采用多彩琉璃件，同时增加了使用部位。屋顶前后坡两个大面积以黄色琉璃瓦为主调，但靠近脊、檐之处换用绿瓦，勾头、滴水也用绿色，为"黄琉璃绿剪边"的做法。正脊、垂脊、博风等构件亦为相似色调，黄色为地，上面的行龙、宝珠、瑞草、凤凰等用绿色、蓝色等色彩，对比鲜明，主体图案醒目。处于屋顶最高位置的螭吻则以绿色为主色，只在尾中段用少量黄，以与黄调为主的正、垂脊相区别。山尖加饰的琉璃悬鱼也用黄加绿、蓝色，上部圆形，内浮雕盘龙，下为如意状花卉，使灰色的山面增添了鲜艳祥和的气氛。这些都可以见到区别于中原宫殿的装饰，且无一不表现出满族人喜爱火爆热烈色彩和淳朴自然纹样的传统心态。

明清早期建筑屋顶上的走兽的色彩混杂，非常随意，蓝、红、白色、黄、黑等色琉璃，宫殿建筑上墀头是用蓝色最多的地方。红色、白色琉璃作为点缀之色用得不多。早期建筑的正吻是黄绿夹杂，晚期建筑正吻都是黄色。这些微妙的变化，反映早期满族文化在用色上是鲜艳、纷繁、大胆、奔放。其次在宫殿的博风板上，垂脊的侧面及正脊上所饰的行龙也都用蓝色装饰。而晚期建筑中这些部位的用色则比较规矩，多按清式规定行事。

（2）颇具特色的屋顶琉璃瓦饰

清早期建筑屋顶的琉璃瓦饰颇具特色。在这些不同凡响的脊兽、仙人、走兽、勾头、瓦当、鞑人、宝刹之中，最有特点的当数体量巨大、体态优美、构思巧妙的螭凤琉璃正吻。每个正吻由一螭首与一凤头相背组合成一体。正脊两端的两个螭首相对张口结舌，共同叼住正脊，背兽被塑成凤头朝外眺望。一螭一凤二者巧妙合一，粗长的尾翼高高卷成环状，很难分辨是螭身还是凤尾，又似展开的凤翅。龙凤呈祥，阴阳相融，造型雄壮而吉顺。更为锦上添花之处，是在一般正吻的剑把部位，塑造了一只叠于云卷造型琉璃件之上的风火轮。在正脊两端对称的正吻上，两个风火轮的中心分别镂空雕饰着"日"、"月"二字。它不仅在构图上为整个正吻造型起着重要的均衡作用，而且具有深刻的内在寓意。它象征着皇帝权势恢宏如宇，手托日月，一统天下；它又象征着满人信誓旦旦，拆散"明"廷，捣毁明权，入主中原的决心。这种特殊造型的正吻，作为满人自励的标志，被大量地用在沈阳故宫的屋顶之上，也被广泛地用于新宾和沈阳的皇陵建筑之中。而黑龙江卜奎清真东寺和阿城清真寺窑殿的宝顶用宝葫芦式，葫芦尖上镶月牙。

（3）题材丰富而造型粗犷的砖石雕

本地区的砖石雕题材受中原文化影响较大，除其美观装饰作用之外，更偏重于象征性。造型粗犷，越早之雕刻造型简化，甚至有些抽象，越是后期则越为形象、细腻，体现出受南派文化影响逐深的趋势。

石雕用料多为就地取材，且不拘泥于一般石雕重型轻色的规则，充分利用石料不同的天然颜色相互搭配，使得形色兼备。比如沈阳故宫崇政殿后廊阶石栏和清福陵隆恩门前华表，以当地产的青、红两色石料雕制，搭配组合，与众不同。黑龙江阿城文庙月台正中两垂带石夹一御路石，御路石四角雕莲花瓣，中间圆形图案内雕二龙戏珠，周围廊内的山墙下碱部位有腰线石和带植物花纹的角柱石。双城承旭门门洞前后底部嵌花岗岩条石护角，石上雕刻有"暗八仙"。宁安大石桥的望柱、栏板均保留原始的雕凿纹理，尽端的抱鼓石雕有莲花图案。

砖雕在各种装饰中也甚是精彩。墀头往往是砖雕比较集中的部位。以黑龙江为例，卜奎清真东寺前檐墀头的上身分上下两部分砖雕，上部雕出一剔透的灯笼，下部又分上下枋和束腰，上枋雕龙，束腰雕花，下枋雕暗八仙，下枋之下雕卷草。山墙上部的山坠和腰花也是砖雕集中之处。阿城文庙山坠砖雕的主题为一正两厢式合院建筑的屋顶。呼兰清真寺的山坠和腰花以花卉为母题，一外凸一内凹形成凹凸对比，其前殿山墙的圆窗上方辟有横向方池子，内雕刻有荷叶、莲藕与玉兰花。影壁与廊心墙也是展示砖雕的部位，阿城清真寺后殿的影壁中心有四块斜拼方砖大小的动植物主题砖雕，前殿廊心墙内四个岔角及中心设砖雕。阿城文庙周围廊下的两山墙及后墙有祈福和教化主题的精美砖雕。依兰清真寺的影壁及廊心墙相应部位也做砖雕。

辽宁、吉林、黑龙江古建筑承袭和遵循着中国古建筑及其发展的基本规律，又在当地社会文化、经济水平与自然条件的共同作用下，构成了具有地域性特色的古建筑支系。它是博大精深的中华建筑文明中的一枝奇葩。

注释

① 李同予，薛滨夏，白雪．东北汉族传统民居在历史迁徙过程中的形制转变及其启示[J]．城市建筑，2009，（6）：104-105．

② 范丽君．"闯关东"与民间社会风俗的嬗变[J]．大连理工大学学报（社会科学版），2006，（3）：43-48．

③ 葛剑雄，曹树基，吴松弟．简明中国移民史．福州：福建人民出版社，1993：450．

④ 余英．中国东南系建筑区系类型研究．北京：中国建筑工业出版社，2001：105．

⑤ 范丽君．清代移民文化与传统风俗变迁．辽宁：辽宁师范大学历史文化旅游学院硕士论文，2008．

辽宁吉林黑龙江古建筑

第二章 古城、古镇（村）与民居

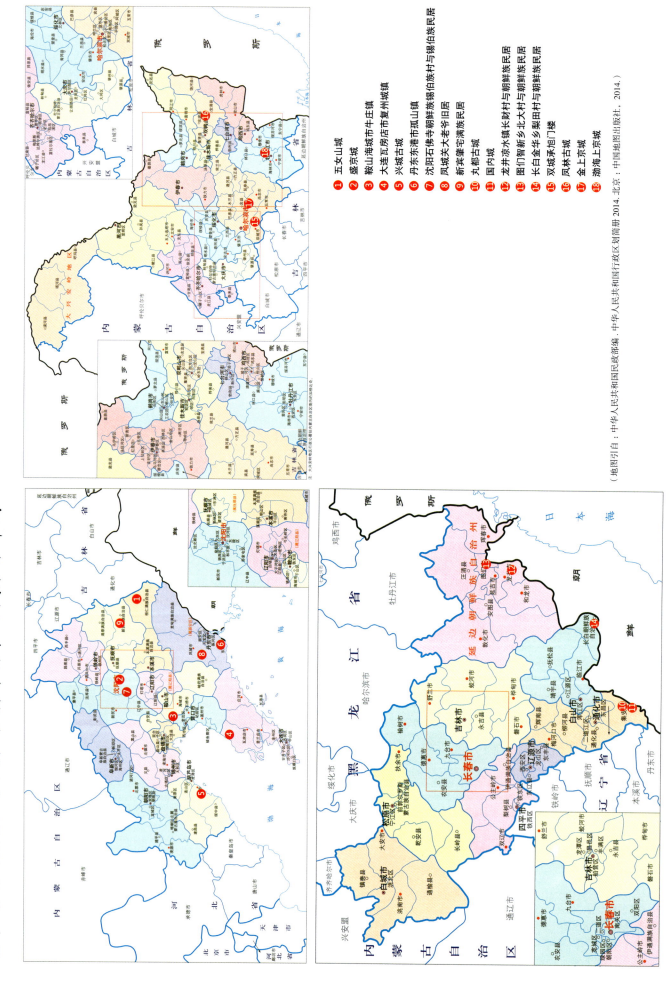

综述

一、古城

东北历史上先后曾有多个少数民族政权或地方割据政权在此建都、建城，比如，汉魏时期所建王城——凤林古城；高句丽的都城——纥升骨城、国内城和丸都山城；渤海国所建的四大都城——上京、中京、东京、西京等城；前、后燕所建都城——龙城；大金都城——上京城；明末努尔哈赤统一女真各部后，将其都城多次搬迁，从兴京赫图阿拉城到东京辽阳城，最终建立了盛京城——清入关前最宏大的都城。

今天，它们之中有些被保留下来，但明代之前的古城大部分已经被湮没在历史的长河之中，人们在口口相传下来的地名中还是能了解到丝丝古城的线索，从残留下来的点点遗迹中探觅它们过去的形态。

黑龙江的历史是由多个少数民族交替续写而成。这些民族有的停留在游牧或渔猎文明状态，有的进入农业文明；有时多个民族以部落或酋邦的形式共存，有时某个民族进入国家形态统治了较大的区域。地处文化边缘区，这些少数民族的文明程度一直低于中原地区，有时他们与中原统治者保持朝贡关系，在区域统治力强大时他们也伺机南下统理中原。

在城市形态上，各主要都城受中原地区都城影响较大；在建筑形态上，各民族建筑受地域气候的影响较多。在不同民族主导地域统治的前后不同阶段，其建筑文化的传承关系不明显，其上层建筑文化受中原建筑文化的影响比较突出。

大顶子山古城遗址位于黑龙江省七台河市区西南约3公里处，为距今2000年左右新石器晚期到铁器时代早期满族祖先肃慎延至金代时期的人类居住场所。古城遗址总面积3000平方米，旧城墙高10米，平均厚度约1米，周长100余米，外有护城壕。

在三江平原腹地，今黑龙江省双鸭山市附近有一处汉魏时期规模最大的王城城址——凤林古城与炮台山七星祭坛。古城有内外9重城墙，第七城位居中心，呈正方形。城外护城河深3~4米，宽16~18米。城墙为夯土板筑，很坚固。从城的布局看，当时的居民约有数万，已结束了游牧，进入定居，农业、养畜业、制陶业和纺织业都达到一定水平，在组织上也初具国家的雏形。经考证，居民为满族的祖先挹娄人。与凤林古城遗址隔七星河相望的是炮台山古城，二城的中心直线距离约1500米。它与西汉以来中原地区的都城居北南郊祭天的传统相符，其建制特殊，结构复杂，八垣九重，城坛结合。该遗址平面呈椭圆形，城垣系掘土堆筑，分上、中、下三层。其中7处"天坑"按北斗七星状排列。另一处"天坑"则位于北斗七星北侧，显示着当年极星的位置。城顶中央靠北处，即北斗七星斗魁和极星所拱卫的位置，有一长方形圆角祭台，是专为祭祀用的坛台。凤林古城与炮台山七星祭坛，是同一座古城被七星河分为南北两个部分；王宫居北，祀天位南，是不可分割的整体。这种布局犹如北京的紫禁城和天坛。主理政务的皇宫位于北边，而祭天的天坛则在皇宫的南面。从位置与规模可知凤林古城是一座王城。

渤海国上京城是粟末靺鞨人建立的渤海国都城，坐落在黑龙江省宁安市西南的牡丹江畔，现今的渤海镇就建在遗址之上。古城始建于唐代，它从建成到毁弃时间长达200多年，而它作为渤海国都前后共达160年（中间曾一度迁都龙原府，后又迁回）。

渤海国上京城，从遗址的考察中可以看到它的规模相当宏大，占地面积约16平方公里。渤海上京城的建制和规模仿照唐都长安城，属于邺城式都城布局模式。它是由外城（郭城）、内城（皇城）、宫城（紫禁城）和内苑等部分组成。宫城、皇城位于城市中轴线的北端，宫城前面辟有东西向大街抵外郭城门，外城呈长方形，东西宽，南北略窄，周长16389米。城垣土筑，"以石为基"，基宽15～20米，平均高度为3米。外城四面11门，东西各两门，南面3门，北面4门。城市东西六街，南北三条大街将全城划分成若干方格形街区，每个方格形街区东西长同宫城，南北宽为宫城的一半，每块街区又划分为82里坊和东西二市，民居和寺庙建在坊内。全城的中轴线为朱雀大街，长2100米，宽110米。内城也是长方形，东西长1052米，南北宽470米。内城东西南三面有城垣，北面隔"宽街"与宫城和内苑相连，城垣石筑。宽街为一"T"形广场式大街。宫城中轴线上有五重大殿，两侧廊与大殿相通。宫城东西北三面为三个内苑，东西两个内苑南北长、东西窄。北内苑东西长、南北窄。在内苑中发现有假山、岛屿、亭榭、池沼等痕迹，应为皇宫的花园和游乐之所。渤海国被契丹人所灭后，上京城一度作为东丹国之都城也曾繁华一时，可惜没有留存下来。公元928年，渤海上京城被辽太宗耶律光焚烧毁弃而变成废墟。

金上京城是完颜都女真人在1115年，在阿什河畔建立大金国时的都城。经太祖、太宗、熙宗和完颜亮四代帝王的营造和扩建，已经成为辽金时期东北亚地区最大的通都大邑，后来被海陵王完颜亮迁都燕京后焚烧毁弃。金世宗曾一度在原址上复修宫殿、祖庙，恢复上京称号，但是也无法换回昔日的辉煌。金上京城由南北二城组成，北城是完颜阿骨打建国初期，在御寨基础上扩建的，南城是金熙宗完颜亶继位后紧接北城重新建造的。南北二城皆为长方形，但形状不同。北城南北长1828米，东西宽1553米；南城东西长2148米，南北宽1523米。两城中间由一条腰垣连成一体。整个京城周长10998米，占地面积有11平方公里之多，略小于渤海上京城。城墙夯土板筑，基宽7～10米，上宽1～3米。城墙附马面，城门设瓮城，五个外角有角楼，共有城门九座，北墙一门，腰垣二门，东西南各二门。皇城在南城西部偏北处，南北长645米，东西宽500米，皇城城垣基宽6.4米。在午门的中轴线上，皇城内有五重大殿遗迹。从面积上看皇城规模虽不算大，但史书记载说其建筑却很豪华。1125年，北宋使节许亢宗至会宁，目睹了大金兴建皇城情景，他在《奉使行程录》中记载："日役数千人兴筑"，"城垣土筑，高丈余"，"规模亦甚侈也"。金上京城在金末被叛金自立东夏国的浦鲜万奴攻掠焚烧之后，已破败不堪。蒙古大军占领后将金上京作为东去奴尔干地区的驿站，明朝末年彻底毁弃后被风沙掩埋。

目前，吉林省境内共有战国、秦汉、高句丽、渤海、辽、金、明、清等时期的古城遗址四百余处。高句丽时期的城址大部分都集中在浑江和鸭绿江流域。渤海的中京、东京、西京以及部分府、州等城址则分布在牡丹江中游、海兰江、图们江和鸭绿江一带。辽金时期近三百座城址则主要分布在吉林省中西部地区。明代时期有乌拉、辉发、叶赫等城址。

根据其所处地理位置与地势状况，可以分成平原城和山城两大类型。平原城多为方形城池，以二龙城、国内城、敖东城、塔虎城、吉林城等为代表，也有个别呈椭圆形，例如叶赫城。许多城池都建有瓮城和内城，以增强其防御性能。

大部分城址的城墙都为沙土夯筑而成，也有局部使用土坯建造，而高句丽时期的城墙多为条石垒砌而成，还有土石堆砌的叶赫城，两层河卵石夹一层夯土的辉发城等。

辽宁现存古城多为女真人（满人）所建。女真人迁移到辽沈地区之后，所营建的一系列古城，特别是其皇（王）城，经历了从小规模到大规模，从简陋到完备，从无定制到逐渐模式化，从纯粹反映满文化到逐渐融入汉、蒙文化的过程。它们的共同特点：择山筑城——早期女真人的城址大多选择在山地。大多数山城的城址也并非选择在深山之中，而是在山地与平地的相邻之处。城外多有开阔的平川，又要有较丰富的河流水系，因为这是军事与生活要求的基本条件。其原因首先是当时为适应征战的需要，其选址既要考虑有险峻的天然屏障，具备进可攻、退可守的有利条件，又要具备可以满足牧猎、农耕和操练军士的环境修筑城池。其次也是由于早期源于长白山一带所形成的生活习惯，使得他们在从山区迁移到平原的过程中，对城址的选择也经历了一个由山地到丘陵，再由丘陵到平原的过程。一般来说，头领们及其近亲的府第和衙署、寺庙等布置在内城之中，而兵士、百姓居于外城。在山地城中，内城又总是要布置在地势更高的位置，形成内城高于外城的定式。依山就势，充分利用自然地形内外城墙一般都是沿山脊就崖壁而建造，利用自然条件增加城垣的险峻与坚固。在无崖地之处，城外常以人工挖筑深壕。城门和道路皆随地势确定。除宫殿、衙署、寺庙等必然分别占据着内城中位置最高的那些山冈、台地之外，其他建筑大多也都是一组组地分布在城内的各个山头之上，通过顺势而筑的道路把它们相互联系起来。居处的高低不仅出于安全的需要，也是居者地位尊卑的象征。操练军士的教场一般都选在外城之外不远的平地上，并用方便短捷的道路与之连通。特殊的城墙筑法——女真古城的城墙是在土或土石砌筑的基础上，逐渐形成了"垒石夯土石布椽式筑法"的独特的城墙施工方式，即以自然山石或人工砌石筑成基础，然后再用石料错缝砌筑内外壁，用黏泥勾缝。砌筑到一定高度，中间以土石填充夯实，在其上沿垂直于城墙延伸方向平铺一排与城墙厚度相同长度的木椽，使木椽在其中起着对墙体的连接与加固作用。尔后接筑石壁，再填充土石夯实和平铺木椽。如此往复，直至要求高度，以青砖封顶垒砌垛口。女真人利用地方材料创造的这一方法有效地增强了城墙的整体性和坚固程度，提高了城墙的质量。相对密切的宫城关系——都城中所建宫殿的规模都比较小。这既由于山地建城受地段条件所限，由于当时的生产力水平和经济条件的制约，也由于连年征战无暇以更多的精力顾及建筑与排场。在安全保卫方面，宫殿坐落在内城之中，通过占据较高的地势，利用木栅栏围成的院落形成其皇权领地。汗王的生活与工作并未绝对地从城中隔离出来。宫房和殿宇虽常常设在同一个大院的围栏之内，但作为"皇"或"王"的日常行为空间尚不能局限在这个不大的院落之中，仍然要延伸和融汇到城内。这一方面由于当时宫与殿的规模都不大，更由于当时社会的主要矛盾并非体现在统治者与被统治者之间。汗王的属民平时是他的百姓，战时就是与他同生共死的士兵。他们在大方向上作为共同的利益整体，与其他部落、与大明政权相抗争。共同的利益使汗王没有把防范的注意力放在城内的属民们身上，而是针对来自城外的威胁。因此，当时的古城建造成对外壁垒森严，对内宫与城的空间关系相对比较紧密，其间互有穿插，相互渗透。这一点对后来盛京都城及其宫殿建筑的布局具有极大的影响。

盛京城是满族大规模进入汉族居住区时建造的都城，也是满族人改造汉城最早、规模最大、最彻底的一次。盛京城结合了满汉都城建设的思想，代表了满族建都城的最高水平，在满族和清朝的都城建设中具有独特的地位。盛京城作为清初都城和大清帝国的理想城市空间，恰如其分地体现了满族文化、儒家文化、藏传佛教这三种国家文化及其相互间的融合，这在中国古代城市规划实例上是绝无仅有的。盛京城是唯一一例，也是规划水平最高的一例体现满族文化的都城，这在中国历史上和满族民族史上都占有重要地位。满族文化的体现主要是努力营建单一民族的满城及保持满族早期都城宫城合一的布局形态；满族八旗方位布局在城市空间与建筑形态上的应用；将公共议政的朝会空间与寝宫相分离，保持相对独立的地位；承袭了高处筑房的生活习俗，尤其是寝宫和住宅部分。同时，盛京城还是中国古代最后一个全面继承营国制度传统的都城，也是最能体现王城规划思想的都城，在中国都城制度史上占有重要地位。汉文化的体现主要是按王城规划思想进行规划布局，使盛京城成为中国古代都城中最符合王城规划思想，在城市形态上也与王城图最具相似性的都城；按中原传统的"前朝后寝"的规制营建皇宫，依"择中立宫"之制将宫城建于城中央；按礼制之传统营建城市形态，如"前朝后市"、"左祖右社"的空间布局，将官署置于宫前，钟鼓楼对称布局，建造天坛、地坛等；《易经》思想和天圆地方思想在盛京城规划建设中广泛应用。另外，在中国历史上，宗教文化对城市规划的影响一般仅限于寺庙道观的建立，鲜有影响到整个城市空间布局者，尤其是都城。盛京城是中国古代都城中唯一的一例按藏传佛教思想建立的曼陀罗式的坛城，藏传佛教文化的体现主要是喇嘛寺庙的建立及盛京四塔寺与盛京城构成的曼陀罗式的坛城关系。这在中国古代都城规划中是绝无仅有的，对于丰富中国古代的城市规划思想，有着重要的意义。

二、古镇（村）

传统村镇的类型多样，现遗存的主要类型有边关及水运发达的商业集镇，以满族为代表的少数民族的聚（祖）居的村落，以及便于管理长城的防务和指挥调遣长城沿线的兵力而形成的军屯。

（一）商业集镇

东北的集镇同中原地区一样，大多产生于商品交换开始发展的奴隶社会。辽代除了都城内的街市以外，各州县都有了集市定期进行交易。明朝时期，一些盐商因为其他地区买粮运纳运费甚大，于是在边镇兴屯，据《倪文贞公奏疏》卷11记载："迩时辽东千里，晋人商屯其间，各位城堡，耕者千万，人皆兵。商马数千匹，区堪战。不惟富，而且强。"可见当时辽东商屯亦盛极一时。明朝设立了马市（关市）（如北镇、开原、抚顺、庆云等地开设马市，或称为农牧集市，允许少数民族来此与汉人贸易。开市与闭市均有时间限制）。虽然名为马市，但是交易的商品却是品种多样，事实上马市其实就相当于现在的商品市场。只不过当时的货品主要是汉人向少数民族购买马匹。在《明英宗实录》卷54中记载"归自京师，道过边境，辄以所得彩币或驽马市耕牛及铜铁器皿。"在《全辽志》中记载："累累椎髻捆载多，拗辘车声急如转，胡儿胡妇亦提携，……夷货既入华货随，译使相通作行眩，华得夷货更生殖，夷得华货既欢忻。"这是明诸生李贡曾描绘的万历年间的边关马市上，民族关市贸易的繁荣情况。直到清朝末年，形成了一批具有一定规模的内陆型贸易集镇。

进入19世纪中叶，晚清政府开始在沿海或沿江地带设立通商口岸，它们的建设和发展相应地带动了周边或者所在江河流域城镇的发展。呈现出一种组团式带状特征。围绕这种等级、组团结构，城镇间开展了两种形式的经济往来，一种是各城镇之间进行纵向、垂直的工业品—农产品贸易；另一种是邻近组团、组团内各城镇间的横向交流。这些城镇有些本身就是辽河沿岸的码头，有些则是靠辽河较近的货物集散地。

商业集镇一般都有比较完整的公共建筑及公用设施、道路系统、居民住宅、商业区等，其平面布局比较规则，以方形或长方形为主，道路比较宽敞平直，常按方格状或棋盘状布置，重要的公共设施位于城内中心位置。

（二）以满族为代表的少数民族传统村落

东北是一个多民族集聚的地区，特别是满族人口比例最多，对东北以至全国都有很大影响。东北是满族形成和发展的重要地域，也是清王朝的发祥地。满族文化不仅为满族所特有，而且也为本地区的汉族和其他民族所吸收。特别是满族民居，最初是从汉民居所学来的建造方法，经过他们的改良与完善，形成了自身的特点，又传播开来，被东北的汉族和其他少数民族广泛接纳，成为东北地区具有代表性的一种居住模式。因此，特对传统的满族村落做重点介绍。

满族村落的地势选址多半在河、江、湖、沟的沿岸，或山冈前面的向阳地带，也有的在主要道路的近旁，这都是和生活方便有直接关系的。村落的总体布局，大都为自然形成，即是由各户人家盖房的先后次序形成的，总体态势是自由式发展，但是有一些固定的规律，住宅多是南北走向，采用向阳（南）的方向，形成了明显的行列，所形成的步道是东西走向。

早期的满族村落多是氏族（穆昆）居地，常以家族（从原始氏族发展而来）聚居为主，多有氏族的标记——鸟柱或兽头，也有用五色旗帜作为族旗。出于防御的需要，在村落的周围常常"刳木为栅"，则是防备猛兽对人畜的侵犯。村民们都从栅门出入。1780年，朝鲜学者朴趾源为恭贺乾隆皇帝70寿辰，以"入燕使节团"随员身份来到中国，他在凤凰山下所见到的即是这样的满族村落。

村落中的宅院每家的院墙大门比邻家的院墙大门向前凸出一些（约0.5米左右），所谓"压人一头"。因此，沿街院墙线步步向前，而形成相同的弯曲状态。

总的说来满族聚族而居的村落其构成和形态概括起来的有以下特征：以村落内的干道为主线，以重要的公共设施为中心，以大量的民居为分布面，以各种植被和其他附属设施为点缀，从而形成了完整的村落系统。

（三）防御军屯

为有效防御北部少数民族部落入侵，便于管理长城的防务和指挥调遣长城沿线的兵力，明初把长城沿线划分为9个防守区，从东至西为辽东镇、蓟镇、宣府镇、大同镇、山西镇、榆林镇、宁夏镇、固原镇、甘肃镇，辽东镇是9个防区最东一镇。辽宁南部地区明代属辽东镇军事辖区，辖区内沿明长城分布有大大小小几十个军屯。

辽东镇按防御体系建立了各种屯兵城。辽阳为辽东都指挥使司，是副总兵和巡按等的驻地；广宁为都指挥使分司，是巡抚及总兵驻地；因而建立了两座防御性的镇城，都指挥使司下设东、西、南、北、中五路屯兵。而实际屯兵的路城，只有三座，即南路的前屯卫城，西路的义州卫城，北路的开原卫城等；其他路城则与镇城在一起。路下有25卫，分属于各路。另外，还单独建立了防御城，如广宁中左屯卫城、广宁右屯卫城、宁远卫城、铁岭卫城、沈阳卫城、海州卫城、盖州卫城、复州卫城、金州卫城等9座。卫下计有127所，所下设堡城107座。共同防御辽东长城防线约975公里、关城12座。5级防御军城，镇、路、卫、所、堡，规模依次降低，各具特点（表2-0-1）。

镇城南北、东西4条大街形成"井字形"结构，将城划分为东、中、西3个区；路、卫、所城南北、东西两条大街形成"十字形"结构，将城划分为4个区域；堡城只有一条南北"一字形"街道，将城划分为东西两个区域。按设防规模，镇、路、卫、所、堡城的街道宽度依次减小。每个区域内另有横纵交错的胡同。辽宁地区屯兵城街道的尺度是针对城的大小而定的，因此有所不同；而胡同的尺度是针对民居的大小而定的，因此具有相似性。

镇城大都分置有内城和外城。各城的四角皆有角城台及角楼。城内街道的设置，皆与以各城门为中轴的干道。将城内划分为东、西、中三区。路城一般为方形平面，可容兵二卫，约11200人。一般设四门，也有设三门。四角有角台，门外有瓮城，十字形干道将城内划分为四区，主要衙署布置于街衢中心。卫城平面近似长方形或方形，规模小于路城，一般驻守兵员5600余人。四角有城台，外有瓮城，有以各门为轴的"十字形"道路，中间有鼓楼一座。所城容积小于卫城，可容兵1100余人，形式与卫城相似，但只有三门、北门的位置修建上帝庙，这是所城定制。城为四方形，四角皆有实心角城台。堡城是屯兵系统最小的单位，屯兵数不少于一百七八十名，最多的有四百余名。平面呈四方形，南墙正中设一门，一条以门为轴心的主干道，北城墙正中建一座上帝庙。镇城、路城、卫城门楼亦称为箭楼，立于洞券门座之上，楼为重楼，每层为单檐歇山式。所城、堡城一般在北门位置建上帝庙一座。庙一侧立有建庙碑。这些已成为当时修建屯兵城的一种制度，并把它和守御联系在一起。为了加强城垣的防卫，于城墙四角城台上建角楼（亦称箭楼），传统军镇聚落各城的四角皆有凸出外墙的城角台角城台及角楼，其上平放火炮。镇、路、卫城等规模较大城常建角楼；而所、堡等规模较小者，通常只建角城台。角城台一般都是方形的，也有圆形，依附于城门，与城墙连为一体，多呈半圆形，少数呈方形或矩形。军城的镇、路、卫、所城均有瓮城。

辽宁地区现存典型军屯 表 2-0-1

类型	名称	平面示意	布局特点
镇城	辽东镇镇城（辽阳）		城似方形，南北长约1760米，东西长约2100米，由内、外城组成。八门，"井"字干道，主要衙署设在中心区，总兵府设在东区。儒学、文庙、上帝庙建于东南隅。神机库、军器库，设于西南隅
镇城	辽东镇广宁分司城（北镇）		平面为凸字形，东墙长1620米，西墙通长1920米，南墙长1200米，北墙长1505米，五门，"井"字干道。干道正中心处，有鼓楼一座。总兵府在井字路二纵列干道之间，都察院在干道之西区，城内设四卫，治所分置在城的四隅
路城	南路前屯路城（绥中前卫）		城为长方形，有东、西、南三门。东、西墙长602米，南北墙长590米，三门，"十字形"大街，十字街中心建鼓楼一座，北门位置建有上帝庙，城南部有辽、金时代的斜塔一座。四面建空心敌台
路城	北路开原路城		明时辽东镇通向奴尔干都司的枢纽站，是与少数民族交往最密切的屯兵城。规模在镇、卫城之间，是路城中比较典型的一座。城为正方形，各边长1600米。城中有以四门为轴的十字形交通干道。四角有角楼，中心有钟鼓楼

续表

类型	名称	平面示意	布局特点
卫城	宁远卫城（兴城）		城近方形，东西长8037米，南北长8255米，每角有凸出的角台。东、西、南、北四门，门上有箭楼，城门外有瓮城和瓮城门，城内有以四门为轴心的十字形干道。在十字形街道的正中心建有鼓楼一座，南街通衢建有"祖氏石坊"二座
卫城	广宁中屯（锦州）卫城		山海关通向沈阳的枢纽，也是关内外走廊的要塞。随小凌河湾而建，因城平面成矩形，俗称盘城。南北最大直径近1000米，东西最大直径900余米。四门，城中有鼓楼一座。中屯卫、左屯卫等主要衙署，都分布在中轴线两侧
所城	绥中前所城		城为方形，南北墙长480米，东西墙长490米，四角有凸出外墙的城角台，有东、西、南三门。在北门位置上建有上帝庙一座，并有建庙碑一通。城内有以三门为轴的"十字形"干道
所城	松山中左千户所城		城为长方形，南北墙长470米，东西墙长370米。北墙正中有上帝庙遗址。城有东、西、南三门，城内有以三门为轴心的"十字形"干道，四角有角楼
堡城	铁厂堡城		也称百户城，城为方形，南城墙有一门。南面设门，城门基础进深8米，系用花岗岩条石及青砖垒砌而成，四角有角楼
堡城	孤山新堡城		城近方形，东西长300米，南北长320米。南墙设一门，四角有角城台，南门外有半圆形瓮城。城内有以南门为轴的干道，在干道两侧还开辟了东、西路，形成了十字街

表注：根据刘谦著《明辽东镇长城及防御考》张凤婕整理而成。

三、民居

东北地域广阔，地形多样，再加上不同少数民族多样化的生活方式，造就了丰富多彩的建筑类型。

这里是满族的发祥地，满族村落和民居以长白山脉为辐射中心散布于东北大地，它们与周围环境的关系甚为密切，体现着萨满文化和特定的地域特色；其次，图们江和鸭绿江沿岸作为早期朝鲜族的移居地，村落及居住建筑形态别具一格，至今仍还有一些村落保留着具有百年历史的传统朝鲜族住宅。不管是用材还是技术，都具有强烈的民族性、地域性特点；此外，源于中原及关内地区的汉族移民迁徙东北之后，在与其他少数民族长期混居的过程中，生活方式导致他们所居住的建筑空间也与中原地区发生了很大变化，在其村落与民居中不仅保留着本民族的风俗习惯和生活特点，而且积累了许多适应自然、改造自然的经验。

满族民居，作为满族文化的组成部分，经历了两个明显的历史阶段。第一阶段，满族进入辽沈地区以前（1621年"后金"占领明朝辽东重镇辽阳和沈阳），长期居住在山林地区，狩猎活动是当时社会生产的一个重要内容，练就了精于骑射的特长，但生产力发展缓慢，其居住条件仍然停留在金代的"纳葛里"（汉语为居室）水平上。"纳葛里"是满族先民由穴居走向室居的一种过渡式建筑。第二阶段，满族进入辽沈以后，满族社会生活经历了急剧的变化。在居住方面，城镇贵族逐渐吸收汉族民居的特点；农村在保持旧有建筑形式的基础上，揉进汉族建筑内容，逐渐出现了比"纳葛里"更为理想的新的民居形式——满洲老屋。

满洲老屋的基本特征是：坐北朝南，房屋一般为矩形硬山房，房门南开，堂屋为灶间，里屋不论几开间一般都打通，俗称"口袋房"，三面环炕，俗称"万字炕"，南北有窗，窗外糊纸，西炕山墙上供祭"祖宗板"。室外设脱离建筑的独立烟囱，以水平烟道与室内火炕连通。

从"纳葛里"发展到满洲老屋，不仅是由地理环境和生产情况决定的，也是由清代满族享有的政治经济地位所促成。

汉族村落，大多是由关内汉族移民所建。这是清朝以来东北垦荒事业不断发展的必然结果。清朝定都北京后，致力于保存东北这块"龙兴之地"，实行"封禁政策"，对关内汉族的流入采取了限制政策。但是，东北大片适宜农耕的土地人口稀少，而关内山东、河南、河北等地人口相对稠密，人均可耕地有限。他们为生存所迫离别故土出关垦殖。道光年间的鸦片战争、咸丰年间的太平天国运动，以及光绪年间日俄对东北的侵略等重大事件，加剧了清朝的政治、经济危机，朝廷被迫改变了从前的封禁政策。咸丰十年（1860）之后，陆续开放东北荒地，前来领荒者陆续增多。他们遍布东北各地区，散居于各山水临近之处，以开垦为正业。起初仅三四家，继则呼亲唤友，而成聚落、城镇，以致后来有些地区出现汉族移民超过当地满族居民的现象。

汉族民居大多采用三合院，即正房、东西厢房所组成：正房一般为三间或五间，厢房有的建成房屋，有的建成简单的棚子，做马厩、车棚及仓库之用；建筑物以院墙包围，形成矩形或方形的封闭式院落，大门通常开在南侧且居中，有的则根据用地情况开在临街一侧的其他方位。室内一般以中间堂屋兼做厨房，东西两侧布置房间。建筑结构通常采用木构和砖混两种，乡村民居大量采用土坯作为墙体材料，为保温防寒需要，墙体和屋面保温层都做得很厚重。屋面采用瓦屋顶或草屋顶。

朝鲜族村落与民居。我国的朝鲜族移民已有三百多年的历史，他们是从朝鲜半岛迁入中国东北三省的朝鲜人。早在17世纪末，就有部分朝鲜人零星地从朝鲜半岛迁来，如辽宁省盖州市朴家沟朴氏朝鲜族。从19世纪中叶开始，陆续有较多的朝鲜人迁入我国境内，该时期的移民大部分来自朝鲜北部，特别是1869年朝鲜北部遭受大饥荒，朝鲜灾民无法继续生存，他们渡过鸭绿江、图们江来到中国，在两江沿岸一带开垦，同汉、满等民族杂居共处。但这个时期的迁入人数并不多，居住尚不稳定。随着日本在朝鲜的侵略加剧，大批朝鲜人为寻找生路，不顾清政府的禁令纷纷迁入我国东北边疆地区定居下来，到19世纪80年代初已达几万人。1910年日本吞并朝鲜，不堪忍受日本压迫和剥削的朝鲜人再次大批迁入我国东北边境地区，到1919年东北地区的朝鲜人已达36万人。1930年日本实行强制移民政策，使我国朝鲜族人口急剧增长，总人数超过100万。

两个多世纪以来，经过数次迁徙、定居、繁衍，已有多代朝鲜族居住在东北地区，成为该地区的主要少数民族之一。朝鲜族中原籍为咸境道、平安道、庆尚道的移民占绝大多数，其分布呈现一定的规律性：在吉林通化、长白朝鲜族自治县内居住的朝鲜族大部分是朝鲜平安道移民的后人；辽宁延边朝鲜族自治州地区的朝鲜族多数来至朝鲜咸境道；而舒兰、蛟河、吉林、磐石等吉林省中、北部地区的朝鲜族则来自朝鲜庆尚道及全罗道等朝鲜南部。各地区朝鲜族秉承各道之风俗，在生活、言语、居住方式上既有一定的地域性区别，同时又保留着朝鲜族传统的风情与习俗。

朝鲜族的村落一般选址在背山临水之处，既抵御寒风享受充足的阳光，又能在其周边开发水田。朝鲜族民居以单体为主，房屋坐北朝南，屋身平矮；屋顶采用四坡、前后两坡或歇山顶等形态，屋面坡度缓和，倒角平缓；墙体采用木柱泥墙结构。房前有菜地，房后有果树，用木桩和柳条编成围墙。

朝鲜族民居以"间"为基本单位，组成内部空间。根据"间"的组合方式，平面大致分为统间型和分间型两种类型。统间型的朝鲜族民居主要分布在延边朝鲜族自治州和长白县等朝鲜族聚居的地区，平面形式继承了朝鲜咸境道及平安道风格：厨房和炕空间连为一体，形成开放空间——"鼎厨间"，以此为中心，左侧布置卧室，右侧布置仓库和牲口间，卧室采用"田"字形或"日"字形平面形态。分间型的朝鲜族民居多数分布在吉林省中、北部地区，平面形态受汉族、满族等其他民族的影响较多：在"鼎厨间"的厨房和火炕之间设有墙体或隔断，起到保温和防止厨房油烟的功能；有些地区火炕的形式也有所变化，满铺炕变为半炕加地面或地炕的形态。

此外，东北山区的少数民族居住的"撮罗子"、"木克楞"、草原上的蒙古包……，民居形式林林总总。在这里，我们仅从辽宁最典型的民居建筑的空间构成入手，进行重点的介绍与适当的分析。

（一）院落的基本类型及特点

根据辽宁地区传统院落类型的构成要素将辽宁地区传统院落分为6种类型。

类型一是单座独院，单座独院是辽宁地区传统院落的原型，包括二种情况：一是，由以单体建筑为院落的一边，而另三个边则由院墙围合而成的院落。大多将房屋、宅门位于院落中轴线，甬道由宅门延伸到房门，将院落空地均分为左右两部分；也有的将房屋、宅门偏于院落一边，甬道由宅门延伸到房门，将院落空地划分为不等的两部分。二是，仅一幢建筑居于院落中央，周围以院墙围合。院落方整，村落呈方格网状布局。

类型二是二合院，两个方向为单体建筑、另两个方向由院墙（或围廊）围合构成。二合院也是辽宁农村较为常见的院落类型。其有二种情况：一是"正房＋门房"，同一方向的门房和正房形成二合院的形态；二是"正房＋西厢房"，为了防止西晒，一般将厢房建在西侧，此为次要房屋，或住人，或储物，或作牲口棚。与它对称的位置常堆置柴草或种植。

类型三是三合院，庭院的三个方向有单体建筑围合，另一方向由院墙构成。三合院是由于生活扩充，在二合院落基础上的异化，三合院以正房为中心，由两组厢房来构成。辽宁地区传统地区汉族传统三合院具有两种基本形态：即不带腰墙的三合院和带腰墙的三合院。不带腰墙的三合院占地面积较大，四周用大墙（宅墙）围绕。三座单体建筑分离较远，互不联系，院落形成一个可以完全连通的整体，这种院落叫做"单层院"。两厢的距离根据正房的长度为标准，形成中院。腰墙位于两厢前端的三合院：由于腰墙的设立明显将院落分为外、内两部分，这种院落叫做"双层院"。外院由四面围合的墙构成，用于停放马车、堆放杂物和饲养牲畜，是相对嘈杂的院落空间；内院用于居住，是相对安静的院落空间。腰墙位于两厢中间的三合院。院落也被分为外院和内院。外院由东、西厢房和南、北墙围合而成，两厢是佣人居住和活动的范围；内院由北向正房、东西两厢、南向腰墙围合而成，内院前、后院是主人居住的范围。此种院落通常是由于两厢过长，而需要在中间用腰墙隔开。以上两种院落均呈中轴对称，宅门为屋宇型单间砖门，二门做砖垛二柱式。另外，也有宅院用影壁代替腰墙成为院心影壁，也能起到划分院落空间的作用，将院落分为内外两部分。

类型四是四合院落，即庭院四向都有单体建筑围合。四合院的房屋平面布置比三合院落更为完整和周密，房屋间数多，有局部装饰。坐北朝南者为正房，正房有前廊，有的厢房也做前廊。同三合院落相仿，辽宁地区传统四合院也有两种基本形态：不带腰墙的四合院和带腰墙的四合院。不带腰墙的四合院院落占地较广，单体建筑各自独立，正房和厢房相互错开，厢房不遮挡正房，院落宽大，布局疏散。采用对称式以正房为主的布局方式，大门、二门也都位于住宅中轴线上。这是辽宁地区传统四合院落的常规形态，俗称"辽宁地区传统大院"。而以此为基型，产生了三种变式：①正房与厢房不相互错开，但保持一定的采光间距，保证厢房不遮挡正房。这种类型的四合院布局紧凑，院落较窄，较接近关内华北四合院形制，但布局简单，不如华北四合院精致讲究，比如建筑单体独立、无游廊相连、大门居中、直进直出等。由于在辽宁地区传统本土此种类型少于"辽宁地区传统大院"，因此可将其看做是"辽宁地区传统大院"的变体。这种四合院落多集中在城镇，主要是受到城市用地限制所致。②带腰墙的四合院，腰墙设在东西厢房的前端，形成内外院。外院由南向的门房、东西向院墙和北向腰墙围合而成；内院由北向正房、东西向厢房、南向腰墙围合而成。③腰墙设于两厢中间。外院由南向门房、东西向厢房和北向腰墙围合而成，内院由北向正房、东西向厢房和南向腰墙围合而成。在平面形态上实际是正、倒两个三合院的组合。

类型五是多进院落，辽宁地区传统多进院落实际也是二合院、三合院、四合院的组合变形。大体又可以分为三种情况：一是，无腰墙的三合院加上后正房，形成二进院落；二是，有腰墙的三合院加上后正房，形成三进院落；三是，有腰墙的四合院加上后正房，形成三进院落。

类型六是防御型围堡，是指传统地主大院，其防御性特色可用下面四句话概括：房与墙分离，院墙高而厚，四角有炮台，粮囤放后头。与中原汉族传统住宅不同，辽宁地区传统地主大院中的房屋通常与院墙分离。院墙与炮台相结合，自成一体，构成地主大院的防御体系。这种房与墙的关系更接近于筑城之制：城墙和角楼、瓮城等构成城池的外部防御体系，内部则是满足生活功能的城市内部建筑体系。辽宁地区传统地主大院的外墙犹如城池的城墙，而四角的炮台犹如城池的角楼。辽宁地区传统地主大院实际是"居住"和"防御"相结合的产物，是介于城池和住宅的中间形制。

炮台是地主大院建筑形态构成的重要元素，也是体现地主大院防御性的最重要元素。炮台一般设在院子的四角，也有少数只在一角设炮台，还有的因院子较大，大墙过长，而在墙的中间增设炮台。地主大院的粮囤都是放置在正房后部或者两旁，这实际是出于一种防御的考量。另外，辽宁地区传统住宅也分前后院，但和中原民居前院生活，后院游憩的功能分区不同，辽宁地区传统住宅一直延续着前院生活、后院生产的居住模式，尤其是地主大院，前院跑马车，平时人声鼎沸；后院则相对较安静，人烟少至，则适合用于囤粮。

根据以上对于院落类型的归纳，可以通过图2-0-1对辽宁地区传统院落平面类型的衍化规律简要进行总结。

（二）单体平面

辽宁地区传统民居单体建筑的平面原型是："一明两暗"三开间平面，以及以此为原型又发展出了三种类型，即：一条龙式、口袋式、串联式。

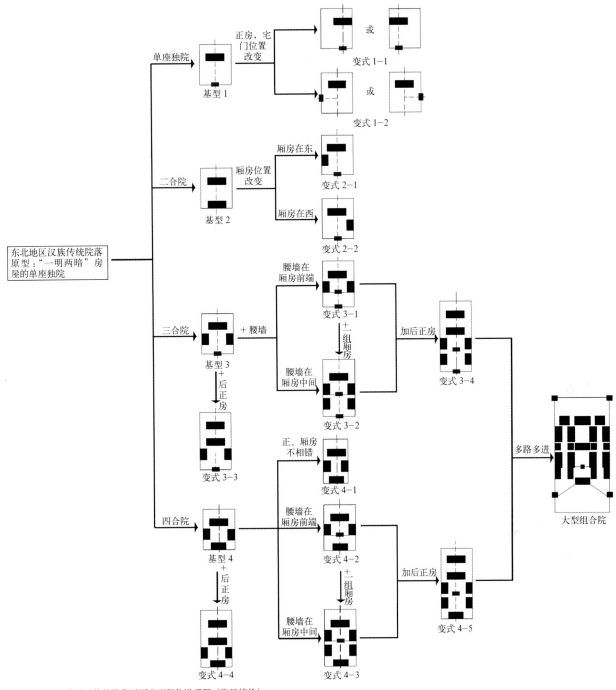

图 2-0-1 辽宁地区传统院落平面类型衍化谱系图（张凤婕绘）

1. "一明两暗"式

辽宁地区传统民居"一明两暗"的平面特点：平面呈矩形，三开间，面阔 3.2 米左右，进深 4.0~6.4 米左右，三间共 40~60 平方米。该类型很适合一般大家庭中的小家庭或单独的五口之家的起居要求；室内空间完整，间架分明，分合合理，主从关系明确；三开间的格局，堂屋和内室都可以在前后檐自由开窗，可取得良好的日照条件，也便于组织穿堂风；这种规则的三开间平面，有利于整体构件的统一。在进深方面，还可以方便地选择不同的架数，如 4 架、5 架、6 架、7 架等，可以灵活控制建筑面积。

这种规整的、主次分明的体型，既适合于单栋的独立布局，也适合于庭院式的组合布局。在庭院组构

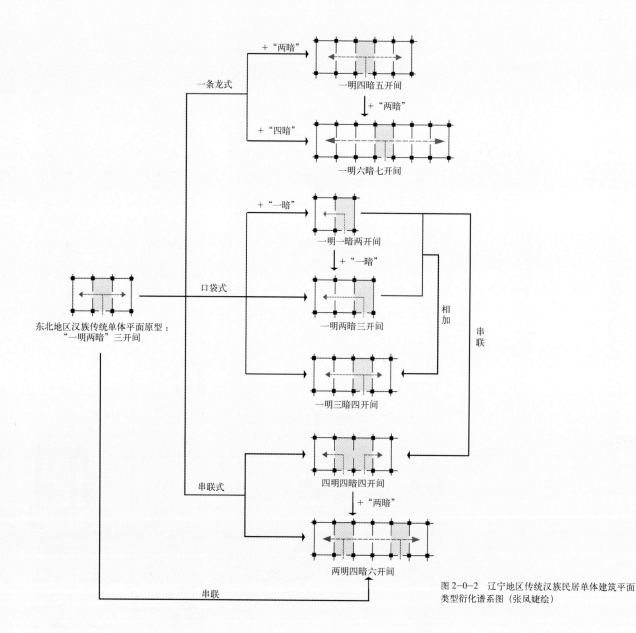

图 2-0-2 辽宁地区传统汉族民居单体建筑平面类型衍化谱系图（张凤婕绘）

中，既可以用于轴线上作为正房，也适合用于旁侧作为厢房。居中的堂屋，可以敞开或前后设门，便于前后院之间的穿行交通和室内外空间的有机组织。

2."一条龙"式

"一条龙"式的布局以堂屋一间居中，居室分列左右，形成"一明四暗"五开间或"一明六暗"七开间的线式组合。左右分别为"次间＋梢间"的组合，或者"次间＋梢间＋尽间"的组合。在中间的一间开门设外屋，即灶房，两侧是居住的房屋。这种格局的住宅适合人口较多或几代人合居的人家居住。

3."口袋房"式

"口袋房"是指房屋不在正中明间开门，而是偏在一边，平面呈不对称结构。居室的炕与屋的长度相等，因为像口袋一样一端开口，故称为"口袋房"。口袋房多为两间或者三间，四开间口袋房为特例，它是在"一明两暗"三开间口袋房基础上，在西侧增加一间形成的"一明三暗"不对称平面。

4. 串联式

在辽宁地区常常出现将两个两开间口袋房串联形成的四开间，或两个"一明两暗"房串联而形成的六开间。这种房适合于家族中兄弟众多，又各自独立居住的家族居住。

根据以上对于单体平面类型的归纳，总结出了辽宁地区传统民居单体平面类型的衍化规律，见图 2-0-2。

（三）构架

1. 常规抬梁式构架

辽宁地区传统民居构架多为简单的抬梁式构架，且以五檩二柁二柱式和五檩中柱式最为普遍。与抬梁构架的官式做法不同，辽宁地区民间抬梁构架只进行简易的加工，檩、柱以及五架梁（民间称大柁）、三架梁（民间称二柁）大多用圆木制作。五架梁尺寸一般在50～55厘米，柁头为方形，三架梁直径约为25～35厘米。俗话说"有钱难买拱弯柁"，带弯的木料在民间也能用来做柁，并善于随弯就曲以增强构件的受弯性能。甚至农户人家多用原木为材，随弯就势不加砍凿，别有情趣。对于一般民居来说，这样的进深已经足够生活了。对于大户人家若需扩大进深，则可在前后檐柱外加外檐柱，形成廊步。这一结构空间可作为外廊使用，也可包容在室内，扩大室内空间。而王公贵族、上层官吏则允许建造七架梁、九架梁的大型房屋，这在辽宁地区传统并不常见。辽宁地区传统盛行檩子下部直接重叠一根圆木，称为"枕"，以取代垫板和枋。"檩的直径一般为20～25厘米左右，也有脊檩和檐檩较粗，其他稍次。枕的直径比檩细，普通房屋在15～20厘米左右。"①

2. 囤顶式构架

辽宁地区传统的囤顶式构架是一种特殊的抬梁式，只有一根大柁，柁上立瓜柱数根，与抬梁式构架不同，囤顶的瓜柱较矮，而且呈中间高、两边低的排列方式。瓜柱上直接承檩木，檩木直接使用原木。前后檐檩往往带"枕"木，其他檩则不施"枕"。受瓜柱高度控制，桁檩的排列从中间到两端依次降低。长瓜柱与檩交接处，辅以三角形托木，加强檩柱结合的稳定性。再在檩上搭橡，依据椽子形式的不同，搭接方式分为两种：第一种，如果椽子是加工后的方椽，或者圆形短料，受弯性降低，此时每两根檩木之间用一段椽子，才能形成屋面弧形的形态；第二种，如果椽子是未经加工的原木，木料较长，具有一定的受弯性能，则可直接使用整段木料进行铺设椽层，多根檩之间搭一根椽，或使用一根整椽铺设。与辽宁地区传统的抬梁式相似，椽子之间采用错缝搭接的方式，这样可以避免椽头之间的直接搭接，互相咬合稳定性更强。辽宁地区传统民居的囤顶式构架多采用五檩式、七檩式、九檩式，另外一些高等级住宅还有带前廊的类型。

（四）屋顶形式

1. 双坡顶

辽宁地区传统民居的屋顶形式以硬山顶居多。房顶的材料又有瓦和草之分。草顶是辽宁地区传统民居中最简单、最常见的类型。瓦顶一般用琉璃瓦或青瓦。正脊的样式主要有两种：一种是实心脊，即屋脊全部为实体，造型简洁，又叫"清水脊"，两端有砖雕的"草盘子"和翘起的"蝎子尾"；另一种是花瓦脊，屋脊用瓦片或花砖装饰，又叫"玲珑脊"，做法比较讲究。

2. 囤顶

辽宁西部的民居常采用囤顶，坡度仅二三度至十度左右。囤顶房屋按墙体材料的不同可分为泥土囤顶房、石块囤顶房、青砖囤顶房和红砖囤顶房。

3. 虎头房顶

虎头房是辽宁地区传统民居平顶房屋的一种，是经济情况较为富裕的人家，在适应风大的情况下来美化房屋，因而产生这样的形式。虎头房是在房顶上部加砌三面女儿墙，前部留一部分小的斜坡屋顶，整体看去如同虎头向前伸张，所以当地叫虎头房。虎头房的女儿墙在墙面上做各式透珑，花格形式极美，加强了房屋的艺术效果。

（五）墙体砌筑

辽宁地区传统民居的墙体根据材料分为砖石墙和土坯墙。

使用青砖砌筑的墙体是辽宁地区传统民居最常见的形式。砌筑方式一般采用卧砖和空斗两种砌筑方式。墙体厚度一般后檐墙最厚，前檐墙其次，山墙再次，以满足冬季防寒保暖的要求。前檐墙的墙壁厚度一般在400～420厘米左右，槛墙厚一般不小于柱径即可，槛墙很少采用抹灰做法，而均为整砖露明做法。辽宁地区传统民居槛墙高度一般在800～900厘米之间。后檐墙的墙壁厚度一般在450～500厘米左右，开窗较少，大部分满砌砖墙。后檐墙有两种，露出椽子的叫"露檐出"或"老檐出"；不露出椽子的，叫"封护檐"或"封后檐"，辽宁地区传统称为"四步露房"或"三不露房"。老檐出式的后檐墙与山墙后坡的墀头相交，封后檐式的后檐墙，两端没有墀头，辽宁地区传统民居多做"露檐出"。封护檐墙一般不设窗户，露檐出可设后窗，窗口的上皮应紧挨檩枋下皮，窗口的两侧和下端可用砖檐圈成"窗套"。辽宁地区传统民居山墙有两种类型：一种是整砖山墙，一般在规格较高的民宅中采用；一种是"五花山墙"，在规格较低的民宅和地方性石材较多处采用，山墙部分沿窗台的高度在墙体内砌有巨型石板条，厚度在20厘米左右，其长度和厚度随着建筑进深大小而变化。

土坯墙就是用土坯砌筑而成的墙体，其优点是防寒、隔热，取材方便，价格经济，其弱点是怕雨水冲刷，必须使用黄土抹面。凡筑土坯墙都要抹面，每年至少要抹一次才可保证墙壁的寿命。② 土坯的尺寸各地不同，一般是40厘米×17厘米×7厘米左右。

（六）室内外装饰

与关内民居相比，辽宁地区传统民居虽然质朴，但也不乏具有地域性风格的装饰做法。该地区民居无论是院落大门，还是房屋大门；无论是山墙廊墙，还是隔墙隔扇；无论是门窗梁柱，还是炕笸炕罩……只要条件许可，一般均须装饰。

1. 门窗：辽宁地区传统民居中的门以板门、隔扇门最为常见。板门分单扇门和双扇门，门上多有上亮子，一直顶到"檩 "底部。辽宁地区传统民居的窗基本上都是支摘窗。为了防盗，有的还在支摘窗内部增设一扇板窗，俗称"吊搭"。门窗一般采用松木制作，窗棂采用方格状，外部裱糊窗纸喷油，虽淋雨水窗户纸不致脱落，其棂窗图案大部为步步锦，也有灯笼框、盘肠、龟背锦等图式。

2. 看墙：辽宁地区传统民居中设置看墙的部位有两个：一是屋宇型院落大门入口两侧；二是带前廊的房屋两侧。常通过象征性的手法，融入丰富的、带有习俗性的文化内涵，寄寓着追求吉祥、如意、福寿、嘉庆、富庶、平安等语义。辽宁地区传统民居看墙的墙心常采用海棠池做法、中心四岔做法、方砖心做法、琉璃心做法。

3. 梁头：梁头的雕刻也是辽宁地区传统民居细部处理的要素之一。民居中暴露在外的梁头分为三个部位：第一个部位是房屋梁架的大柁突出在外檐的梁头，一般为方形截面，上面雕刻图案或文字，图案以花瓶居多，寓意"平安"，而文字也多雕"平、安、是、福"；第二个部位是前廊接柁突出外檐柱的梁头，多做成象鼻，雕刻一些茎叶较长的缠枝纹，如葡萄藤、忍冬（金银花）等，其特点是藤蔓绵长，缠绕不绝，枝细叶卷，这种图案委婉多姿，富有流动感和连续感，其寓意同盘长、回纹一样取义永恒，也有的地方做法，不对此梁头施以任何雕饰；第三个部位是廊心墙或者院门两侧看墙部位依附在墙上的接柁的柁头。由于贴在墙上，因此较为扁平，做法与廊中廊柱上的梁头相似，一般只雕刻一面。

4. 墀头：辽宁地区传统民居的下碱有两种处理方法：一是砖砌，一般农村砖瓦住宅采用此法；二是石砌，正面做雕饰，其题材常为荷花、花瓶或花篮、蝠寿等，这种多在规格较高的大户人家采用。上身每边比下碱应退进一些，退进的部分叫"花碱"。上段为戗檐盘头，是墀头最精彩部分。盘头是腿子出挑至连檐的部分，它的总出挑尺寸称为"天井"。在腿子墙和檐部相接处镶嵌方形戗檐砖，其上雕刻花纹，当地叫做枕头花，其面倾斜，上承檐口，下接山墙。枕头花下砌层层线角用挑脑砖承托。按装饰的复杂等级可将盘头分为几种类型：一是无枕头花，下砌层层线角，或最简单就做一个倾斜斜面；二是有枕头花，下砌层层线角；三是有枕头花，下砌层层线角，还有手巾布或者雕花连接于下部，构成完整的蝎头。其中，最后一种档次最高，多为大户人家采用。枕头花常雕有人物故事，梅、菊、牡丹等花卉，或者书法文字，其雕刻精致细腻，是墀头装饰的精华所在。

（七）采暖方式

由于辽宁地处中国东北，气候寒冷，其民居在防寒保温和取暖方面有其自己的特色。首先，火炕作为该地区重要的采暖设施，得到了普遍使用。但是，不同民族由于生活方式和生产方式不同，又有不同的特点（见表2-0-2）。火炕由烧火口、烟道和出烟口组成。烟道建造方法很多，有用土坯垒成烟道，也有用砖和石头的，其砌筑原则是"通而不畅"，使烟能够充分的散发热量。烟囱作为出烟口，形式多样，根据烟囱的形式以及与建筑的位置关系，辽宁地区传统民居的烟囱有独立式烟囱、附墙烟囱、屋顶烟囱和出烟口四种类型。

其次，火墙是室内采暖的一种重要设施。火墙是用砖做成的长方形墙壁，墙内留有许多空洞使烟火在内串通，以增加室内温度。一般在大型住宅当中为了减少室内灰尘，都做火墙。由于其墙体两面散热，故热量较大。火墙是东北早期满族所沿用的采暖设施，后来渐渐地传播至东北各地。火墙常设在炕面上，与炕同宽，高1.5米～2米，兼作炕上的空间隔断（对室内空间并不起割断的作用），相当于一个"采暖箅子"，引火处在端部或在背面。火墙的类型可分为"吊洞火墙"、"横洞火墙"和"花洞火墙"三类。吊洞火墙本身又分为三洞、五洞两种，这是最普遍广泛的一种形式。火墙一般是用砖立砌成空洞形式，其宽度约300毫米左右。内部空洞抹平，甚为光滑。做法是用砂子加泥，以抹布沾水抹光，火烧之后越烧越结实，烟道流通毫无阻碍，因而升温较快。火墙外部涂以白灰或石膏。火墙是很便当的采暖设施，构造亦不甚复杂，又省材料，同时和室内隔墙有同样的使用效果。火墙的特点是散热量大，散热面积在室内占较大部分，因而温度比较平均，保温时间较长，灰土较少，并且火墙建筑物位置大小可以随意，有一定的灵活性。它的缺点是温度过高，燃料消耗大，同时使用燃料的种类很少，只能用木块和煤，其他燃料不能使用。

满、汉及朝鲜族炕对比表　　　　　　表2-0-2

炕的比较	民族	满	汉	朝鲜
炕的室内布局		沿墙呈"凵"形	单面或双面布置，为"一"字形	满铺
炕的用途		睡觉、生活、取暖，在祭祀时亲戚朋友聚于此	睡觉、生活、取暖	睡觉、生活、取暖、交通
炕在室内总面积所占比重		占室内50%	占室内30%～60%	占室内100%
炕的构造方式	材料	砖、石、土砖、土	砖、石、土砖、土	砖、石、土砖、土
	烧火口	灶台（不两两相对）	灶台	焚火坑（一个下凹的可容一人的坑）
	内部构造	炕垅、炕腔、落灰堂、窝风槽	炕垅、炕腔、落灰堂、窝风槽	炕垅、炕腔、落灰堂、窝风槽
	烟囱形式	独立式，通过水平烟囱脖与炕相连	附着在山墙上，与炕直接相连	独立式，通过水平烟囱脖与炕相连
炕的高度		与室内地面高差为500mm左右	与室内地面高差为500mm左右	与室外地面高差为200～300mm
炕下空间使用		交通、祭祀	交通	无炕下空间
烧炕燃料		煤、柴草、秫秸	煤、柴草、秫秸	煤、柴草、秫秸

第一节 古代都城

一、五女山山城

汉元帝建昭二年（公元前37年），高句丽民族在玄菟郡境内建立了地方民族政权，都建于纥升古城（今辽宁省桓仁县），现位于桓仁县的五女山山城就是高句丽第一代王朱蒙建都的都城。汉元帝元始三年（公元3年）十月，高句丽第二代王孺留王将王都迁往国内城（今吉林省集安市），五女山山城作为高句丽初期王都，整整经历了40个春秋。

五女山位于桓仁县城东北8.5公里处的浑江右岸，五女山山城建于山顶及山腰。五女山的主峰在山的中段突兀而起，四周悬崖峭壁仿佛如刀削一般，高度超过百米，主峰顶部地势平坦（图2-1-1）。

山城总平面呈不规则的靴形，南北长1540米，东西宽350～550米，总面积约60万平方米。山城分山上、山下两部分。山上部分位于山城的西部和西南部，是主要的遗址分布区。山下部分位于山城东部、北部和东北部，地势为平缓的坡地，遗址分布较少（图2-1-2）。

山城城内道路共有4条：第一条是从西门向南，沿着山脊到瞭望台，该路是城内山上部分的重要道路；第二条是山顶的环山巡城马道，由西门开始，沿着山顶西南边缘向东延伸，经过一号大型建筑（图2-1-3）、蓄水池（图2-1-4）、二号大型建筑、兵营等到瞭望台，从瞭望台返回，再沿着山顶东北边缘向西延伸，经过三号大型建筑（图2-1-5）回到西门；第三条是西门到东门的道路，从西门向东延伸，沿着山谷下行，直到谷底，然后顺山坡向东延伸，约165米后，转向南，直达东门，该路是连接城内上下的重要道路；第四条是沿城墙的道路，该路在城内的东部和北部形成半环，路的两端均与下山的道路相连接。4条道路依据地势和使用功能而设，巧妙地解决了山城的交通问题。

以军事防御为目的五女山山城，城内的建筑和设施均是为了满足战争的需要。遵循山城城墙"筑断为城"的原则，五女山城城墙大部分为自然山体，仅仅在山下东、南部山势稍缓处和山上重要山体断口处，筑有人工墙体，进行封堵。五女山山城上的人工砌筑的城墙（图2-1-6）均为石筑，局部内

图2-1-1 五女山山城远望（朴玉顺摄）

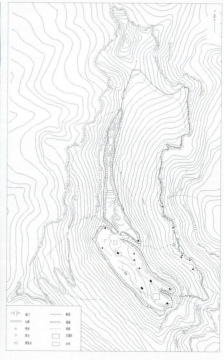

图2-1-2 五女山山城总平面图（摹自《五女山城——1996～1999、2003年桓仁五女山城调查发掘报告》P14）

图 2-1-3 五女山山城一号宫殿遗址（王严力摄）

图 2-1-4 五女山山城蓄水池（王严力摄）

图 2-1-5 五女山山城三号宫殿址（王严力摄）

图 2-1-6 五女山山城城墙（朴玉顺摄）

图 2-1-7 五女山山城城门 1（朴玉顺摄）

图 2-1-8 五女山山城城门 2（朴玉顺摄）

壁与顶部填充泥土。五女山山城共有3座城门（图2-1-7，图2-1-8）——南门、东门和北门，南门位于山城东南角，由城墙和山崖间的空隙形成，东门位于两端城墙之间，具有瓮城的雏形，西门位于山上的主峰西部，建在山谷的上口，山谷下宽上窄，两侧石崖峭立，在石崖间筑有城墙，陡峻的石崖、高大的城墙和城门构成了内凹的瓮门。可见山城的城门均设在易守难攻的重要位置。在山城的东南建有瞭望台，此处是山城的制高点，是山城控制浑江水路及其两岸陆路的最佳瞭望地点。在城内山上地势较为平坦的东南部共有21座兵营。在城内山上和山下均分布有哨所，山上的哨所主要位于山口的附近，山下的哨所主要位于靠近城墙的山地上，或位于东墙沿线的山口两侧。此外，在城内山上的中部，山顶地势最低洼的地方，建有蓄水池。城内山下有一处泉眼是整个山城最重要的水源。在山顶较为平坦的地方，建有三座大型建筑，其功能应该是宫殿，在城内山上平坦向阳的地方还零散分布着一些居住建筑（图2-1-9）。

五女山山城作为高句丽的第一座王都和早期山城代表，其高大的城墙、完备的防御体系和丰富的文化内涵，是中国古代汉唐时期东北地区少数民族高句丽政权初创时期的真实反映。2004年，五女山山城被正式列入世界遗产名录。（执笔人：朴玉顺）

二、盛京城

盛京城包括内城外郭两重城垣，郭圆城方，"郭周三十二里十八步，城周九里三十二步。池阔十四丈五尺，周围十里二百另四步"。据康熙二十三年《盛京通志》记载："……天聪五年因旧城增拓其治，内外砖石高三丈五尺，阔三丈八尺，女墙七尺五寸，周围九里三十二步。四面垛口六百五十一，敌楼八座，角楼四座。改旧门为八：东之大东门曰'抚近'；小东门曰'内治'；南之大西门曰'怀远'；小西门曰'天佑'；西之大西门曰'怀远'；小西门曰'外攘'；

图2-1-9 五女山山城居住址（王严力摄）

北之大北门曰'福胜';小北门曰'地载'"。内城八门的名称乃辽阳东京城各门的搬用。新城将原来的四个城门拆除了三座,唯将汗宫后面的北门保留下来,用砖石封死,仅作为对其先王努尔哈赤的纪念。城内由四门到八门的改变,自然带来了街道系统由十字形向井字形的变化。于是皇太极就巧妙地把自己新建的皇宫大内堂而皇之地放到了城市的中轴线上,与其先王的皇宫相毗邻,使努尔哈赤当年的皇宫不知不觉地降了格。后期在其内西侧增建的"西路"建筑又与大政殿和十王亭等"东路"建筑一起,一左一右,进一步强化了皇太极大内宫殿群的主导地位。

在井字街道系统北面的一条东西向街道与两条南北向街道的交叉口上,分别建有钟楼和鼓楼。在德胜门(大南门)外南五里,今南塔附近,修建了天坛。在内治门(小东门)外东三里,建造了地坛。在抚近门(大东门)外东五里处建太庙(后迁到皇太极皇宫大内的东南隅高台上原景佑宫址)。在皇宫前面的几片街坊之内设置内阁六部(吏部、户部、礼部、兵部、刑部、工部)和两院(都察院、理藩院)。

将皇宫后面的四平街(今中街)辟为商业街。这时的城市布局已经十分接近于"面朝后市,左祖右社"的典型中国古代都城的布局模式。由皇太极在崇德八年(1643年)敕建于城外的东、西、南、北四塔,分布于城中北部环绕着皇宫。而建造的各王府大院,以及城市之中的庙宇、官署、民宅等建筑和排水、道路等市政设施,高低错落有序,城市设施完备,都表明城建有制,布局统一。对城市的功能和空间组织颇具匠心,且立意在先,深含意境。清代缪东霖在《陪京杂述》中对盛京城的规划寓意评论道:"按沈阳城建造之初具有深意说之者,谓城内中心庙为太极,钟鼓楼象两仪,四塔象四象,八门象八卦,郭圆象天,城方象地,角楼敌楼各三层共三十六象天罡,内池七十二象地煞,角楼敌楼共十二象四季,城门瓮城各三象二十四气,此说与当日建城之意相符与否诚不敢知,但说为近理故附志之。"这一切不仅体现了皇太极的意愿,更反映了当年城市和建筑的设计者与营造者的创造才能。盛京城是中国古代文化的灿烂结晶(图2-1-10~图2-1-13)。(执笔人:刘思铎)

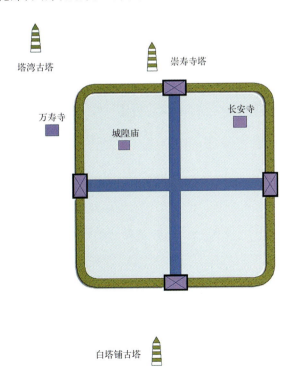

图2-1-10 元沈阳路城城市形态示意图(根据《沈阳城市建设图说》改绘)

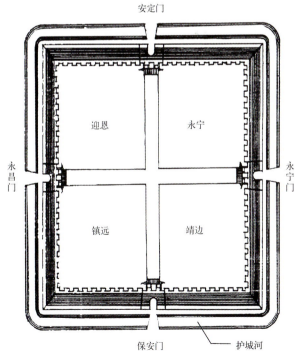

图2-1-11 1388年(明洪武二十一年)明城示意图(根据《沈阳城市建设图说》改绘)

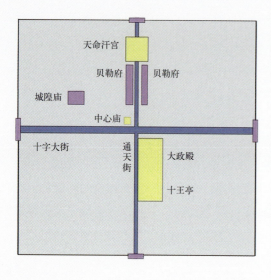
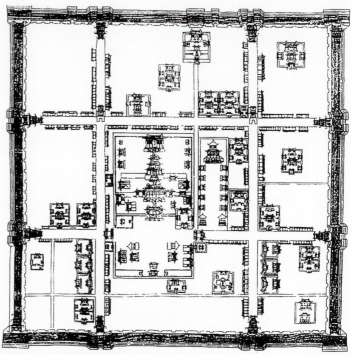

图 2-1-12 后金初期城市布局（根据《沈阳城市建设图说》改绘）　　图 2-1-13 盛京城阙图（根据《沈阳城市建设图说》改绘）

三、丸都古城

丸都山城位于吉林省集安市北 2.5 公里外的长白山余脉老岭山脉的峰峦之间。山城城墙依自然态势筑于峰岭上，外临峡谷绝壁，内拥缓坡平川。东、西、北三面地势较高，南面较低，高差约 440 米。整个山城形状如箕，向南敞开门户，以东北—西南走向的通沟河为天然屏障。山城南 2.5 公里即是位于集安市内的国内城。

丸都山城是高句丽第二座都城国内城的军事卫城，当时称作尉那岩城，始筑于公元 3 年。高句丽第十代王山上王二年（公元 198 年）继续修筑此城，山上王十三年（公元 209 年）移都此城，名为丸都城。今人称为山城子山城。1982 年被评为全国重点文物保护单位。

丸都山城（图 2-1-14）周长约 6950 米。山城城墙（图 2-1-15）的构筑，充分利用了自然地理形势，体现出高句丽山城的建筑特点。城东南角以陡峭的岩壁为城墙（部分岩壁经人工修凿），缺口处以石条垒砌。其余几面城墙也有用此种方式砌筑的段落。在山脊平坦的地方，则用花岗石垒砌城垣。城墙的内部主要用两头呈尖状的梭形石交错摆放而成，梭形石间的空隙以碎石填充。侧面则采用楔形石（俗称"牛尾石"）插入尖状条石间，形成内外墙面。城墙修筑时从底部开始逐层向上内收，使外侧面略向内倾。由于山势起伏，为求城垣绵亘一贯，山脊凹伏愈大的地方，筑墙愈高，整个城墙以东墙南段、西墙北段和北墙西段保存较好。尤以北墙构筑坚固、险峻，有些墙段高达 5 米左右。城墙外部均有高 1 米左右的女墙。

丸都山城现遗存有三十多座高句丽墓葬（图 2-1-16～图 2-1-18）和宫殿遗址。东南部缓坡台地上的宫殿遗址，依山势而建，东高西低，落差 13 米。四周以块石垒砌宫墙，现仅存基础。宫殿周长 332 米，受地势所限，平面形状并不规则，东、西两墙较为平直，南北墙呈斜边状。整座宫殿址及附属设施面积 8260.75 平方米。遗址坐东向西，由西向东依次分布着四层人工修筑的长方形台基，台基的三面垒砌护坡。受地势影响，每处台基的宽度不尽一致，四层台基上共修筑有不同规格的建筑 11 座(组)。

图 2-1-14 丸都山城全景（李之吉摄）

图 2-1-15 丸都山城城墙（王烟雨摄）

图 2-1-16 俯瞰丸都山城下的贵族墓地（王烟雨摄）

图 2-1-17 丸都山城下的贵族墓地 1（王烟雨摄）

图 2-1-18　丸都山城下的贵族墓地 2（王烟雨摄）

从现有遗存推测，宫殿的正门与各台基的踏步构成整座宫殿址的中轴线。遗址内还发现人工排水和自然排水设施。

山城向西北坡地上行 30 米左右有一处石砌的瞭望台（图 2-1-19），俗称"点将台"。瞭望台的主体建筑为一圆角长方形石筑高台，长 6.7 米、宽 4.5 米、残高 4.5 米。外壁选用楔形石叠砌而成，部分楔形石外侧边缘处可见人工凿刻的凸棱，用以防止上层砌石滑落；内部使用梭形石及石板穿插垒砌，其中空隙以碎石填充。瞭望台的北壁修筑有石质阶梯。瞭望台北侧 15 米有一片平缓的坡地，在长 16 米、宽 9 米的范围内分布着 3 排 18 个石块构成的础石，据推测这里应该是戍卒居住的遗址。

在宫殿遗址、瞭望台等处均发现了大量的红色筒瓦、板瓦及瓦当。瓦当为高边轮，以兽面纹为主，间有一定数量的莲花纹瓦当及少量的忍冬纹瓦当。城内还发现各种兵器、马具和生活用具。

高句丽时期，曾两次以丸都山城为都，山上王一次（历时 13 年），故国原王一次（历时 2 年）。丸都山城原是国内城的军事守备城，平时只备兵器、粮草，战事紧急时国王才入城固守。在丸都山城曾发生过多次战事，山城在保卫高句丽政权及抵御外来势力的侵扰中曾起过一定的作用。

后来，由于高句丽的势力逐渐向南发展，其政治、经济、文化中心也必然向南转移。公元 427 年长寿王从集安的国内城迁都朝鲜半岛的平壤城以后，山城便开始衰落。（执笔人：耿铁华）

四、国内城

国内城石砌墙垣（图 2-1-20～图 2-1-22）位于吉林省集安市区西部。国内城略呈方形，公元 3 年（汉平帝原始三年），高句丽第二代王儒留王率领群臣迁都于国内城，从此国内城就成了高句丽政治、经济、文化的中心。直至公元 427 年（北魏始光四年）高句丽迁都平壤，国内城作为高句丽王都长达 425 年。1982 年被公布为全国重点文物保护单位。

2003 年考古调查，实测国内城北墙长 730 米、西墙长 702 米。东城墙因近代以来修建房屋，大都已毁掉，南部还可见残段和墙基。南城墙西段较好，一般高 3～4 米。西城墙中部，原西门北段，保护较好，高 2～4 米。北城墙下部完整，高 1～2.5 米。四面墙垣每隔一定距离修有马面，现在遗迹表

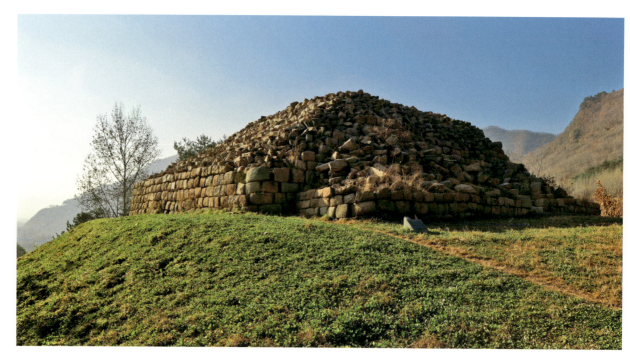

图 2-1-19 丸都山城内的瞭望台遗址（王烟雨摄）

图 2-1-20 国内城城墙遗址（李之吉摄）

图2-1-21 国内城城墙局部1（王烟雨摄）

图2-1-22 国内城城墙局部2（王烟雨摄）

明，北墙外侧有八个马面（图2-1-23）。南、西、东墙外侧各有两个马面，城墙角原有角楼一类建筑。据《集安县文物志》记载，原有六座城门，东、西各两座，南、北各一座，均有瓮门。2003年在北城墙西角清理出一处门址。在西城墙现存的一处马面南31.6米处外墙基部，又发现一处高句丽时期的马面残迹。同时，确认西城墙西侧的石砌排水涵洞（图2-1-24）属于一条南北走向的石砌墙体的内部设施。根据该墙体的构筑方式及出土遗物的特点可以认定，这道与现存国内城西城墙平行的墙基为高句丽时期的城墙遗迹，表明高句丽时期曾对国内城西墙进行过一次整体东移。

多次的考古发掘显示，国内城城区内文化堆积以高句丽时期遗存为主。出土了一批瓦当、板瓦、筒瓦、花纹砖等。此外，在国内城东北150米处发现大型建筑群遗址，出土大批础石、板瓦、筒瓦、莲花纹瓦当、兽面纹瓦当和铁器、陶器等。在城北梨树园子遗址也发现大型建筑遗址，巨大的础石排列整齐，瓦砾层很厚，还出土一批鎏金箭头和白玉耳杯等珍贵文物。这两处应是高句丽重要的官署建筑。

国内城是高句丽第二座都城。城东有著名的好太王碑，城北有丸都山城。（执笔人：耿铁华）

图2-1-23 国内城城墙马面遗址（李之吉摄）

图2-1-24 国内城排水口遗址（李之吉摄）

五、双城承旭门

承旭门位于黑龙江省哈尔滨市双城区东部,始建于清代同治七年(1868年),是双城堡城墙四座城门之东门。时任双城堡总管的双福监督,重修双城堡城墙,建起四座城门,东为承旭门、西为承恩门、南为永和门、北为永治门,至今仅存"东门"承旭门一座(图2-1-25~图2-1-27)。1979年,双城县政府拨款进行修葺。

承旭门(图2-1-28~图2-1-32)南北宽

图2-1-25 承旭门楼南面(刘洋摄)

图2-1-26 承旭门楼西面(刘洋摄)

图2-1-27 承旭门楼东面(刘洋摄)

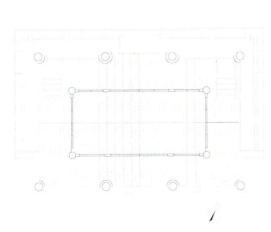

图2-1-28 双城承旭门二层平面图(哈尔滨工业大学测绘)

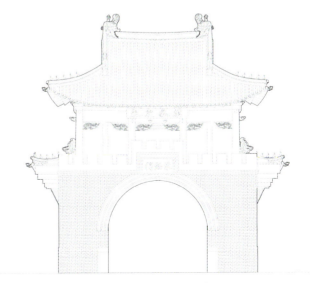

图2-1-29 双城承旭门正立面(哈尔滨工业大学测绘)

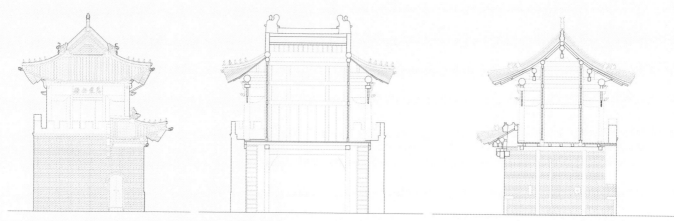

图2-1-30 双城承旭门侧立面图（哈尔滨工业大学测绘）　图2-1-31 双城承旭门剖面（哈尔滨工业大学测绘）　图2-1-32 双城承旭门剖面图（哈尔滨工业大学测绘）

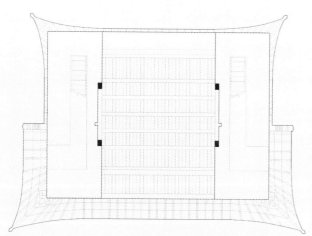

图2-1-33 双城承旭门首层屋架仰视图（哈尔滨工业大学测绘）

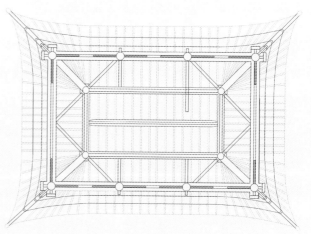

图2-1-34 双城承旭门屋架仰视图（哈尔滨工业大学测绘）

9.54米，东西长6.91米，高11.4米。城门分上下两层，底层墩台用青砖砌筑，分上身和下碱两部分。中间有宽4.86米的东西向门洞，横木密梁式。西立面门洞上方的横木过梁作彩绘。东立面门洞起三券三伏砖砌拱券，拱顶上方垛口高起处为双福总管亲笔题写、楷书阴刻的"承旭门"三个大字。门洞将基座底部分为南北两部分，两部分的外侧均辟有一券一伏的发券小门，从两小门进入分别有单跑楼梯通往基座顶部的平台。门洞前后底部嵌有四块花岗岩条石护角，石上雕刻有"暗八仙"。

墩台顶部面向城内一侧改垛口为屋檐的形式（图2-1-33），故西立面呈歇山重楼造型。下层屋檐在南北侧立面上并不完整，而是在侧面发券小门上方断开。在断开处墩台墙体向外叠涩出挑牛腿和仿木的梁头，以及封护垛口作为下层檐口的结束。

墩台之上立有歇山顶的门楼建筑（图2-1-34、图2-1-35），门楼面阔三间，进深一间，通面阔7.58米，通进深4.75米。檐柱间有翅形雀替。自四角柱向内退次间的一半做外檐装修，形成小阁与周围廊。小阁的四角采用八角形柱，八角形柱与门楼角柱之间做45度斜梁，斜梁外露在角柱外部分雕成龙头状。小阁的西面明间作板壁，其余各间作

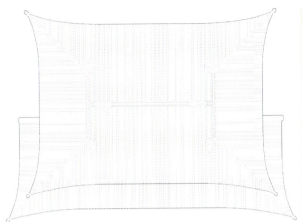
图 2-1-35 双城承旭门屋顶平面（哈尔滨工业大学测绘）

图 2-1-36 檐椽（刘洋摄）

隔扇，隔扇心采用码三箭式。东西南北四个额枋上的匾额分别题有"紫气东来"、"护堡咸宁"、"叼隶仁平"和"惠爱无疆"。屋顶采用绿色琉璃瓦，正脊两端有龙吻。四条垂脊上有垂兽，四条戗脊上各有五只小跑兽。基座西面顶部的檐口有围脊和两条角脊，每条角脊上有戗兽和五只小跑兽。上下层屋檐的檐椽上均出两层飞椽，故檐口出挑较深远。椽子断面均为方形，檐椽断面是等大的，两层飞椽则根部粗端部细（图2-1-36）。上层老角梁与仔角梁共挂有十六只惊雀铃。

承旭门结构坚固，造型舒展大方，带有东北地方特征。承旭门先后被批为双城市级文物保护单位和黑龙江省级文物保护单位，它是双城堡悠久历史的见证。（执笔人：刘洋）

六、凤林古城

凤林古城是中原汉魏时期挹娄人在黑龙江的三江平原建立的都城，城址位于黑龙江省双鸭山市的友谊县富乡凤林村，东经131°50′45″，北纬46°36′13″，海拔高度83.9米。古城面积约120多万平方米，有内外9重城墙，整体形状不规则。第七城位居中心，呈正方形，东墙长116米，南墙长112米，西墙长124米，北墙长119米。城墙墙基宽约15米，顶宽3米，残高2～4米。城四角有角楼址，每边中部设一马面。角楼高5.8～7.2米，外凸7～14米，马面高4.8～5.2米，外凸4～5米。城外护城河深3～4米，宽16～18米。城墙为夯土板筑，非常坚固。从各城的布局看，当时的居民约有数万，已结束了游牧，开始了定居生活，其农业、养畜业、制陶业和纺织业都达到一定水平，在组织上也初具国家的雏形。

在7城区中心有一座半地穴式大房子遗址，它坐西向东，南北长约29米，且吻合真子午线，东西长约23米，面积670平方米，经过烧烤的黄砂土地面平坦而又坚硬。有20个大柱洞，底下还垫有石块或陶片，横向5排，纵向4排，四周还有80多根擎檐柱围绕。

与凤林古城遗址隔七星河相望的是炮台山古城，二城的中心直线距离约1500米。其建制特殊，结构复杂，八垣九重，城坛结合。该遗址平面呈椭圆形，城垣系掘土堆筑，分上、中、下三层，下层有外城，即郭城，还有拱郭城的月城、瓮门、城壕以及城内地表坑等，中层为山腰城，即内城；上层为山顶城，即土遗城，平面亦呈椭圆形，城内有8处地表坑，每个坑直径为6～8米，深约0.3～0.5米不等，其中7处"天坑"按北斗七星状排列。另一处"天坑"则位于北斗七星北侧，显示着当年极星的位置。城顶中央靠北处，即北斗七星斗魁和极星所拱卫的位置，有一长方形圆角祭台，石筑泥铺，长19米，宽14米，高0.5米，是专为祭祀用的坛台。

凤林古城与炮台山七星祭坛，是同一座古城被七星河分为南北两个部分；主理政务的皇宫位于北边，而祭天的天坛则在皇宫的南面，它们是不可分割的整体，显示出文明古国初期形态的模式标本，从位置与规模可知凤林古城是一座王城。1990年，该城址被定为黑龙江省级文物保护单位。（执笔人：刘洋）

七、金上京城

金上京城是完颜都女真人在1115年，在阿什河畔建立大金国时的都城，位于黑龙江省哈尔滨市东南25公里处。金上京城周长10954米，占地面积有11平方公里之多，略小于渤海上京城。全城由南北二城组成，南北二城皆为长方形，但形状不同，"北城竖修，南城横建，两城相连，形制特殊"。北城南北长1828米，东西宽1553米；南城东西长2148米，南北宽1523米。两城中间由一条腰垣连成一体，南城为皇帝所居，可以称作内城，北城为平民所居，可以称作外城。北城有各种作坊遗址（特别是铁作坊址），有一小河斜穿而过，俗称运粮河，是上下水的通路。皇城在南城西部偏北处，南北长645米，东西宽500米，城垣基宽6.4米。在午门的中轴线上有五重大殿遗迹。从面积上看皇城规模虽不算大，但据史书记载其建筑很宏伟。城墙夯土板筑，现基宽7～10米，上宽3～5米。外垣有五座城门，南北之间有一座原属于北城的瓮门，后为南北之间的门址，全城共有六座城门。城墙附马面，南北城城垣马面原建有85座，因自然和人为等因素的破坏，北城东墙北段缺失3座，现存有82座。城门设瓮城，五个外角有角楼。金上京城址东郊，西隔阿什河，距上京约3.6公里的刘秀屯有一组宫殿基址。宫殿基址朝向为正东南，由主殿（包括正殿和两侧的东西挟屋）、前侧的露台和后侧的后阁组成。主殿之后连接过廊与后殿相通，主殿挟屋两侧与回廊近处相连。主殿与宫门之间的距离和两侧回廊之间距离都约为184米，形成了从宫门经两侧回廊到主殿基本呈正方形结构的建筑布局。其中主殿面阔九间、进深五间，后殿为面阔五间、进深两间。主殿与后殿之间的过廊，长47米，宽15米。主殿、后殿和过廊构成"工"字形的一组建筑。

金太祖完颜阿骨打在御寨的基础上建立了都城，并有了简单的宫室建设。阿骨打病逝后"葬宫城西南"，宫城当指现在的北城或北城内的宫室。太宗时期进行了南城的建设，奠定了南北二城的形制，1125年，宋朝许亢宗所著《宣和乙巳奉使行程录》对皇城宫室营筑的宏大场面做了描述："日役数千人兴筑"、"已架屋数千间"、"城垣土筑，高丈余"，"规模亦甚侈也"。金熙宗用了大约4年多的时间营筑了5组宫殿，分两期完工。海陵王完颜亮于1157年"削上京之号，止称会宁府"，又"命吏部郎中萧彦良尽毁宫殿、宗庙、诸大族邸宅及储庆寺，夷其址，耕垦之"，用了10余年时间而建成的宫殿、宗庙等，在不超过一个月的时间里变为废墟。金世宗修复重建了的海陵王所毁的皇城宫殿、宗庙及大族宅邸，恢复上京称号。

金上京城是文化融合的产物。北城是女真文化的体现，其御寨"土屋筑炕，炕上置金交椅，太祖坐其上，接见来使，商讨国事。"南城受契丹文化的影响比较明显，因为它是由辽朝上京临潢府的汉人工匠卢彦伦主持修造的。由于他有汉文化的底蕴，因而也掺杂着中原的一些建筑文化特色。皇城的修建和以后的扩建则仿照了北宋京城汴梁的模式，《大金国志》就明确记载了它是"效仿汴梁"。（执笔人：刘洋）

八、渤海上京城

渤海国是中国唐朝时期少数民族在东北地区的地方政权，存在于公元698～926年，盛时疆域地跨我国东北地区、俄罗斯滨海地区、朝鲜西南地区，有"海东盛国"的美誉。渤海国先后有四座城市作为都城，其中上京城先后两次作为都城，并且作为都城的时间在160年左右，约占整个渤海国存在时间的三分之二，可以说是渤海国的政治、经济、文化的中心，其遗址中反映的建筑文化特质可以看作是渤海建筑文化的最高代表。

上京城遗址在距今黑龙江省宁安市30公里处的渤海镇境内，是我国目前保存最为完整的唐代宫殿建筑遗址群。上京城城址呈东西向的横向长方形布局，南北长约3358米，东西宽约4586米，面积约15.9平方公里，属于唐代大型州府城规模，采用的是宫城、皇城和郭城的三重城制。郭城城墙四面共辟城门11座，即东西两面城墙各设置两座城门，南面城墙设置三座城门，北面城墙设置四座城门，除北部城墙一座城门外，其他城门均两两相对。城中共有五横三纵八条街道，形成规则棋盘式道路网格，其中被称为"朱雀大街"的中轴线，从郭城南门直到皇城南门，将城分为东西两个部分。这八条街道之间设置了以里坊为单位的居住区，为百姓居住区域。

内城由宫城和皇城共同组成，位于郭城北部中央位置，其中宫城北墙向外突出，内城是渤海王国的百司所在地，官署衙址主要在这两区内；宫城是王国活动的中枢，最高权力集中之所，呈南北向纵向长方形，南北长约900米，东西长约1050米，可以划分为宫城区、北部附属区、东部附属区和西部附属区。其中东部为东宫所在，这一区域发现了到目前为止最为完整的唐代皇家园林；而北部和西部区域根据遗址情况推测为禁苑区。在宫城的核心区域中轴线上，发掘了五座主要的宫殿建筑群遗址。这五座宫殿建筑群遗址保存相对较为完整，其中前四座宫殿建筑群遗址采用的是由主殿、配殿、回廊、廊庑等要素组成的回廊式布局模式，而第五座宫殿采用的是庭院式布局模式。这五座宫殿建筑群与主轴线上的宫城正南门和宫城正北门，共同形成了宫城中心区的空间序列，是整个都城皇家集权的高度象征。整个上京龙泉府的规划条理清晰，秩序严整，其规模和建制明显是模仿唐长安和洛阳而建，同时其独特的地域和民族特征也展现了渤海本源的城市规划思想。（执笔人：孙志敏）

第二节　古镇

一、鞍山海城市牛庄镇

牛庄镇地处辽宁省海城市区西部20公里，总面积53平方公里。牛庄是一座历史悠久的文明古镇。舜时属营州，三国时属燕国的辽东郡。据《秦汉东北史》记载，公元220年，牛庄就是辽隧县的所在地；公元238年，魏明帝二年成为一个重要村庄；公元607年唐王东征高句丽时，牛庄是个养牛的村落，西有马圈（现在牛庄西北2.5公里处，仍有唐朝时期的养马圈遗迹，占地数十亩）东有牛庄；元朝时期，牛庄称为"牛家庄"；1373年（明洪武六年）设牛庄驿站，改名"牛庄"；1623年皇太极督修牛庄城池，设章京率兵驻防；1629年皇太极亲视牛庄；1661年开埠建港；1682年设三叉河巡检，称牛庄巡检，同年康熙皇帝到沈阳两陵祭祖，在牛庄驻跸；1848年修太平桥；1858年清政府同英政府签订《天津条约》，把牛庄定为五口通商口岸之一，1861年英国在牛庄设领事馆；1898年东北三省第一个邮电局设在牛庄；1922年设牛庄海关。东北地区多项第一在牛庄：第一个巡检司衙门、第一个邮务总局、第一个通商口岸、第一个领事馆（英）、第一个红十字会、第一座天主教堂（法）、第一座清真寺、第一个水文站等。

牛庄古城设三个城门，即东门为德胜门，西门为外攘门，北门为福胜门。古城外有护城河，太平桥（图2-2-1）就是在东门外护城河（即东河）上所建。太平桥始建于1849年，在此之前，进入牛庄镇里的唯一通道是用船连接起来的一道浮桥。太平桥东西向，为花岗岩石砌筑而成。桥长50米，15孔（图2-2-2），宽约4.5米，高5米。桥面两侧有望柱和栏板，望柱柱头雕有狮子、猴子、石榴、桃和八宝等。桥面为二层石条平铺，厚67厘米，桥墩厚45厘米，迎水面分水石是三角形。清道光己酉年（1849年）重修。在桥南侧中间栏板横镌"太平桥"三字，右竖镌"道光己酉年菊月穀旦"，左下镌有"同会公立"。

图 2-2-1　太平桥（王严力摄）

图 2-2-2　太平桥桥洞（王严力摄）

保留至今的不仅有道光年代修建的太平桥、护城河；还有1869年由法国传教士修建的天主教堂，此教堂为义和团运动后，清政府拨款给法国人重修的哥特式法国式大教堂，建成高度近50米，为辽南建筑之最；还有东北的第一座清真寺，该建筑在伊斯兰建筑中，是少见的中国宫殿式风格，其取样为山东济宁大清真寺。另有自宋以来，佛、道、儒、喇嘛等各教人士陆续修建了大小庙宇多达三十余座。

牛庄城初建时是土城。由于牛庄地处经济和战略的重要地位，1623年，清太祖努尔哈赤命皇太极亲临牛庄犒赏筑城民夫，重新修筑牛庄城，尚有东门"德盛"古城门额匾、红衣大炮，陈列于沈阳故宫，上面铸有"大金天命癸亥年铸牛庄城"字样。1682年康熙皇帝来东北祭陵拜祖，返京曾住牛庄城。由于牛庄在军事上、经济上所处地理位置十分重要，引起西方列强的垂涎。1861年4月牛庄正式开埠。

因牛庄历史悠久、文化底蕴丰厚，2007年牛庄被辽宁省政府正式批准命名为省级历史文化名镇、省级特色旅游乡镇，2008年荣膺为中国历史文化名镇。（执笔人：李培约）

二、大连瓦房店市复州城镇

复州城位于辽宁省辽东半岛中西部瓦房店市复州城镇，是古时辽东半岛上的海防重镇、商贾云集之所（图2-2-3）。古城历史悠久，自西汉（公元前107年）至1925年一直是州府县治所在地。城内名胜古迹众多，有始建于辽代古塔永丰塔、建于清道光年间的东北现存最古老的横山书院、清乾隆年间的清真寺、清代的复州城守尉旗署、历代知州衙署，以及已有400多年历史的明代龙爪古槐等文化古迹。如今，原有古城池已遭大量破坏拆除，现残存古城东门（图2-2-4）以及其北行约500米处的一段古城墙断壁。2007年6月，复州城镇被辽宁省列为第一批"历史文化名镇"。

图2-2-3 复州古城旧照

图 2-2-4 荒草丛生的古城门（邵明摄）

复州古城兴建于辽兴宗时期，初为土城。明永乐四年（1406年）改为石城，清乾隆四十五年（1780年）改筑砖城。清筑砖城高2.9丈，砌砖54层，上宽1.3丈，下宽2.2丈，周长2950米。现存古城墙50余米。永丰塔塔高28.45米，基高2.2米，周长31.36米。复州古城设三个门（图2-2-5），即东门通明门，北门镇海门，南门迎恩门。目前仅存东门瓮城残迹和东北城角50米长的一段城垣，城门附近另存有清代民居建筑群。复州古城是辽东半岛上的海防重镇，政治、经济和文化中心。

"复州八景"之冠的"永丰夕照"指的是复州城东南辽代土城遗址处的永丰塔（图2-2-6、图2-2-7）。永丰塔建于辽代，千百年来历尽沧桑，虽经风雨剥蚀，仍然高耸奇伟，巍然壮观。复州著名诗人张时和诗称："回峦附郭树葱茏，庄严古刹峙永丰。城阙日斜辉为雉，门桥雨霁落双虹。梵宫余照都成彩，佛殿灵光总是空。最好千年古塔上，黄昏一点夕阳红。"永丰塔历经多年的风吹雨打，塔上的青砖多有风化脱落，2000年曾按原貌修复。2003年列入辽宁省文物保护单位。

永丰塔为八角十三层密檐式砖塔。塔身呈八角形，砖心单顶。塔高28.45米，基高2.2米，周长

图 2-2-5 门楼（邵明摄）

图 2-2-6 白塔旧照

图 2-2-7　永丰寺（邵明摄）

31.36 米，塔身为密檐式砖砌 13 层，每层 8 个棱角，角梁的梁头雕琢象鼻梁，下拴一铁环，环下悬风铃，或曰警鸟铃。13 层檐角共悬 104 只风铃。从塔檐结构来看，是从壁面逐层叠出 4～5 层砖砌成，再逐层叠缩 4～5 砖砌成。塔身第一层筑佛龛八面，由第一层檐椽的洞眼可以看出，这座塔最初为砖身木檐。每面高 1.88 米，宽 0.93 米，内镶嵌石佛八尊，正中莲座上跌坐佛像，姿态各异，琢工精湛，与其他辽塔的风格大概一致。（执笔人：邵明）

三、兴城古城

兴城古城位于辽宁省葫芦岛的兴城市，处于辽西走廊中部，京沈交通的咽喉要塞上。是一座具有近六百年历史的古城，是我国现存最完好的古城之一。

此地北部是厚重的山脉，沿海岸形成狭长的通道，被称为辽西走廊。自古以来这里就是连接山海关内外的交通要道，具有突出的军事战略地位，是兴城古城建立的重要条件。在长期的历史发展过程中，成为北方地区与中原交流的必经之路。

据历史记载，兴城地域明代以前没有城市规划。商为孤竹国地，周为北部山戎徒河地，战国属燕辽西郡地，秦袭之；汉初为柳城、徒河、海阳三县分辖，后为辽东属国地，三国属魏昌黎郡宾徒县地；西晋属平昌黎郡徒河县地；东晋属前燕昌黎宾徒、集宁二县分辖；南北朝时为北魏营州昌黎郡广兴县地；隋为柳城郡柳城县。兴城地区最早建制于辽代，公元 990 年辽圣宗耶律隆绪下令在辽西走廊设置郡县，在当地的钓鱼台筑设治所，金袭之，元废。

兴城古城始建于明宣德三年（1428 年），在此设置卫城，名为宁远卫。当时的城池呈正方形，城墙四面正中各设置城门一座。明朝的宁远卫的规划在清朝被继承下来，包括行政府衙也在城内设置。经过康乾盛世的发展以后，宁远城的军事作用逐渐下降，而经济与文化等方面都达到了顶峰。清朝衰落后，在 1913 年，兴城正式进入民国时期，撤除了清朝的州府制，同时由原来的宁远州更名为宁远县，次年更名为兴城县。现今保存的大部分城墙为明天启三年（1623 年）重修的。

古城城池位于兴城城区的中心，城墙围合成正方形，内部街道为十字形格局。总占地面积为 67.76 公顷，周长为 3274 米，城墙高为 8.88 米，底宽 6.5 米，顶宽 5 米，是典型的军事防御型城池。

城墙顶外沿筑垛口，内修女儿墙。城墙基础砌青色条石，外砌大块青砖，内垒巨型块石，中间夹夯黄土。城墙四面正中各有城门一座，门外有半圆形瓮城。东曰春和门，南为延辉门、西名永宁门、北称威远门。各城门上修筑高耸的箭楼，各门内侧沿城墙修有蹬道。四角高筑炮台，突出于城角，用以架设红夷大炮。

古城内部空间由传统的街坊构成，居住功能构成主体，街道呈南北东西纵横布置，形成十字形格局的传统城市形态，钟鼓楼位于古城的正中心，处于十字大街的交叉处，十字大街分割出四个街区。城池内主要商业店铺沿十字大街两侧分布。其他功能散落于居住街坊中。现存的城墙是古城原有的内城边界，其外部具有护城河及外城城墙，以居住功能为主导，布置自由的居住街坊。街区呈现自然生长的状态，建筑肌理与城池内部相同，呈小尺度院落形态布局。总体来讲，古城内的布局承袭了古代严谨的城市规划结构，其规划与发展受到了中国古代的传统观念与统治思想的影响，同时它的建立有着强烈的军事防御目的，整体特色非常突出。

兴城古城目前保存了大量的历史遗存。包括古代历史遗迹，反映地域特色的传统建筑等，它们是古城保护中的核心内容。这些历史遗存内容非常丰富，分别属于不同的城市功能，分布于古城的各个位置上。城墙体系是古城最重要的组成部分，由城墙、城门、炮台和魁星楼组成，这些部分都是经过历代的修葺而保存下来，最初的古城墙是在明宣德三年（1428年）在宁远设卫时建造起来的，当时只是采用泥土夯实的做法。1568年毁于地震。明朝末期，袁崇焕根据战事的需要对古城墙进行了重新设计："城高三丈二尺，雉高六尺，址广三丈，上二丈四尺，……起底条石七层，土下二，土上五，每五尺一横丁；已修者加砖四进，未修者加砖六进，俱需灰浆灌满。"四座城门楼建筑形式及尺度都相同。城门楼高度约15米。底段为楼座，由青砖砌筑，两边与城墙相连，宽度略突出于城墙，由下至上收分，中间开拱券门洞。门洞外侧小内侧大，在大小尺度交接处设有门轴石。楼座的上面是木结构的两层楼阁，建筑形制为重檐歇山顶，屋顶为灰瓦覆面，周围出廊。内外两侧为六柱五间。城门的比例协调，在高度上构成了古城内四个方位的标识。城门外侧建有瓮城，上面开有拱券门洞。瓮城在城门前形成环抱趋势，即可以保护非常重要的城门楼

不受正面的打击，还可以在城门下大量歼杀敌人。在明代战争时期，城门楼是古城四个方位的分指挥所，分别派将领把守，负责调整战术与调动兵力。门楼临阵指挥的作用很强，在立面上具有突出的标识作用，地位突出角台为宁远大战时在古城墙四角设置的炮台，后来在东南角台上加建了魁星楼。当时这些开阔的炮台就是为了装置从荷兰引进的先进武器"红夷大炮"而设计的。城墙上的魁星楼是为祭祀掌管文章兴衰的魁星神所立的。据《兴城县志》记载魁星楼建于崇祯己巳年（1629年），是当时修葺四个城角时增设的。现在的魁星楼共两层，不计城墙高8.5米，建筑八角形攒尖顶，整体形状类似于亭，内设一泥塑神像即为魁星。魁星楼在清朝的乾隆四十七年（1782年）和嘉庆二十五（1820年）分别进行两次维修。道光十三年（1782年）年毁于大火。道光二十七年（1847年）宁远知州强上林重建。后来在民国十三年（1924年），直隶省长王孝伯出资对其维修一次。1948年又遭到战火毁坏。1986年得到捐资，又复建了这一建筑。

古城的正中心，有一座雄伟壮观的钟鼓楼，处于十字大街的交叉处。钟鼓楼始建于明景泰五年（1454年），是古城中心的唯一标志。楼高17.2米，基座呈正方形，边长20米，分为三层。底层为青砖巨石所筑，上面开十字拱券洞口连通四条大街。在基座上起两层楼阁，建筑形制为重檐歇山卷棚顶，由灰瓦覆面。周围出廊，每面都为六柱五间。楼座的西侧有小石门梯可以登楼。鼓楼既是古城的中心也是古城的最高点，是十字大街的景观中心，在鼓楼的上面可以看到全城的情况。

蓟辽督师府，天启初年，明朝兵部尚书、右督御史刘诏出任蓟辽督师改明宁远卫指挥使司为蓟辽督师府。初建时，有大堂五间，二堂三间，两侧厢房三十间，另有东西两跨院。隆庆二年（1568年），刘诏设置蓟辽督师府时候将大堂、二堂、三堂按照规制重建。蓟辽督师府在宁远防线陷落后明朝军民撤退山海关内的时候就自行烧毁了。现在看到的蓟辽督师府是2000年修复的（图2-2-8～图2-2-13），

图 2-2-8　将军府大门（汝军红摄）

图 2-2-9　将军府大院（汝军红摄）

图 2-2-10　将军府庭院（汝军红摄）

图 2-2-11　将军府正房南立面图（汝军红测绘）

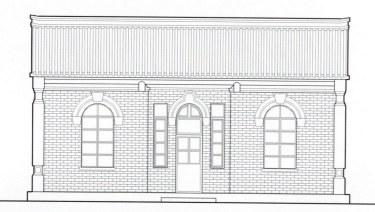

图 2-2-12　将军府厢房南立面图（汝军红测绘）

图 2-2-13　将军府窗饰（汝军红摄）

图 2-2-14　大成殿外观（汝军红摄）

图 2-2-15　文庙戟门外观（汝军红摄）

位置与格局按史料的推演而成。其修复对于填补古城历史景观有积极的作用，成为古城战争历史的纪念物。

文庙（图 2-2-14、图 2-2-15）位于古城内东南隅，是古城内建设最早，占地最大的古建筑群落，整体布局严谨，特色突出。文庙始建于明宣德五年（1430 年），由宁远指挥使刘斌创建，后经明景泰四年（1453 年）和清朝康熙三十六年（1697 年）进行大规模维修，重建先师殿、崇圣祠、两庑配殿及东西两侧的先贤祠与名宦祠。奠定了清代文庙鼎盛时期的基础。清乾隆三十六年（1771 年）宁远知州克升额改造扩建形成了现在的三进院格局。清道光二十七年（1847 年）再次扩建，将更衣亭和祭器库前移至戟门两侧，又于棂星门外面东西两侧各建碑亭一座，置新旧石碑六块，成为现在的格局。民国十二年（1923 年），再次对文庙进行修葺，这次维修使文庙的主体建筑与基本格局得以保存。兴城古城文庙的布局建筑群结构严谨有序。照壁、棂星门、泮桥、戟门、大成殿、崇圣祠主要建筑安排在整个建筑中轴线上。两侧配有东庑、西庑、碑亭、名宦祠、乡贤祠和祭器库等，多数建筑都是硬山顶，形态上为中国传统建筑的成熟形制。

兴城古城城隍庙位于古城内威远街西胡同，为明代正统三年（1438年）开始建设，正统七年建成，距今已经有近六百年的历史。明朝嘉靖和清朝康熙、嘉庆、同治和光绪年间都曾经进行过大规模维修。新中国成立后将这里作为教师进修学校和第二幼儿园。现存正殿五间，总占地范围3400平方米。在庙中供奉城隍神、明朝大将徐达以及佛家道家神像。从现存的规制来看，是古城内当时规格很高的重要庙宇，是古城庙宇当中的典范。2003年经过修复后达到了当时的环境氛围。现在的院落由山门、灵官殿、城隍殿和斗姥殿构成中轴线，两侧有东西配殿各一座，东北角建有吕祖殿。

兴城古城中有两座石坊，都位于鼓楼南向的延辉街上。南面的叫祖大寿石坊，北面的是祖大乐石坊。两者相距85米，北坊距鼓楼194米，南坊距延辉门108米。两石坊均为仿照传统木构雕刻而成，均为四柱三间五楼式，上为单檐庑殿顶。这两座石坊是镇守宁远城的著名将领祖氏兄弟为标榜功绩所立。由于祖氏兄弟是抗清有功的名将，但曾有变节的举动，所以地方人对于这两座石坊怀有复杂的心情。祖氏石坊最具价值的地方体现在它的雕刻艺术上，同时具有丰富的历史传说，成为古城内的景观点。

兴城古城内存在大量的传统民居和院落，是晚清至20世纪80年代形成的，零星散布于古城各处，与新建的现代民居混合在一起形成多时代风貌。兴城古城的传统民居的建筑形式主要以囤顶木结构建筑为主，是辽西地域的典型民居形式。排列方式比较自由，大部分采取四合院、三合院及行列式等，结构形式非常简单，多数为一进院形式，少有多进与设置偏院的形式。院落一般都设有门楼，形式也是采用囤顶，少数具有民国西洋式形态。稍有年头的传统民居都具有丰富的细部装饰，一般分布于山墙、梁头、雀替、门窗与柱础上。在古城内有两座代表性的民居，分别名为周宅与郜宅。（执笔人：汝军红）

四、丹东东港市孤山镇

大孤山位于辽宁省丹东市西南东港市境内的大洋河河口右岸，其南麓有孤山镇环绕。据清咸丰《岫岩志略》记载："大孤山，城东南一百二十里。舟车辐辏，商贾云集，为海口繁盛之区。城守尉衙门每月派官一员，汛兵五名。山海关户部设立税局。"大孤山陡峭挺拔，孤峙于黄海之滨，兼得海山之胜，为辽东著名风景区。其山脊状如锯齿，主峰337.3米，山上林木茂盛、古树参天，有千年银杏、巨柞、老槐，有小溪、流水、石径。1991年8月大孤山被国家林业部批建为"大孤山国家级森林公园"。

大孤山所处的孤山镇历史悠久，据出土文物考证，早在六七千年前的新石器时代，就有人类在此生息。公元665年有文字记载，大孤山属安东都护府，明朝时为边境重镇，明将毛文龙曾率兵驻守大鹿岛，与后金作战，但直至明末这里都少有人居住，目前还没有记载在明朝时有商业航运活动。孤山镇的繁荣始于清康熙中期，此时关内移民大量迁入，在辽东肥沃的土地上垦殖大豆，吸引了数百号江南杉船越过山东半岛每年北上进行大豆贸易。孤山镇等归属岫岩的7个海口因位于渤海湾入口处濒临黄海，又不需要纳税（清嘉庆初年开始设局收税，归属山海关税务管理），商船图利而至。清乾隆年间，孤山镇发展为辽东著名的商埠，当时的孤山港与安东港、营口港齐名，是辽东地区重要的物资集散地。《岫岩志略》描述当时孤山镇繁华的景象："南望水天一色，往来帆樯如波面凫鸥，东南鹿岛、獐子岛皆在足下，故游者咸乐登览焉……其下则烟树迷离，帆樯如林，鱼虾成市，舟子款乃，殆不异江南水乡云。"清嘉庆二三年对山海关税务的统计，大孤山所在的岫岩境内的7处港口来往船只占总数的18%，征收税银占8%左右。经济的繁荣和发展是大孤山发展文化和重建古建筑群的重要条件，以海运为主的经济模式也是古建筑群形成特色的原因之一。

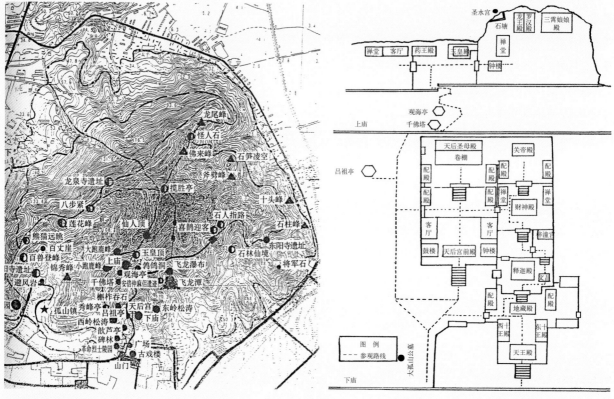

图 2-2-16 大孤山古建筑群相互关系分布示意图（自《走进孤山》附页1）　　图 2-2-17　上、下庙总平面示意图（自《走进孤山》附页2）

《岫岩志略》对大孤山古建筑群（图 2-2-16）有这样的记载"大孤山，城东南一百二十里。山插地怒起，石骨嶙峋，林林郁秀。山左抱有天后宫、关帝庙、文昌阁诸寺，楼阁峥嵘，金碧错落，殆类画图……对山有戏楼，阛阓鳞比。"据说，大孤山古建筑群始建于唐代，至清代重修时仅剩基址，目前未有文献和遗迹可考。清乾隆十一年（1746年）山东崂山"金山派"第九代开山始祖大真人倪理休云游至此，在废墟上先建草殿，集资十年重修逐渐形成今天的规模。《岫岩志略》中描述的"山左"建筑群现在被称为"下庙"。在山左的右侧山腰高处还有一组建筑群被称为"上庙"，上庙和下庙集"佛、道、儒"为一体，是一组典型的"三教合一"的建筑群。建筑群大部分建于清中、晚期，建筑面积5000多平方米，有104间房间，青砖灰瓦，古朴凝重，配以飞檐翘角，画栋雕梁，十分美观。建筑群皆为砖木结构，是辽东保存最完好的古寺庙建筑群之一。其石刻、砖雕和木雕艺术尤其著名，堪称一绝。

大孤山上、下庙（图 2-2-17）坐北朝南，面向大海，依山势构筑，上下贯通，层层递升，错落有致，连成一体，十分宏伟。每个部分都由一个小寺庙构成，每个小寺庙又都是一个四合院，有正殿和配殿。除了梓潼宫和钟鼓楼为歇山顶外，上庙、下庙的所有建筑都是东北特有的硬山两坡屋顶，是东北古代建筑群的典型形式，极具东北地域特色。下庙（图 2-2-18）左右并列两条主要轴线，左翼为天后宫，右翼中轴线上，由前至后建有地藏寺、文昌宫、财神庙和关帝庙四组建筑群，地藏寺由天王殿、地藏殿、释迦殿和配殿组成；文昌宫由照壁、门楼和梓潼宫组成；财神庙由财神殿和配殿组成；关帝庙由关帝殿和配殿组成。从下庙去上庙的路上还建有吕祖亭。上庙建筑呈一字排开布局松散，由前至后有佛塔、观海亭、药王殿、玉皇殿、钟楼、龙王殿、罗汉殿和三霄娘娘殿。登上观海亭四望，海陆风光尽收眼底。

大孤山上庙：根据碑文《圣水宫记》记载，上庙建于清道光十二年（1832年），受到山形的限制建筑沿地形一字排开，未能形成下庙沿中轴线纵深发展的序列空间。上庙由两个院门划分为西院、中院和东院三个部分，其中东院最大，靠近悬崖，悬崖处有天然石洞，因有泉水从洞口溢出被称为"圣水宫"。西院原为坟茔地，迁坟后兴建客厅和禅房。

中院有药王殿和玉皇阁，药王殿（图2-2-19）三开间硬山两坡顶带前檐廊，殿内供奉十位药王的木雕神像，有神医孙思邈、黄莆益、华佗、葛洪、扁鹊、许文伯、刘河间、孙林、张仲景和张子和。玉皇阁（图2-2-20）重修于清咸丰三年（1853年），之所以称为"阁"原因是面阔一开间的小殿座在1.6米的高台上，建筑单檐硬山两坡顶，有进深很小的前檐廊。

东院建筑较多，有钟楼、禅堂、圣水宫、龙王殿、罗汉殿和三霄娘娘殿（图2-2-21）呈L形布局，围合成一个小广场，在广场上凭栏远眺可以看到大洋河入海口，视域宽阔。龙王殿和罗汉殿都是一开间的小殿，特点是两殿并列在一起共用一个山墙，单檐硬山两坡顶，有前檐廊。毗邻的三霄娘娘殿重修于清乾隆十一年（1746年），殿宇伸入山崖岩洞内，与悬崖相吻合。殿内供奉的三尊神像即三霄娘娘，她们是商朝宰相赵公明的妹妹：云霄、碧霄和琼霄三位仙姑，掌管混元金斗，掌管人从生到死的命运。此殿三开间，单檐硬山两坡顶带前檐廊。

大孤山下庙：下庙古建筑群（图2-2-22）位于上庙的下方，这组建筑群由两条基本平行的轴线纵向串联起来，根据地形高差变化设置台阶，连接各个庭园。一条轴线上为天后宫，另一条轴线上分

图2-2-18　下庙鸟瞰（自《中华古镇大孤山》）

图2-2-19　上庙中院药王殿（吕海平摄）

图2-2-20 上庙中院玉皇阁和钟楼（吕海平摄）

图2-2-21 上庙中院建筑（吕海平摄）

别有关帝庙、财神庙、文昌宫、释迦殿和地藏寺供奉着妈祖、关公、财神、孔子、释迦牟尼、地藏王。

天后宫始建于清乾隆二十八年（1763年），光绪六年（1880年）被大火烧毁重修。该殿沿轴线顺山势垂直建造，共形成三进院落，是大孤山古建筑群中占地最大的一个建筑组群。拾阶而上是三开间的山门（图2-2-23），单檐硬山两坡顶带前后廊，山门内左右各立两位门神：一个叫"千里眼"，一个叫"顺风耳"，他们是海神娘娘降伏的门将。山门两侧有两个一模一样的钟鼓楼，方形平面一层带外廊，歇山重檐屋顶。山门内有东西厢房各三间，单檐硬山两坡顶。二进院内只有东西配殿各三间。天后宫的主殿（图2-2-24～图2-2-26）在三进院内，又称圣母殿和海神娘娘殿，是由一个五开间硬山正殿前接五开间卷棚抱厦组成的联体建筑，把两个单体组合在一起的做法可以扩大空间，是传统

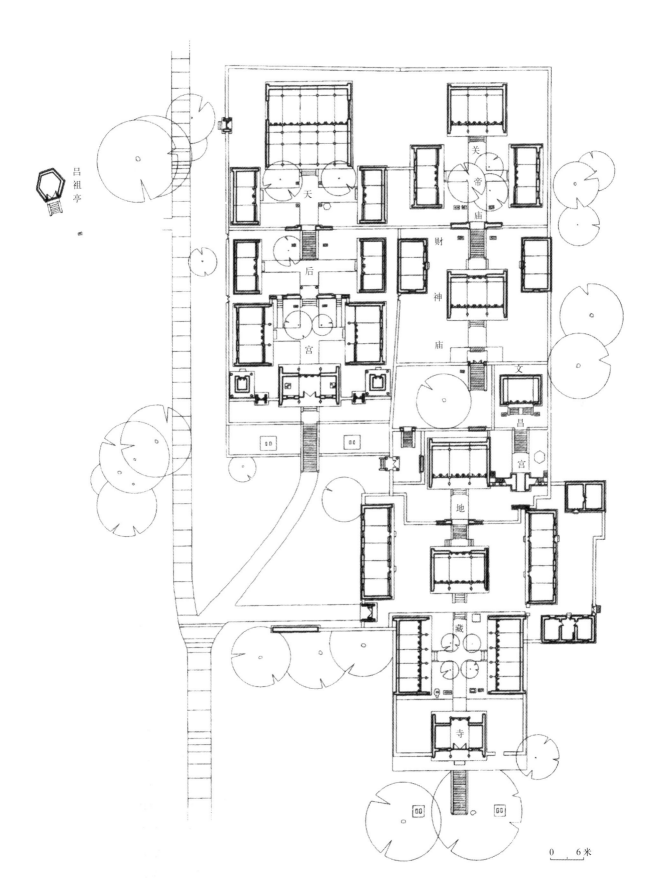

图 2-2-22 下庙总平面图（国家文物局主编．中国文物地图集辽宁省分册（上册）p328）

图 2-2-23　天后宫山门和台阶（吕海平摄）

图 2-2-24　天后宫主殿外观（吕海平摄）

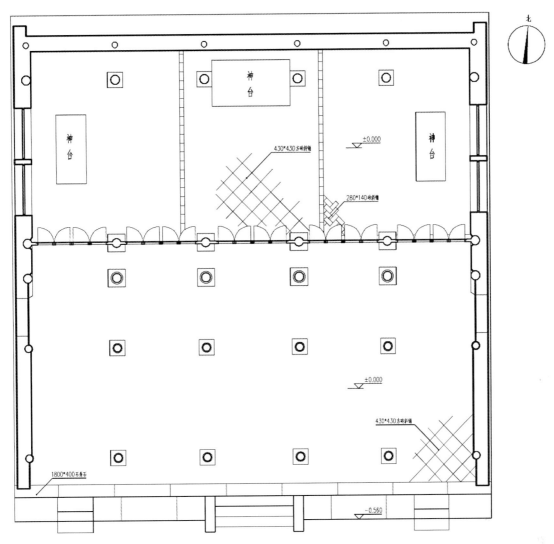

图 2-2-25 天后宫主殿平面图(蒋磊、吕海平绘)

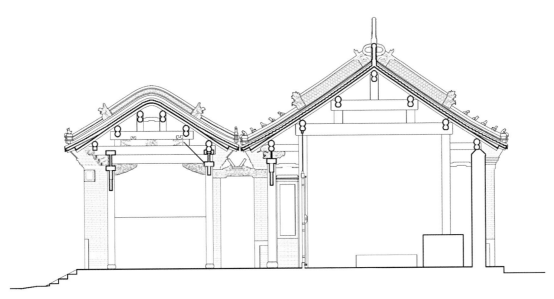

图 2-2-26 天后宫主殿剖面图(蒋磊、吕海平绘)

图 2-2-27 天后宫山门进院东配房南廊墙砖雕（苏海鸥、刘旭绘）

图 2-2-28 海神娘娘殿东墀头东立面下砖雕（苏海鸥、刘旭绘）

图 2-2-29 海神娘娘殿东山墙圆雕（苏海鸥、刘旭绘）

图 2-2-30 文昌宫门楼（吕海平摄）

建筑常用做法，这种做法的好处是不必采用大材也能获得较大空间，节约了材料施工也简便。进深很大的抱厦是南方建筑的普遍做法。天后宫建筑群大量运用的木雕和砖雕进行装饰（图 2-2-27～图 2-2-29）。

文昌宫（图 2-2-30）始建于清道光十年（1830年），供奉孔子的排位。文昌宫并未在主轴线上，而是偏于一隅位于财神殿和释迦殿之间东侧的一角。文昌宫是由南北两个建筑围合成一个小庭院，南向是入口门楼、照壁，北向是主殿梓潼宫。门楼方形，做成两层的亭子，一层发券为入口，发券上的石雕极其精美，两条游龙栩栩如生；二层正方形四角攒尖顶，亭子两侧做成带垛口的围墙并设踏步直入亭子。梓潼宫（图 2-2-31、图 2-2-32）是整个古建筑群中唯一一个单檐歇山顶正殿建筑，在完全以硬山两坡顶为主导的建筑群中显得鹤立鸡群。梓潼宫面积不大，约为 5 米×7 米，实则面阔一个开间，但是为了在结构上完成歇山山墙的承重，在檐墙位置安排了一排柱子，使得建筑物看上去面阔三开间，明间比两个次间大很多。

大孤山古建筑群在辽东地区甚至是东北地区都是独一无二的，其原因如下：其一，建筑群是一个由民间建设、体现民间信仰、自由安排所需神灵组合在一起的建筑群，体现了以商品经济发展为主导的资本社会组织下，民众开放自由的思想状况，这与千百年来以封建政治为主导的官僚社会组织下的礼制思想完全不同。其二，大孤山古建筑群还是一个民俗大观园，民间所有神灵得以在此展示。其三，古建筑群亦是南北文化交融汇聚的一个集合点，尤其是妈祖文化，弥补了东北沿海海洋文化的不足。其四，建筑群在建筑设计和建造上体现出因地制宜、尊重地方做法、既做到用材经济又重点装饰，砖雕、木雕、石雕并用体现出清中叶工匠技艺之精湛。

（执笔人：吕海平）

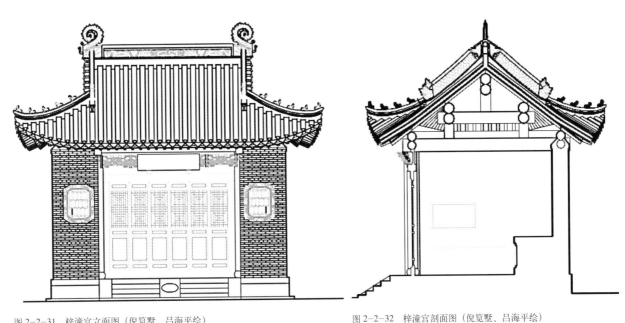

图 2-2-31 梓潼宫立面图（倪览墅、吕海平绘）

图 2-2-32 梓潼宫剖面图（倪览墅、吕海平绘）

第三节 古村落与民居

一、沈阳石佛寺朝鲜族锡伯族村与锡伯族民居

石佛寺朝鲜族锡伯族村位于辽宁省沈阳北郊 30 公里处，交通便捷，三千年前即有人类居住，辽代名为时家寨，是辽代双州辖境的一个重要村寨。明代为辽东边坡的十方寺堡，相传清代七星山上有十尊石佛而得名石佛寺，是沈阳北部的一个重要军事要地。2007 年被评为辽宁省第一批历史文化名镇（村）。村域范围内分布着大量的历史文化遗存，是东北地区锡伯族的发祥地之一（图 2-3-1）。

石佛寺村具有浓厚的民族文化，人文要素丰富，拥有数量庞大的物质和非物质文化遗产。如，七星山现存新石器时代的石制劳动工具、辽金时期的双州古城、明代长城遗址及同时代的烽火台等文物遗址，还有目前全国仅存的明代军堡遗址——十方寺军堡、清代著名将领左宝贵主持修建辽河历史上第一道防汛大堤的记事石碑、清代乾隆年间的古井等遗迹。辽双州、双城县时家寨净居院主持修建的舍利塔残基。解放战争时期修建的碉堡、高丽城遗址等文物古迹。

石佛寺坐落于七星山上，原庙建于北魏拓跋氏时期，毁于历代战乱。现在的寺院是在原址上于 1994 年由政府批准恢复修建的，建筑面积 6000 平方米，配有三层殿，东西厢房、佛教用品流通处和一座居士楼等（图 2-3-2、图 2-3-3）。

七星山上 1074 年修建的舍利塔残基（图 2-3-4、图 2-3-5），是原七星山上辽双州、双城县时家寨净居院主持修建的。七星山东南面，盘踞着饱经历史沧桑的辽代双州城遗址。这是在辽金时期几座城址遗存中，唯一被列为沈阳市文物保护单位的城址遗存。辽代双州城与七星山西北对峙，站在城墙上，可遥见七星山顶残存的时家寨舍利塔。此塔原为六角七层实心密檐式形制。据确切的史料记载塔脚为圆形倚柱，正中有佛龛，两侧有胁侍，上有宝盖，飞天斗栱等，具有典型的辽塔特征。辽代双州城址呈长方形，城墙东西长 370 米、南北宽 190 米，绝大部分高低连续。城墙系夯土夯成，夯层为 22 厘米至 24 厘米不等，夯土层次分明。现存墙基厚度为 6 米左右，最高墙残存高度约为 4 米，最低处亦在两米以上。东墙中部辟有一门，宽约 15 米；南墙中部利用门壁向外延伸的坡地，修起一段弧形土墙，为残存的"瓮城"；西墙接近南角处辟有一门，宽约 14 米，自北墙壁向外筑起半圆形的"瓮城"，环蔽西门，但此"瓮城"已遭破坏；西墙与北墙中段，均开有 4 米宽左右小门；城内中部偏南有两块明显高出原地表的台地，应为

图 2-3-1　石佛寺鸟瞰图 1（原砚龙摄）

图 2-3-2　石佛寺鸟瞰图 2（原砚龙摄）

图 2-3-3 石佛寺大雄宝殿（原砚龙摄）

图 2-3-4 舍利塔残基和碉堡（原砚龙摄）

建筑遗址；城址四角有台址，但旧垒已无存。

石佛寺村是历代水陆交通之咽喉，军事要塞，因此遗留下来许多军事方面的遗址和遗迹，成为该地区的特色之一。同时这里也是锡伯族的聚居地之一，锡伯族文化源远流长，深刻地影响着石佛寺村的发展与建设，村域内历史遗存众多，文化底蕴丰厚，村庄建筑具有明显传统锡伯族村落的特征，这也是石佛寺村独有的特色（图2-3-6）。此类民宅在石佛寺地区还有几十处，保存完好的房屋建筑面积有几千平方米，是锡伯族在东北生活中的主要居住房屋。其形制为坐北朝南的正三间式房屋，常见的为东西屋加外屋（即堂屋），居住方法为东屋居住家中长者或同辈年长者，西屋住的是家中晚辈或同辈中的弟弟等，而外屋是用作进户的通道和厨房，建房的材料多为土、石、木、草、瓦，如是富户的话，还应配有东西厢房和门房、马棚、猪圈等（图2-3-7～图2-3-9）。（执笔人：原砚龙）

图2-3-5 舍利塔残基（原砚龙摄）

图2-3-6 石佛寺村的道路（原砚龙摄）

图 2-3-7　石佛寺村的民宅（原砚龙摄）

图 2-3-8　石佛寺村的民宅烟囱 1（原砚龙摄）

图 2-3-9　石佛寺村的民宅烟囱 2（原砚龙摄）

二、凤城关大老爷旧居

凤城关大老爷旧居现位于辽宁省凤城市西南部白旗乡王家村31号关家瓦房屯,是丹东市市级文物保护单位。

关大老爷旧居坐落在王家村的中心,坐北朝南,北侧后院由小山作屏障,南侧院门外百米开外也有小山对应,是一座典型的东北四合院(图2-3-10)。关大老爷旧居院落基本为长方形,南北长近36米,东西长16米左右,占地约576平方米,其总体布局与东北四合院的特点基本相符。据说旧居原有正殿五间,腰房五间,东西配房各三间,现存正房五间、东西配房各三间,左右对称布局,未见腰房。旧居院子很大,院墙主体由河滩石堆砌,高度在1.4米左右,不完整地围合院落,院门不是正式的门屋而是在两个门柱上临时搭建的。正房外月台与院门之间有硬质路面,宽不到1米。从道路的完整性看来:院内仅有一正两厢一进院落。正房后院为菜园,左右设置仓房和牲畜饲养圈,都是用木材搭建的简易遮蔽物。东厢房南侧建杂物屋一间,设置牛棚等农家需要的生活和生产设施和杂物。整体来看,关大老爷旧居一正两厢的规制虽然完整,但并未在礼制上有所注重,体现出一派农村田园生活的浓厚乡土情结(图2-3-11)。

关大老爷旧居是一组典型的满族民居,尤其是正房(图2-3-12~图2-3-14),满族民居的特点浓郁。正房和厢房均为传统木结构,抬梁式,单檐硬山顶。主要建筑有正房五间和东西厢房各三间。正房五开间是传统民居中等级较高的做法,目前在东北还未见超过五开间的正房。但正房未采用满族传统平面形式"口袋房"的做法。关大老爷旧居正房采用火炕取暖,为了排烟,在东西山墙和北向山墙和檐墙交汇伸出独立式烟囱排烟。关大老爷旧居独立式烟囱为长方形塔状,从下至上层叠砌筑,用烟道矮墙与屋内炕洞相通。正立面明间大门的西侧窗间墙上设祭祀龛位。正房的大门和室内木门为隔扇门常规做法,比较有特色的是支窗和天花。支窗为2.1米×2.1米的整扇大窗,窗棂样式为简朴的马三箭,支窗在室内由窗钩挂起,原有支窗用料用功讲究,非常结实。2012年由凤城市文化局牵头正房落架重修,支窗被替换成支摘窗。天花有两种:一种是小方格天花,一种是铺木板。正房厢房用材基本一致:青砖、石材、黏土和小青瓦。青砖一般用在建筑的正立面和两个山墙,并与石材搭配使用,最大限度地因地制宜、就地取材。青砖砌筑采用了空斗墙技术,墙内填充建筑垃圾,节约青砖的使用量。旧居装饰简单,窗、门、格栅由木材做成几何纹样。墀头上的转角石上阳刻有团福,笔法拙朴简练。墀头、山尖、龛位有少量砖雕。东西厢房体量规格都比正房小,但很多做法上相近,东西厢房外未见独立式烟囱。
(执笔人:吕海平)

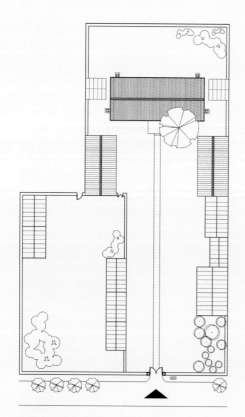

图2-3-10 关大老爷旧居总平面图(吕海平绘)

图 2-3-11　关大老爷旧居全景（吕海平摄）

图 2-3-12　关大老爷旧居正房外观（吕海平摄）

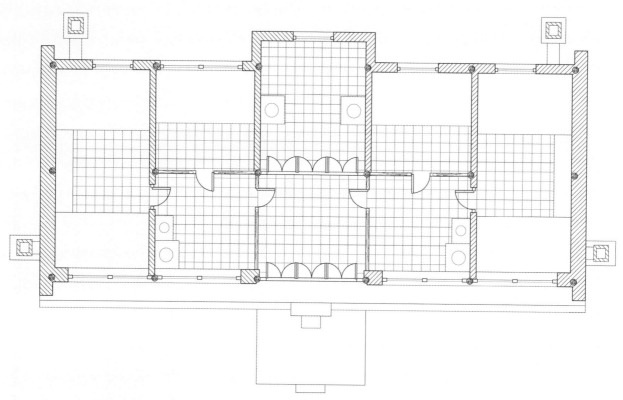

图 2-3-13 关大老爷旧居正房平面图（吕海平绘）

图 2-3-14 关大老爷旧居正房正立面图（吕海平绘）

三、新宾肇宅满族民居

肇宅（图 2-3-15）位于辽宁省抚顺市新宾满族自治县上夹河镇腰站村，这里是清皇室爱新觉罗氏肇氏家族聚居地。

肇宅具有典型的满族民居特色。肇宅的院落为三合院，院落的尺寸较为宽大，而整个宅院的规模却很小，布局简单，除了正房及厢房之外，还布置有院门、院墙、苞米楼、索伦杆等。庭院横向距离较大，使厢房不挡正房；正房坐北朝南，充分吸收日照；在院落的东南角，竖一根长 3 米左右、碗口粗细的索伦杆。院东西两侧，建有阁楼式"苞米仓子"，楼上存放苞米棒子，楼下放车辆农具等物。

"口袋房，万字炕，烟囱立在地面上"，极其生动形象地概括了肇宅的建筑特点。正房平面为矩形，三开间，不对称布局，坐北朝南（图 2-3-16）。满族人讲究长幼尊严的等级差别，遵守着"以西为尊，以右为大"，肇宅在最西侧的南向开门，卧室空间

图 2-3-15　肇宅外观（徐帆摄）

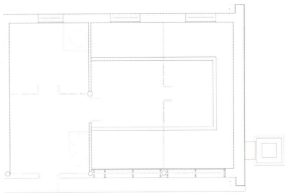

图 2-3-16　肇宅正房平面图（沈阳建筑大学建筑研究所绘）

占两个开间，均开口于一端，形如口袋，故称"口袋房"。西侧一间称作"外屋"或"灶间"，为厨房，置有锅台及饮食用具；东侧为"里屋"，作为卧室，环室三面筑火炕，南北炕通过西炕相通，平面呈"凵"字形布局，俗称"万字炕"。肇宅的烟囱体现了满族民居的特性，采用脱开房屋设置的独立形式，用一地上的水平烟囱与建筑连通，称为"跨海烟囱"。烟囱置于山墙侧面，基部距离山墙2米左右。

肇宅的立面分三段，台基、墙身及屋面（图2-3-17）。其中屋面与墙身所占比例大致相当，显得建筑很敦实厚重。建筑中没有为了装饰而装饰的构件，风格稳重。屋面采用青砖灰瓦，因此外观上的色彩，总体色调灰暗，只是在门窗部分用一些红颜色点缀，显得建筑非常朴素优雅。硬山屋顶，上置小青瓦仰面铺砌，两端做三垄合瓦压边，以减去单薄的感觉。屋脊全部为实体，造型简洁。前檐墙大部分面积为门窗，仅窗下墙及两窗间使用砖墙，其他则用木装修隔挡。窗与实墙、窗纸、木材与砖石对比非常强烈；后檐墙开窗较少，大部分满砌砖墙；两山墙均为实墙，采用典型的五花山墙的做法。前后檐墙及山墙由砖石砌筑的部位均将木柱包在厚厚的墙体之内。墙身的窗下勒脚部分用青砖砌筑。房屋前檐墙的东侧，有一凹龛，是用来供奉佛陀妈妈的。

肇宅的木构架体系为五檩五揪的"檩揪式"的梁柱结构体系（图2-3-18）。建筑的外墙虽不承受屋面重量，但是出于防寒保温需要，仍做得很厚重，为400毫米左右，内隔墙以秫秸抹泥。屋顶呈折线起坡，但略缓，以适应东北地区夏季少雨、冬季覆雪保温的气候特征。（执笔人：徐帆）

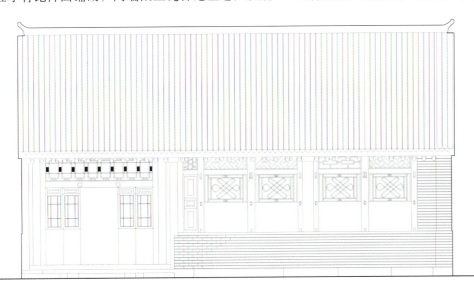

图 2-3-17　肇宅正房南立面图（沈阳建筑大学建筑研究所绘）

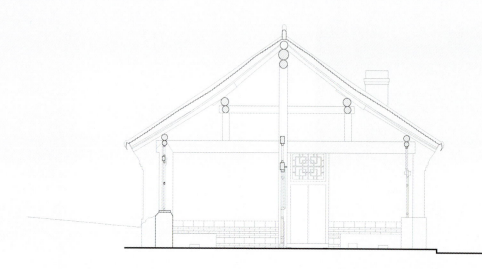

图 2-3-18 肇宅正房明间剖面图（沈阳建筑大学建筑研究所绘）

四、龙井凉水镇长财村与朝鲜族民居

长财村位于吉林省龙井市东南 16 公里处，隶属智新乡。沿着公路继续向东南方向前进，依次为智新乡、三合镇、尽端为朝鲜会宁市。村落前方有一条河，叫六道河，是海兰江的一条支流，沿西北方向流入龙井。后面起伏的山脉环抱村落，形成背山临水的风水格局。从建设年代划分，村庄可分为东西两部分，以进入村庄的南北小道为界限，道以西是新中国成立前的传统村落，以东是 1949 年后扩建的部分。长财村是一个早期开辟的村落。大约在 130 年前（19 世纪 70 年代）朝鲜遭受旱灾，大量难民跨过边境流入长财村附近，并定居下来。日后，随着移住人口逐渐增多，开辟为村落，并起名为长财村。

住宅的朝向大致有两种：一是传统住宅的朝向，大部分住宅并不是正南朝向，而是南偏西 27 度左右，这是根据背山临水的原则所布置；还有一种朝向是正南方向，新建的砖瓦房基本维持了南向布局。

李氏住宅（图 2-3-19）的建设年代大约是 19 世纪末。住宅用地根据道路形态采用不规则形状，住宅位于院落中心，其前后布置菜园，左侧布置厕所和柴火垛。院落入口设置在东南角。住宅建在 40 厘米高的单层台基上，台基上面设柱础，上设立柱。

图 2-3-19 龙井市智新乡长财村传统民居（金日学摄）

图 2-3-20　李氏住宅天花板构造（金日学摄）

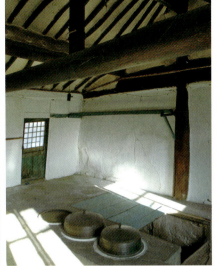
图 2-3-21　李氏住宅厨房空间（金日学摄）

建筑屋顶采用传统木结构四坡瓦屋面，室内用薄板做成天花（图 2-3-20），表面粉刷白灰。住宅平面为 8 间，建筑的南面局部凹进，形成退间。退间后面布置"田"字形寝房。南面两间寝房从东至西分别为上房，上上房。按传统方式划分空间，上房一般年老的主人居住，上上房是少主人居住。老主人的房间居中，可以掌管家里的一切，空间阶位也是最高，家里的喜事、丧事都在这里进行。上房和上上房是男人的空间，村里的老人或男人来访直接通过退间从上房、上上房的外门进入屋内，不需要经过厨房、鼎厨间进入上房。北面两间从东到西的顺序分别为库房、上库房，入口分别设在北面和西面。库房一般是长大的女儿用的房间，待家里的儿子成家后住在这里，女儿就要搬到上库房。上库房原来是储藏空间，与其他储藏间区别在于它设有温突，可以多功能使用。鼎厨间（图 2-3-21）一般是家里的女人和孩子们居住的空间，该空间与厨房相连，便于烧火、做饭，空间阶位较低。库房、上库房、鼎厨间作为女性空间，一般限男性客人进入。
（执笔人：金日学）

五、图们智新乡北大村与朝鲜族民居

北大村（图 2-3-22）位于吉林省图们市凉水镇北部的一个山脚下，大约是在 20 世纪 30 年代形成。村落依山傍水，住宅坐北朝南，道路横平竖直依山势自然形成，东西方向较长，规划比较规整。后来随着人口的增加，村落逐渐向东西两侧扩展。现存的住宅中传统草屋占 90%，屋顶形态为两坡或四坡屋顶。瓦屋面坡度缓和，面与面的交接处倒角平缓；墙体采用木柱泥墙结构，洁白的墙面与灰色屋顶相映，古朴而雅致。

第一处住宅（图 2-3-23）建于 1930 年代。时隔 80 多年，建筑形态及空间布局依旧保持原来的样子。从空间布局上看，住宅前面是庭院，在庭院适当位置布置室外灶台。庭院角落堆积稻草和柴禾，其余的空地一般做农活使用，住宅后面则布置果园与菜地。建筑坐落在 45 厘米高的单层毛石台基上，南北朝向，平面为 6 间，每一间都设单独的出入口。门扇为木框镶嵌玻璃的平开门，据主人介绍，这是后来在改造住宅的过程中替换的，原来的门是直棂栅靠里侧裱糊窗纸的形式。住宅采用了下沉式厨房，上面铺设木板。南北各设一个门，夏天均能够开启，进行出入和采光、通风；冬天北门紧闭，只利用南门出入。鼎厨间（图 2-3-24）北面设置碗柜，下面设有台子；南面入口顶部设置搁板，主要存放书本、报纸等物品。寝房布置在西侧，分南北两间，

图 2-3-22　图们市凉水镇北大村

图 2-3-23　北大村朝鲜族传统民居（金日学摄）

图 2-3-24　北大村朝鲜族传统民居的厨房和鼎厨间（金日学摄）

各有一个室外出入口,并与鼎厨间隔门相连。南面为老人房间,北面是女儿或孩子们居住的房间,夫妇俩通常是在鼎厨间起居,这是传统朝鲜族住宅的基本布局方式。

第二处住宅历史悠久,从建筑规模和门窗形式分析,可能是北大村早期的住宅。住宅南北各有一条村道,均设大门。主要出入口在北面,离住宅比较近;南面大门主要用于车马进出,秋末把稻田里晒干的稻草运来,可以直接通过南门进入菜地,把稻草堆积在菜地上。该住宅面宽10.2米、进深仅4米。平面为五间:中间一间为厨房,西侧两间是仓库,东侧为鼎厨间和寝房。住宅内部空间比较狭窄。过去由于生活贫困,人口又多,只能建造这种面积小、房间又多的住宅形式。仓库原来是家禽饲养间。仓库门很有特点,门的一侧各有两个小孔,一上一下:下面的孔洞较大,是家禽的出入口;上面的孔洞是通风口,镶嵌一块有孔洞的木板。烟囱则采用一根完整的筒木做成,稳稳地竖立在住宅山墙一侧并高出屋面。木烟囱、草屋面、泥墙这些元素的组合似乎完全是自然的造化,和谐而美丽。由于住宅历史悠久,墙体有些倾斜,表面多处脱落。但整体结构依旧坚固,充分体现了朝鲜族传统建筑木结构体系的合理性。(执笔人:金日学)

六、长白金华乡梨田村与朝鲜族民居

梨田村(图2-3-25)是鸭绿江沿岸的一个小村落,村名曾经称为"犁田洞",属于吉林省白山市长白朝鲜族自治县,现划分为半截沟朝鲜族自治乡(金华乡)。村落的发展经过了三个时期,从道路规划、住宅朝向、建筑形式等方面具有明显的划分。初创期,该村只有朝鲜族居住,住宅依据"背山临水"的原则沿西南朝向布置,村落前面小河流过,一条纵贯整个村落的南北村道与鸭绿江边大道相连接。从规模上看,该村落最初

图2-3-25 长白朝鲜族自治县金华乡梨田村全景(金日学摄)

图 2-3-26 梨田村传统民居（金日学摄）

图 2-3-27 传统民居的仓库和牛舍（金日学摄）

也就只有二十几户人家，住宅分布比较分散。道路东面靠后山一侧集中布置联排式住宅，住宅群与南北村道平行，道路较宽，是过去村民们散步、集会的主要场所。东西方向几条村道沿着山坡向山谷延伸，便于进山砍柴、狩猎。新中国成立后随着人口不断增多，村落向北发展，这一时期建设的住宅朝向大部分为南向。住宅（图2-3-26）分布比较零散，道路形态曲折。1970年代，村里改造旧房并建新房，住宅构造发生一定变化，用"苏架式"屋顶代替大梁檩托结构，并出现少数砖瓦房。到了1980年代，村里开始兴建砖瓦建筑，在村口道路以北山坡上盖了几排跌落有序的砖瓦住宅。随着村落的发展，梨田村由纯朝鲜族自然村转变为朝、汉混居的村落。

崔氏住宅是早期联排式住宅中的一户。住宅前面有道路通过，该道路具有交通和庭院空间的作用。隔着道路对面设置仓库和牛舍（图2-3-27），晚饭后闲暇时间人们来到马路上闲聊，孩子们玩耍，颇为热闹。住宅后面布置菜园和厕所，入口设在住宅的西侧。住宅正面主入口两旁的台基上堆放干柴，由于挑檐深远，可以遮挡雨雪。而且柴禾摆放在入口两侧，与厨房较近，搬运方便。住宅平面为四间，主入口设在厨房一侧。厨房按"凹"字形布置，灶台上设置四个不同大小的锅，对面整齐摆放酱缸、水桶、盆等生活用具。鼎厨间与寝房原来是用推拉门隔离。如今家里只剩下老人和孩子，不需要太多的房间，因此取消了内部隔墙和房门，将所有空间打通。虽然空间开敞了，但由于窗户小，光线微弱，室内比较昏暗。

（执笔人：金日学）

注释

① 张驭寰. 吉林民居. 北京：中国建筑工业出版社，1985：60.

② 张驭寰. 吉林民居. 北京：中国建筑工业出版社，1985：5.

辽宁吉林黑龙江古建筑

第三章 宫殿、衙署、府邸

辽宁、吉林、黑龙江宫殿、衙署、府邸分布图

1. 沈阳故宫
2. 前郭尔罗斯哈毛都蒙古贵族府邸
3. 永吉乌拉街满族贵族府邸

（地图引自：中华人民共和国民政部编．中华人民共和国行政区划简册 2014．北京：中国地图出版社，2014．）

综述

东北地区宫殿遗存目前有9处，即汉魏时期凤林王城宫殿、渤海时期上京城宫殿、高句丽时期五女山城宫殿和集安丸都山城宫殿、三燕都城龙城宫殿、辽代的东京辽阳府宫殿、金代上京城宫殿、清初东京城宫殿以及清初盛京故宫即今天的沈阳故宫，除了沈阳故宫外，其他几处宫殿仅存遗址，而今天位于沈阳城内的沈阳故宫同北京故宫是目前我国保持完好的2座宫殿建筑群之一。

沈阳故宫由东路、中路、西路三条近乎平行的南北向轴线控制下的三部分组成。三部分的功能性质明确，形成各自相对独立而又有部分横向沟通的整体关系。沈阳故宫的东路，为努尔哈赤时期形成的体现强烈满族政治军事体制的"八字布局"形式，由努尔哈赤的金銮殿——大政殿和十大贝勒临朝的十王亭组成，后期主要为举行大典的礼仪之所。沈阳故宫的中路，皇太极时期形成"前朝后寝"的中轴线格局。由大清门、崇政殿、凤凰楼和清宁宫等组成的一组建筑；中轴线上"大内"的东西两侧为乾隆时期加建的太后及帝妃的居住之所和库房。主要包括颐和殿、介祉宫、敬典阁、迪光殿、保极宫、继思斋、崇谟阁等。这一路是沈阳故宫的中核部分，为供皇帝临朝理政和生活起居的大内宫阙。沈阳故宫的西路，是乾隆年间增建的以娱乐和阅览功能为主体的一组建筑。主要包括嘉荫堂、戏台、仰熙斋和存放《四库全书》的文溯阁。东路和中路早期建筑具有浓郁的满族建筑文化特色，例如东路的"八字布局"形式体现了受游牧民族生活习惯影响而形成的军营帐幕的固定形式；中路的后宫部分也是具有满族居住特点的高台四合院形式；建筑屋顶多为硬山起脊式，屋顶配以黄琉璃绿剪边的瓦饰；因满族生活与祭祀活动需要而形成的清宁宫体现出"口袋房"、"万字炕"的室内空间形式和大月台、索伦杆的室外空间特色；沈阳故宫的构件和装饰则充满了浓郁的满族特色和宗教色彩，如大政殿前檐柱上凶猛、粗犷的盘龙，以及色彩浓郁的琉璃墀头和脊饰等等。西路和中路的东西所建筑则体现了汉族建筑文化的特点，它同早期具有浓郁满族建筑文化特点的中路和东路建筑协调地组织在一起，构成了现在沈阳故宫的总体面貌。这种文化上的传承与融合正是满民族由新宾到沈阳再走向北京的过程中，文化发展递进关系的显现，这种关系又明显地固化在沈阳故宫的建筑当中。由于这座皇宫系满族皇帝的住所，又由于它所处的特殊的地理位置和历史背景，所以沈阳故宫建筑的特色主要表现在以下几个方面：

1. 盛京都城之中不再另建紫禁城，皇宫与城市融为一体，而不是将它从城中孤立出去，形成了紧密的宫城关系。

2. 沈阳故宫，主要经过三代皇帝群费了一百五十多年时间，为满足各自不同的需要，陆续修建而成的。在总体布局上它由东路、中路和西路三个部分所组成，每一部分又各有其用途、空间构成规律和建筑风格。分期建设，积累式组合，整体布局得当，是沈阳故宫的又一个突出的特点。

3. 沈阳故宫的室内空间尺度宜人，没有采用过分宏大、高不可攀的大尺度，不同于中原地区追求宫殿建筑室内高敞、宏大的艺术效果，但却巧妙运用了多种行之有效的扩大室内空间效果的方法，使不大的空间同样彰显出帝王的高大与威严；空间构成简单明了；室内空间充分结合建筑的使用功能，进行灵活划分，形成了或封闭、或开敞、或半封闭、半开敞的多种空间。

4. 纵观沈阳故宫建筑的营造技术，一方面吸收和传承了千百年来中国传统建筑的营造经验，另一方面，由于它是地地道道按照满族人的意图建造，并为其所用的皇家宫殿。在其营造特点上反映出了诸多满族文化特质。同时，又由于它位于我国气候寒冷的东北地区，它在大小木作、砖瓦石作等方面的营造上又采用了适合寒冷气候的构造做法。沈阳故宫建筑独特的结构体系和构造做法具有强烈的地域特征和满族建筑文化的特点，是汉、藏、蒙等多民族文化的相互融合与共同作用的难得实例。它以自己区别于中原传统建筑的营造特色，成为沈阳清文化的重要组成部分。

5. 沈阳故宫建筑装饰图纹多属于外来纹样，主要来源于中原汉族、藏族及蒙古族的图案纹饰，并经过一定的艺术加工，使之符合满族本民族的民俗和审美特性，具有浓郁的时代特征。从沈阳故宫建筑的装饰纹样中，我们可以看到满族人对外来文化及其纹样逐渐地融合、吸收和接纳的过程。早期装饰纹样的特点明显反映了清早期满族人的宗教信仰、民族意识和审美观念，体现出满民族在对待外来文化方面的态度及其所受到的广泛影响。沈阳故宫建筑的琉璃装饰具有明显的时代特征，早期建筑的琉璃装饰在色彩与题材上明显不同于乾隆时期加建的建筑。按照中国古代的礼制原则，只有皇家宫殿、神佛庙宇、王公府邸等才可以使用琉璃装饰。后金建辽阳宫殿时已开始将琉璃用于屋顶和室内地面，及至营建沈阳故宫建筑又有了明显进步，大政殿、崇政殿、大清门、凤凰楼、台上五宫即为其典型代表。沈阳故宫建筑彩画外檐彩画的现状做法基本上是清晚期的做法。而室内彩画还保留着清早、中期彩画的特点，是盛京宫殿建筑彩画特色的体现，研究价值较高。

总之，满文化是一种融合性的文化体系。这种文化特点同样地浸透在满族的建筑之中。我们从沈阳故宫建筑当中，可以非常强烈地感受到多民族文化的影响与作用。正是这些特色，使得它如此不同凡响和如此具有艺术魅力与文物价值。

关于衙署和府邸，东北地区现存遗迹不多，也不尽典型，本书亦仅选其中的个例。因此，对它们的情况将在相应的词条中做具体介绍，在此不做赘述。

第一节　宫殿

沈阳故宫

在繁华的历史文化名城——沈阳，有一座由宫殿、楼阁构成的古代建筑群，即沈阳故宫，又称为盛京皇宫。作为古代帝王的皇宫，它是除北京故宫

外现存的另一大型宫殿建筑群，距今已有380余年的历史。

沈阳故宫始建于后金天命十年（1625年），清崇德元年（1636年）由皇太极建成。起初这里是清太祖努尔哈赤和清太宗皇太极两代皇帝在满清入关之前的皇宫，在清顺治帝于1644年进关并迁都北京后，这里就成了"陪都宫殿"。清康熙、雍正、乾隆、嘉庆、道光五朝皇帝东巡，先后十一次来沈祭祖谒陵，为恭敬先祖，贮藏宫中之物，对其先祖宫殿多次进行修缮和增建，形成了这座皇宫与行宫并存的宫殿建筑群。历经150余年的维修、改扩建，到1783年才形成今天所见的规模（图3-1-1）。

图 3-1-1 沈阳故宫鸟瞰图

（一）沈阳故宫的总体布局

沈阳故宫占地 6 万多平方米，现存楼台殿阁各式建筑 46 座，由 20 多个院落组成，总计房屋 400（图 3-1-2）多间。先后经过了清王朝努尔哈赤、皇太极和乾隆三位帝王的大规模修建（另康熙年间亦做少量增建），最终形成了东、中、西三路建筑布局，并集成了典仪建筑、大内宫阙、行宫殿宇三大功能空间。

1. 东路建筑布局——广场式的典仪建筑

大政殿、十王亭建筑组群是整个故宫建筑群中最具特色的部分，其空间布局、建筑形制、装修装饰特点等都充分显示了满族早期浓郁独特的建筑文化。

（1）开放式的八字空间布局

大政殿、十王亭建筑群不同于其他皇家庭院式宫殿建筑，采用了开放式的八字空间布局，这种与城市公共空间直接相融的开放空间格局在中国传统古典建筑组群中也十分罕见。

从平面布局看，以大政殿为中心，十座王亭呈"八"字形分立左右。大政殿位于东路建筑群的中轴线上，距大政殿由近及远分别为：最近的两座亭东称左翼王亭，西为右翼王亭，两亭相向开门。左翼王亭之南四亭依次为镶黄旗亭、正白旗亭、镶白旗亭、正蓝旗亭；右翼王亭之南四亭依次为正黄旗亭、正红旗亭、镶红旗亭、镶蓝旗亭。由北向南两

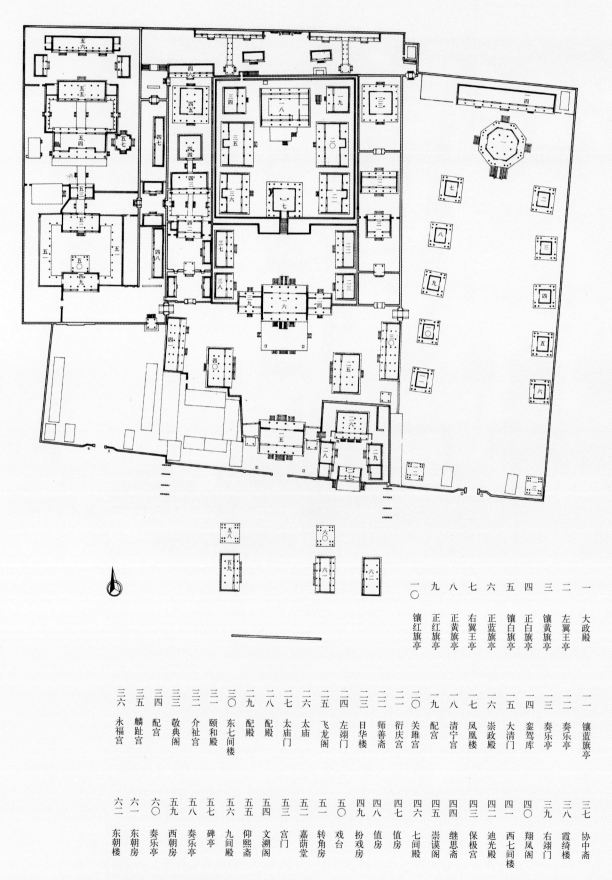

一 大政殿
二 奏乐亭
三 镶黄旗亭
四 正白旗亭
五 镶白旗亭
六 正蓝旗亭
七 右翼王亭
八 正黄旗亭
九 正红旗亭
一〇 镶红旗亭

一一 镶蓝旗亭
一二 奏乐亭
一三 左翼王亭
一四 銮驾库
一五 大清门
一六 崇政殿
一七 凤凰楼
一八 清宁宫
一九 关雎宫
二〇 配殿
二一 衍庆宫
二二 师善斋
二三 日华楼
二四 左翊门
二五 太庙
二六 太庙门
二七 飞龙阁
二八 配殿
二九 配殿
三〇 东七间楼
三一 介祉宫
三二 颐和殿
三三 敬典阁
三四 配宫
三五 麟趾宫
三六 永福宫

三七 协中斋
三八 霞绮楼
三九 右翊门
四〇 翔凤阁
四一 西七间楼
四二 迪光殿
四三 保极宫
四四 崇谟阁
四五 继思斋
四六 配殿
四七 七间房
四八 值房
四九 值房
五〇 扮戏房
五一 戏台
五二 转角房
五三 嘉荫堂
五四 宫门
五五 文溯阁
五六 仰熙斋
五七 九间殿
五八 碑亭
五九 奏乐亭
六〇 西朝房
六一 奏乐房
六二 东朝房
六三 东朝楼

图 3-1-2 沈阳故宫总平面图（沈阳故宫博物院测绘）

图 3-1-3 大政殿前石狮（张勇摄）

组相对王亭之间的空间逐渐开放。

若从空间布局看，大政殿建筑高度为 17.64 米，十王亭的建筑高度均为 8.69 米，两侧建筑高度为大政殿的一半，即以大政殿为整体中心和制高点，强化了大政殿的中心主体地位，形成了在中心的大政殿控制下的，两侧十王亭恭抱的巨大专属空间。同时整体空间又是开敞、连通的。在左右翼王亭之间，大政殿前设有月台，月台南端东西两端各立一座石狮（图 3-1-3），月台的设立丰富了大政殿前空间的层次的同时，也在大政殿与广场之间界定了一个过渡的空间（图 3-1-4）。

（2）风格鲜明的建筑形制

大政殿（图 3-1-5）位于东路院落正北居中，不同于满族传统的硬山建筑形式，设计者采用了八角重檐攒尖顶的亭式建筑形制，八面殿身均设六扇隔扇门。这种独特的帐殿式建筑造型一方面象征了满族的八旗制度，同时也是满族其具有游牧民族的军营帷帐形式特点在建筑风格上的体现。十王亭由左右翼王亭和八旗亭组成，按照八旗的等级地位分列大政殿前广场的两侧。十座宫殿的规模、形制、样式几乎相同，为歇山顶周围廊亭式建筑，亭身平面近于方形，青砖青瓦，红柱红门。亭身除正面设隔扇门外,其余三面均为实墙。从这组建筑群的造型和体量上可以看出,十王亭与大政殿形成很大的差异,使大政殿处于中心地位并起着统领作用。

(3) 装修装饰

大政殿与十王亭在装修装饰上也有较大差别,大政殿为八角重檐攒尖顶大木作式建筑,屋顶覆黄色琉璃绿剪边瓦饰,殿身金厢斗底槽外带副阶周匝。南侧的两颗外檐柱上圆雕两条金龙,檐下采用体形硕大的五踩双下昂斗栱,华丽的金漆彩画,柱头处的额枋外贴狮面羊角的兽头雕刻。反观十王亭,屋面采用的是青瓦,檐下额枋红漆,仅在角科、柱头科及荷叶墩上有少量的"青绿孔雀"彩画。二者的反差,突出了大政殿的中心地位。

东路建筑最初的修建目的是作为努尔哈赤的重大议事的政务场所,及至皇太极时期更多的是用于举行重大的庆典活动。清朝入关后,大政殿最重要的使用功能便成了在皇帝东巡盛京祭祀拜祖期间的场所。建筑群体打破了合院式布局方式,四周不加围合直接与城市空间融合,在建筑形制和装饰风格上独树一帜,突出反映了满族宫殿建筑的鲜明特点。

2. 中路建筑布局——满族合院式的大内宫阙

中路建筑在沈阳故宫的整体布局中处于核心地位,是联系、组织东、西两路建筑的枢纽。自身的统一性、完整性与地方性的特点也使它成为沈阳故宫的代表建筑。与东路建筑群单一的礼仪功能不同,

图 3-1-4 沈阳故宫东路总体透视(张勇摄)

这里是皇太极处理政务、日常生活的处所,通过牌坊、殿门、院落、大殿、楼阁等建筑元素的空间组合,充分体现了中国传统宫殿建筑群的"前朝后寝"的布局方式;大清门、崇政殿、凤凰楼、清宁宫的院落组合不仅符合"皇宫大内"的建筑组合机制,也强烈地反映了满族的生活习俗和与满族四合院建筑的承袭关系。"宫高殿低"的纵向设计是体现满族特点的特殊做法。

(1) 前朝后寝的总体布局

中路的轴线方向是沿着南北方向纵深发展的,中路建筑群的宫殿格局采用了"前朝后寝"的形式,其中"前朝"是南半部分的大清门和崇政殿,前朝是皇帝处理日常政务、举行重大典礼的地方,以崇政殿为核心,东西两侧的主要建筑有飞龙阁和翔凤阁;"后寝"是指北半部分的台上五宫,是皇帝与后妃们的寝宫;院内一正四厢,分别是中宫清宁宫、东宫关雎宫、西宫麟趾宫、次东宫衍庆宫、次西宫永福宫,在清宁宫的东西两山墙外还有东西配宫。中间的凤凰楼始建于皇太极时期,位于前朝与后寝之间,即是"台上五宫"的门户,又是与外界联系的主要通道。

(2) 合院式的建筑组合机制

中路建筑群共由五进院落组成。

第一进院落为今沈阳路南侧的影壁与大清门之间的一组建筑,还包括东西两侧的朝房,位于沈阳路上的文德和武功牌坊。大清门是这一院落

图 3-1-5 大政殿外观（张勇摄）

的主体建筑，是候朝空间与上朝空间的枢纽，大内宫阙的正门，有效地把故宫的建筑空间从城市中分离出来。

第二进院落位于大清门至崇政殿之间，包括东西两侧的飞龙阁、翔凤阁，东七间楼、西七间楼，紧临崇政殿的东翼门、西翼门，崇政殿前的月台等。出现了单体建筑、墙体、建筑小品和自然因素这四种建筑元素在院落空间布局中的充分运用，在沈阳故宫整体营造中具有代表性。

第三进院落为崇政殿、凤凰楼之间，师善斋与协中斋，日华楼与霞绮楼，位列于院落的东西两侧，并非早期的建筑，修建于乾隆十一年至乾隆十三年，是作为存储盛京皇宫内的备用杂物的库房使用。这进院落空间形成的元素有建筑楼阁、墙体和植物，较第二进院落缺少了建筑小品这种元素。该进院落东西长，南北短，这样的空间形态突出了高台之上的凤凰楼的主体地位。

第四进院落为"台上五宫"，是中路建筑中的"后妃寝宫"，正门是凤凰楼，院内一正四厢，它们分别是中宫清宁宫、东宫关雎宫、西宫麟趾宫、次东宫衍庆宫、次西宫永福宫，在清宁宫的东西两山墙外还有东西配宫。与中路前面的三进院落相比，台上五宫的院落空间尺度大大缩小，建筑形体趋于简单，建筑的尺度也更加的怡人，以适应居住功能的需要。

第五进的院落是专为后宫的帝后供应御膳之用，属于生活空间的配套附属功能，御膳房、磨房、碾房、28 间仓库和十间 2 层高的转角肉楼。目前除 28 间的粮仓的位置基本保持原址外，其余建筑都已不复存在。

（3）宫高殿低的纵向设计

与明清北京故宫的"宫低殿高"不同，沈阳故宫中路采用了"宫高殿低"独特做法。沿中轴线上的几栋主要建筑的标高分别为：大清门 9.6 米、崇政殿 11.85 米、清宁宫为 16.33 米，可谓"步步高升"。一方面，这与女真族长期以来的择高筑屋的居住习惯有关；另外也是出于当时安全防卫的需要。

(4）东西所的空间布局

中路建筑的东、西所属于沈阳故宫中的晚期建筑，是乾隆对盛京宫殿新建和修建。该建筑群位于中路建筑的两侧，对称分布，东所有四进院落组成，沿中轴线依次为琉璃宫门、垂花门、颐和殿、介祉宫、宫门、敬典阁，是皇太后办公、生活的宫殿群；西所包括琉璃宫门、垂花门、迪光殿、保极宫、继思斋、崇谟阁，是乾隆皇帝为谒陵所修建的行宫。整个组群中建筑体量小巧、精制，空间尺度宜人，组合相对简单，表现出了浓郁的生活气息。东所、西所与中路朝寝空间的组织关系是最为规整的一部分，但在功能上并无实质联系。

3. 西路建筑布局——清式定制的行宫殿宇

西路建筑群是根据乾隆皇帝东巡谒陵的需要后期增建而成的，主要功能以娱乐和阅览为主。它是以与东路和中路纵向轴线相平行的中轴线为构图中心，紧临中路西所加建而成的一组建筑群。

（1）功能明确的总体布局

西路建筑主要由两组功能不同的建筑群组成，一组是由宫门、文溯阁、碑亭、仰熙斋和九间殿构成的三进四合院，位于中轴线的北部，主要为满足乾隆帝藏书和阅读的需要。另一部分是由扮戏房、转角房、戏台和嘉荫堂合围成的院落，位于中轴线的南端，是为皇家、大臣们赏戏观演提供娱乐服务的一组建筑。两组建筑之间由一个合院相隔，两组建筑各自功能明确，各成体系，前后并列式的组合，没有主次之分，完全是为功能服务的。

（2）注重功能的建造特点

西路建筑没有采用沿中轴线由南向北的建筑序列，而是根据皇帝的行走路线的布局原则，体现了对乾隆皇帝一人服务的主导思想，嘉荫堂与文溯阁宫门之间为一小合院，之间的通道以同一条垂直通道与西所相联，南通嘉荫堂北门，东至中路西所，北至文溯阁宫门，是皇帝一人的重要的交通枢纽。除皇帝之外，其余的王公大臣、扮戏的演员，都要从位于南向的直接朝外的后门进入，这种前后序列颠倒的布局方式在其他皇家建筑中是不多见的。

（3）独具匠心的娱乐空间

嘉荫堂戏台建于乾隆四十六年（1780年），嘉荫堂五开间，卷棚硬山式建筑。明间开门，东西次间做成暖阁是皇帝（后）们赏戏时的座位。嘉荫堂的对面是戏台，面阔九米的方形卷棚歇山式建筑，东西北三面开敞，台基高900毫米，充分考虑了观演空间的视觉效果。戏台背倚五开间扮戏房，围合嘉荫堂和戏台、扮戏房的是转角房，是王公大臣们赏戏的地方，嘉荫堂、戏台、转角房相互连接、围合成一个封闭的内院有效地将声音收拢，有利于声音在这个封闭的环境中不断的反射，从而得到足够的混响时间，以提高在嘉荫堂赏戏时声音质量，使得皇帝所坐的位置得到最好的音响效果。

（二）沈阳故宫的重要单体建筑

1. 大政殿

大政殿（图3-1-6）是努尔哈赤议政和举行盛大庆典的重要宫殿建筑之一，是沈阳故宫东路的主体建筑，建于1625年。（图3-1-7、图3-1-8）大政殿位于东路院落正北居中，为八角重檐攒尖顶大木大式建筑，屋顶覆黄色琉璃绿剪边瓦饰，殿身金厢斗底槽外带副阶周匝。南侧的两颗外檐柱上圆雕两条金龙，檐下采用体形硕大的五踩双下昂斗栱，柱头处的额枋外贴狮面羊角的兽头雕刻。八面殿身均设隔扇门，每面六扇。殿身坐落在每边长9米，高1.7米的须弥座台基上，从地面算起，殿总高21米。台基东、南、西、北四出踏跺，东西各9级，北为12级，正南两组15级踏跺，正中有御路夹云龙石雕，通向阶下月台。

大政殿属于梁架式体系，具有殿与亭，大木与小木相结合的特点。大政殿的柱网形式平面三圈柱，外檐柱24根，外槽金柱8根，内槽金柱8根。从构架上看大政殿最外圈的檐柱支撑下檐，外槽金柱通达上层檐，内槽的八根金柱承托上部藻井。八角形藻井随着攒尖屋顶中心的升高灵活处理，分为上下两层、内外两环。最上层收缩成圆形井心，井心上有木雕金龙盘于流云之中，龙头向下，威武雄伟；大政殿的中核空间自金柱柱顶向下设置板壁和几腿

图 3-1-6 中路群体纵剖面图（沈阳故宫博物院测绘）

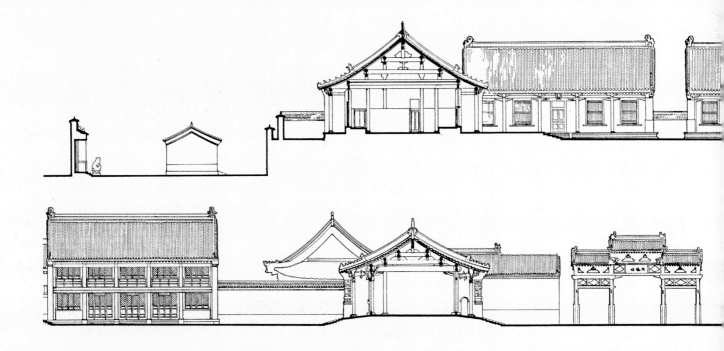

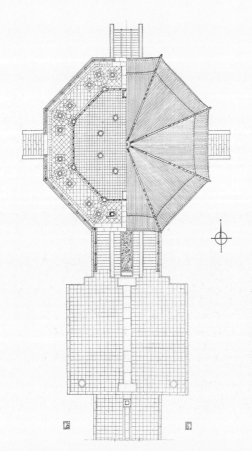

图 3-1-7 大政殿平面屋顶俯视图（沈阳故宫博物院测绘）

罩，板壁上绘彩画，几腿罩为雕刻云纹（图 3-1-9）。

大政殿檐下彩画组合比较独特，内外檐的彩画装饰在整个宫殿建筑群体中均属上乘。外檐装饰着旋子与和玺混合型彩画，其彩绘布局特殊，抱头梁、穿插枋、老檐檩等多用旋子彩画，檐下每面明间均为旋子彩画，而每面次间的挑檐檩和额枋上又装饰和玺彩画，这种彩画搭配形式十分罕见。

2. 十王亭

十王亭作为努尔哈赤时期"诸王议政之所"，是由左右翼王亭和八旗亭组成，分列于大政殿前广场的两侧。十座宫殿的规模、形制、样式几乎相同，为歇山顶周围廊亭式建筑，青砖青瓦，红柱红门，外廊四角各三颗柱子（图 3-1-10）。亭身平面近于方形，位于 11.5 米×12 米，高约 500 毫米的低矮台基之上。亭身除正面（面向广场的一面）开设六扇斧头眼式隔扇门外，其余三面均为实墙，不设门窗（图 3-1-11）。十王亭檐下额枋红漆，仅在角科、柱头科及荷叶墩上有少量的"青绿孔晕"彩画。

在内部空间的设计上，室内仅一间见方，无柱。

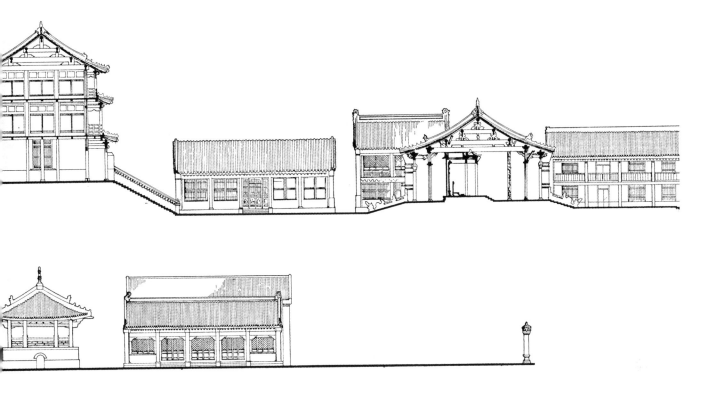

图 3-1-8　大政殿纵剖面图（沈阳故宫博物院测绘）

图 3-1-9 大政殿柱上板壁和几腿罩（张勇摄）

图 3-1-10 十王亭之一——左翼王亭（张勇摄）

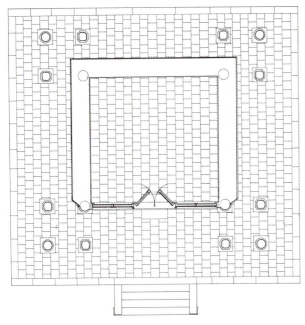

图 3-1-11 左翼王亭平面图（沈阳故宫博物院测绘）

室内原有火炕，亭身后檐墙（背向广场的一面）下有两个烧火口。

3. 大清门

大清门（图 3-1-12）是中路的正门，是皇太极即位后建造的早期建筑之一。大清门面阔五间，进深六间九架椽，前后廊硬山式建筑。屋顶铺黄琉璃瓦，并饰以绿剪边。檐下装饰采用了狮面羊角兽头，梁端为龙头状（图 3-1-13）。前后檐明间和两次间设门，前檐设栅栏式门，后檐设镜面板门，两尽间为一码三箭的直棂窗，南北都设有三出台阶。紧贴两侧房山外各有一四柱式小门，分别称为东翼门和西翼门。大清门是一个典型的屋宇式大门形式（图 3-1-14），原大清门室内设有火炕，为冬日文武百官在室内候朝时取暖之用，现已不存，仅前檐阶上现仍保留两处烧火的坑口。

大清门的梁架前后金柱之上为七架梁，七架梁上放柁墩，柁墩上承五架梁，五架梁上放柁墩，柁墩上承三架梁，三架梁上居中安装脊瓜柱，脊瓜柱两侧及各柁墩两侧均施以角背。其正身梁架前后檐柱和金柱之间是龙形抱头梁，龙尾直达七架梁下，而且没用穿插枋和随梁。穿插枋和随梁一样，都是清以后为了加强梁柱连接的整体性而出现的构件。大清门的龙形抱头梁在建筑艺术上的加工是真实和成熟的，未受到宋、元、明以后装饰与结构分离的影响，从这个意义上看，其做法是具有创造性的。

沈阳故宫大清门为四路八钉，这与大清式门钉

图 3-1-12 大清门外观（张勇摄）

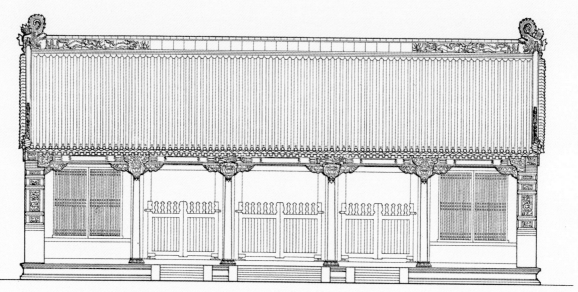

图 3-1-13 大清门立面图（沈阳故宫博物院测绘）

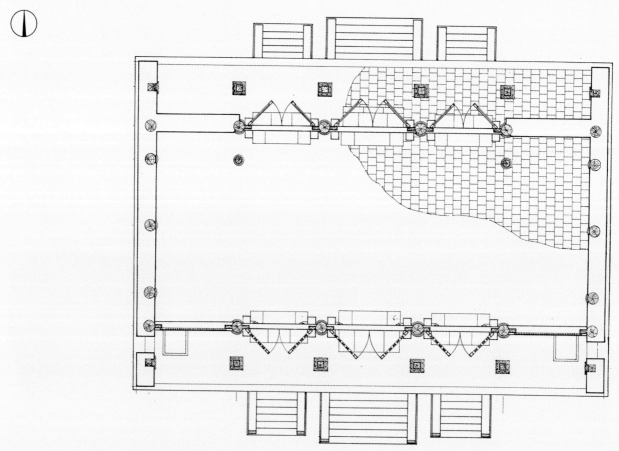

图 3-1-14 大清门平面图（沈阳故宫博物院测绘）

路数与钉数相同的情况不相符，且为偶数列，这也与清式等级规定的九路、七路、五路不同。沈阳故宫大清门的门钉装饰风格简洁、朴素，实用性强而装饰性弱。门钉分四路，这与门背面的穿带数目相同，路数完全是由穿带数而定，体现了门钉的功用性。门钉小而稀疏，每路八钉，这与清制的运用奇数和以九为大的定法不一。再加上门钉是铁蘑菇钉，贴金造，在整个板门上不是十分引人注目，相较之下更显朴素。

4. 崇政殿

崇政殿俗称"金銮殿"，是皇太极举行常朝、接受王臣朝贺、接待和宴请外国使臣以及举行大典之处。崇政殿为面阔五间，进深六间九架椽，前后廊硬山式建筑。屋顶瓦饰为黄色琉璃瓦绿剪边，檐下额枋雕刻龙纹，柱头饰以狮面羊角兽头。抱头梁则是一条完整的龙纵贯于前檐廊间，龙头从柱头额枋处探出柱外，张牙舞爪，形象生动。殿身前后檐均开设三交六椀槅心式样的隔扇门。高约1.5米的前后殿阶，周围饰有石雕栏板望柱，各出三路踏步，殿前宽敞的月台上两侧分别放置日晷和嘉量（图3-1-15）。

崇政殿面阔19.12米，室内梁下的高度是5.2米。同时殿内采用了减柱造，使空间开阔而简洁。崇政殿室内为彻上露明，梁架施以彩花，中间置堂陛。堂陛装饰金碧辉煌，上施天花和藻井（图3-1-16）。藻井只是在井口天花上开一八角形斗口，施一层斗栱，顶部收缩为一圆形井心，井心置一木雕降龙。天花依堂陛柱间空间不同分为两部分，大小不等。分别以梵文、相轮和宝珠作为装饰。堂陛檐柱盘龙与大政殿前檐柱的盘龙做法也几乎完全相同，只是尺度变小，为降龙状。陈设在龙椅前后的鹤式烛台、熏炉、塔式香亭、甪端、"太平有象"等，都是乾隆年间宫中精致的珐琅礼器。崇政殿上方装有"正大光明"黑漆金字匾，是乾隆仿照北京乾清宫顺治所书匾题写的。

脊兽、墀头和檐下的木装修等部位的装饰以黄、

图3-1-15 崇政殿外观（张勇摄）

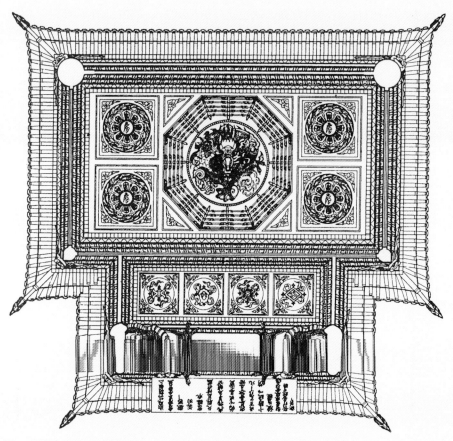

图 3-1-16 崇政殿堂陛藻井图（沈阳故宫博物院测绘）

绿、蓝为主要色调，色彩斑斓、浓烈华丽，体现了崇政殿作为皇太极金銮殿的庄严华美的外观风格。室内以蓝、绿、红为主色调，局部点缀以金色，椽间望板上所绘的蓝天白云，更加推远了屋面的高度，使室内空间扩大（图 3-1-17）。

崇政殿的须弥座平面为长方形，高 1.4 米左右，有角柱石，为了方便皇上从台上五宫进入崇政殿，在崇政殿的北侧设置了御道和御道两侧两个踏跺，南侧也同样为了方便大臣上朝设置了御道和御道两侧两个踏跺。踏跺石略显沙红色，是本溪产的红豆沙石。崇政殿须弥座各部分位置和比例与大政殿的须弥座基本相同，仅束腰有些许差异。崇政殿须弥座的每个部分均为素面，即使束腰部分也没有清式常做的各种雕刻。束腰由 10 皮青砖磨砖对缝砌筑而成。

5. 凤凰楼

凤凰楼坐落于后宫区的高台之上，是进出台上五宫的主要门户，为皇太极时期营建的早期建筑之一（图 3-1-18）。凤凰楼是当时的盛京城最高的建筑物，曾以"凤楼晓日"被誉为"盛京八景"之一，站在凤凰楼上可以通览全城。建筑为三层三滴水歇山顶楼阁式样，屋面覆以黄琉璃瓦绿剪边。平面正方形，楼身面阔、进深各三间，周围出廊。底层明间前后开设板门，作为进出台上五宫的主要出入口，南侧有二十几级的台阶通往台下地面。二、三层建筑四周设置围廊勾栏，外檐由较通透的直棂支挂窗构成，仅南向明间开设四扇斧头眼式的隔扇门。楼梯并未设于室内，而是设于东西两侧的周围廊内，由高台院内可以直接登上楼阁，不需要打开凤凰楼的北门进入室内再登楼。楼阁各层角柱内收，外形轻盈、挺拔，各层的黄绿两色琉璃瓦与红漆柱、窗、栏杆相映衬，颇为美丽壮观。檐下的兽面柱头、宽厚雀替和直棂马三箭的窗棂式样等仍旧保持与早期粗犷古朴的建筑装饰风格一致。前檐有乾隆御题的

图 3-1-17 崇政殿梁架（张勇摄）

图 3-1-18 凤凰楼外观（张勇摄）

"紫气东来"九龙斗匾一面。

凤凰楼的室内采用了减柱造和移柱造的做法，以获得开敞、完整的室内空间。这是为了适应休闲聚会等多种功能的需求而进行了灵活设计的体现。一层和二层室内柱子由原本的四棵减为两棵，并移至中柱的位置，到了三层甚至将室内的柱子全部减掉。因凤凰楼方形平面的楼身部分开间、进深均为三间，每间3.34米，室内面积近100平方米。三层室内由于减去了中间的两棵柱子，而形成了一个完整的方形室内空间，为三层室内空间的灵活运用提供了有利的条件。与建筑外观轻巧的逐层内收造型相结合，各层的高度由下至上逐层减小，这导致了建筑室内空间的高度也逐渐变小，分别为4.5米、3.7米和3.45米。

凤凰楼的室内各层格局和装饰均有不同。底层（图3-1-19）仅作为通过式大门使用，较为封闭，四周由墙体围合，前后均设板门，仅东西两侧开有一个小方窗。棚顶梁、枋、板均涂饰红漆，没有装饰彩画。室内梁架为"彻上露明"形式，椽子饰以变形的荷花，望板满绘飞云流水。梁上绘主题为宝珠卷草的三宝珠西潘莲金琢墨彩画。彩画不分枋心、藻头，也不设框线，保留清早期彩画特点。三层天花藻井的凤凰图案环以祥云转轮，造成翔云飞舞之感。整体而言，其造型活泼多变。

6. 台上五宫

盛京宫殿台上五宫建筑位于中路中轴线上凤凰楼之后，建成于1627年~1632年间，是清初皇太极和妃子们居住的寝宫。包括正房清宁宫和东宫关雎宫、西宫麟趾宫、东次宫衍庆宫以及西次宫永福宫，五宫共同围合成合院式的院落布局。在建筑形制、外观和室内外空间上保留着许多早期满族的建筑及装饰特色。

五宫建筑在外观样式上基本相同，均为面阔五间前后廊硬山式建筑，屋顶覆黄琉璃绿剪边的瓦饰。四配宫仅作为各宫之主率众多的庶妃及宫女居住所用，均为明间开门，室内两侧次间和稍间形成两个"万"字形炕面，共计七铺炕（含暖阁内的一铺炕）。而清宁宫除了作为皇太极和皇后的寝宫外，还兼做皇宫内家祭和家宴的场所，因此将其入口开在东次间，形成了东梢间封闭成"东暖阁"用于居住，西侧四间贯通成适宜于祭祀和家宴的"口袋房"式的室内空间布局。

（1）清宁宫

清宁宫位于台上五宫中居中面南，为面阔五间前后廊硬山式样，屋顶覆黄色琉璃绿剪边瓦饰，正脊和垂脊为行龙飞凤纹饰的五彩琉璃，其纹饰中间为五彩火焰珠，显示出了居住者的贵宠地位及皇家气派（图3-1-20）。建筑立面殿身装设"直棂码三箭"式样的大尺度支挂窗和相对尺度窄小的实心红漆板门，柱头仍采用早期建筑中所见的兽面雕饰。清宁宫建筑前设有一个不对称的小型月台，应是在院落中举行索伦杆天祭时摆祭和举行仪式所用。清宁宫的西北角，立有一座具有满族特色的"跨海烟囱"，烟囱截面为方形，由下至顶逐级上收，共十层，灰砖砌筑，也是盛京宫殿中唯一的一座烟囱（图3-1-21）。整个建筑的布局、样式、空间及装饰都脱胎于满族民居，是适合满族人传统生活习惯

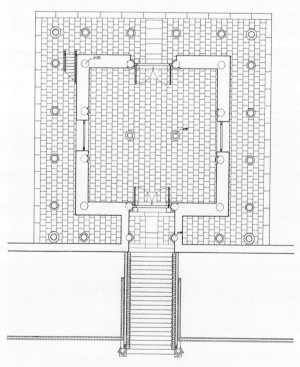

图3-1-19 凤凰楼一层平面图（沈阳故宫博物院测绘）

图 3-1-20　清宁宫外观（张勇摄）

图 3-1-21　清宁宫烟囱（张勇摄）

而形成的，显示出了浑厚、庄重、古朴的具有早期满族建筑风格的特点。

清宁宫东次间开正门，室内主要分为两部分——"口袋房"空间和"东暖阁"空间（图3-1-22）。贯通西侧四间的是一个大的口袋形房间，俗称"口袋房"，是用作皇宫内家祭等活动所需的空间，具有典型的满族民居室内空间布局特色，同时还兼作皇太极召见、会客和举行家宴等功能使用。室内进深方向的柱列在不同轴线上对应不同檩条的位置作了不同的布局。口袋房内保留了前后两排金柱，进深跨度形成2.18米、8.2米、2.18米的三间，两排金柱的位置恰好与炕面的宽度基本吻合，形成了使用空间与结构空间的完美结合。这种巧妙的做法既解决了清宁宫较大的进深跨度，又形成了室内空间的完整界定。室内南、西、北三面有成"匚"形的"万字炕"，炕面低矮宽大，炕上铺红白毡条，有炕桌，冬季还添置火盆，以供取暖之用。西山墙上设有家祭的神架，俗称"祖宗板"，前面的地上放置供桌。东次间虽与西三间共处一个口袋房内，但在炕面上用半高的板壁分隔出来，安放灶台和大铁锅，用于

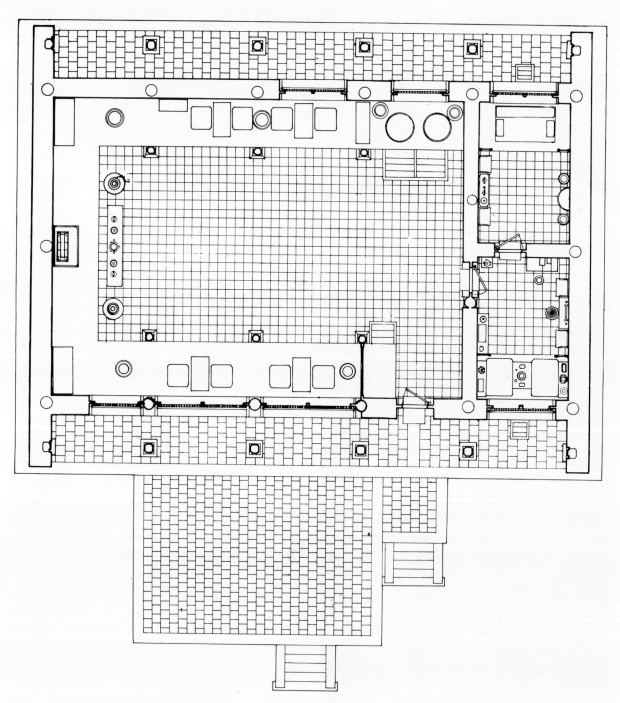

图 3-1-22 清宁宫平面图（沈阳故宫博物院测绘）

祭祀时煮杀祭品之处。东尽间用墙围隔起来，墙正中设有板门一扇，俗称"东暖阁"，是皇太极与皇后博尔济吉特氏哲哲的寝居空间。暖阁内又用厚实墙分隔成南北两个面积相等的小间，仅 20 平方米左右，分别设置南北炕，用于皇太极和皇后的寝居。

早期天花做法中最华丽和最具特色的建筑要属中路台上五宫中的清宁宫。清宁宫为清入关前的帝后寝宫，因此在内檐装修上使用较高的等级。其室内施以青绿色调龙凤图案的平棊天花（图 3-1-23），天花圆光做成龙凤图案，燕尾、岔角为蓝绿两色，井口满饰蓝色，支条为浅黄色。梁枋满绘红底沥粉双金龙的大包袱形式彩画。

清宁宫的烟囱就属于满族民居跨海烟囱的典型应用。在清宁宫中北炕和西稍间南炕以及顺山炕所产生的烟可由建筑后面的跨海烟囱排出。而东稍间的南炕为独立的一盘炕，通过槛墙下的壁龛上方的两个排烟孔排出。这种排烟方式因壁龛看似龙头而得名"二龙吐须"。

（2）四座配宫

四座配宫分别位于清宁宫前东、西两侧，是崇德元年皇太极改元称帝后晋封的四位皇妃的寝宫。东宫关雎宫住宸妃，西宫麟趾宫住贵妃，淑妃居住的东次宫衍庆宫，庄妃居住在西次宫永福宫。四配宫均为五间前后廊硬山式建筑，黄琉璃绿剪边屋顶（图 3-1-24）。建筑明间开门，正门内明间搭设锅灶，和南侧两间相连，设有连通两间的万字炕。北侧两间内设有暖阁用于居住。

麟趾、衍庆二宫与关雎宫的规模、室内格局完全相同，只是朝向不同，规模略小。台上其他四处寝宫（关雎宫、麟趾宫、衍庆宫和永福宫）和两处配宫室内仅做海漫天花，即软天花，沿用北方传统纸糊顶棚的做法，顶棚上也不彩绘装饰图案，反映出故宫早期建筑俭朴的风格，也反映出尊卑有序、等级有别的封建礼教。故宫东路和中路的早期建筑室内装修风格受当时的政治、经济、文化等条件的影响，风格独特，极富民族和地方特色。沈阳故宫

图 3-1-23 清宁宫室内天花（张勇摄）

图 3-1-24 关雎宫外观（张勇摄）

台上五宫的花形门簪还附有立体雕刻的花叶，花瓣也浮雕出层次，彩绘，很精美。

7. 文溯阁

文溯阁位于西路，建于乾隆四十六年（1781年），是专门存放《四库全书》的七座著名藏书楼之一。其建筑形制是以宁波天一阁为蓝本模仿建造而成，是一个面阔六间，进深五间九架椽的楼阁建筑，黑琉璃瓦绿剪边硬山屋顶（图3-1-25）。前后檐均做成隔扇门和槛窗，并运用了风格质朴的直棂马三箭的隔心式样。一层出前后廊，前檐廊两山各有券门，其上悬砌绿琉璃垂花门罩，门下各有四级踏跺。后檐廊在两山墙处有抄手游廊与后面供皇帝读书阅览的仰熙斋相连。文溯阁外观两层，室内分三层，中层是在五大间的北侧和东西两间加构"凹"形的"仙楼"，既扩大了一层中前部的高度空间，又增加了摆放书架的面积，并与带有腰檐的两层外观相适应。阁中悬挂七十三岁的乾隆第四次东巡时写下的两幅楹联，分别是"礼乐仰承基绪万象沧溟探大本，古今并入含茹三江天汉导洪澜"和"由监古以垂模敦化川流区脉络，本绍闻为典学心传道法验权舆"，此外还有"圣海沿回"的一幅匾额。

作为一座藏书楼，文溯阁在装饰色彩、平面形制以及空间和构造等多方面显示出了与功能相适应的灵活做法。文溯阁不同于古建筑一般采用的奇数开间数，而是在五间的基础上，在西侧增加了一个不足其他面阔尺寸一半的第六间，在功能上作为楼梯间（图3-1-26）。这是按照《周易》中"天一生水，地六成之"的说法建造的，其目的就是借这种观念"以水克火"，避免藏书楼失火而使珍贵的书籍受到损失。一个大屋顶下的六间房屋，即是象征"天一"和"地六"的。

文溯阁的彩画、瓦件等装饰色彩以清新淡雅的蓝、绿等冷色调为主，例如屋顶不用黄琉璃瓦而是黑琉璃瓦绿剪边，廊柱用绿色而不是红，门窗也

图 3-1-25 文溯阁外观（张勇摄）

图 3-1-26 文溯阁正立面图（沈阳故宫博物院测绘）

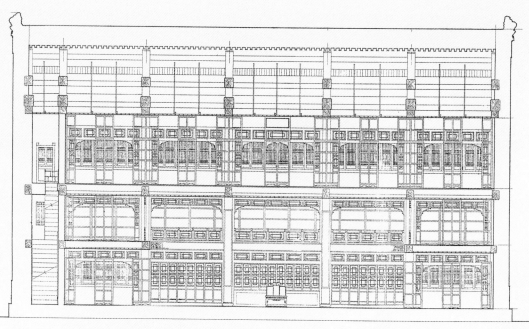

图 3-1-27 文溯阁纵剖面图（沈阳故宫博物院测绘）

漆成绿、黑、蓝、白的色调，这都是从观念上防止火灾。黑色、绿色、蓝色作为水和木的象征，用在藏书楼上自然合适。天花底板施以浅黄色，绦环板施以白色，井口圆光彩绘蓝底白色团鹤、绿草叶，岔角为草绿色卷草，整体静怡清雅，充分表露出文溯阁的文化空间特色。宫门为联系文溯阁与其前面的嘉荫堂及其他建筑的通道，通道上空施以井口平棋天花。井口彩绘双龙戏珠图案，岔角为卷草团花。整体纤细华丽，属清式典型井口天花做法。这些都是古人对防火无能为力的条件下采用的一种精神上的寄托，也正是由于这个因素，使文溯阁同其他宫殿相比显得与众不同，更带有清新素雅的意境。

文溯阁室内装修精致、陈设儒雅。除布置高大的书架外，柱间多采用精美的木装修，有夹纱隔扇门、隔扇窗、落地罩、望柱栏杆和楣子等多种分隔和界定空间的方式，都是统一的福山寿海灯笼框式样，局部还加有幔帐（图 3-1-27）。底层的室内柱间有七槽设有木装修，分别位于后檐里围金柱的五槽以及梢间的前檐里围金柱间。底层敞厅内置有御榻、书案、香几、鸾翎宫扇等陈设，东西稍间及隔扇后夹道，也分别置有紫檀炕案、琴桌、挂屏等，再加上殿内北面悬有高宗御书的匾联，愈加衬托出文溯阁书香墨浓的文化韵味。

8. 嘉荫堂、戏台

嘉荫堂和戏台是西路建筑中的主要建筑（图 3-1-28、图 3-1-29）。建于乾隆四十六年至四十八年（1781 年～1783 年）。格局上采用的是清朝宫廷戏台的基本形式——戏台（楼）坐南朝北的四合院式格局。

（1）嘉荫堂

嘉荫堂（图 3-1-30）是皇帝和后妃们赏戏和筵宴的观戏房，建筑为面阔五间，进深八架椽卷棚顶硬山式建筑，前带廊式。建筑总高度为 7.58 米（院外地坪至屋脊高度），嘉荫堂五个开间的尺度分别是明间 3.85 米，次间 3.54 米，梢间 3.20 米，室内的净高（地面至天花下的高度）约为 4 米。室内面阔方向柱子的轴线上都设有雕花落地罩，将室内沿自然开间分隔成五个单元空间，东西梢间做成暖阁。此外，室内还摆设有"地桌"和"东条案"、"西条案"等家具。在进深方向，金柱之间 5 米进深的空间主要为观看区，其后部由后檐金柱与后檐檐柱界定的宽仅 1.32 米的狭长空间作为交通空间，侍从们的走动也不至于影响帝后们观看。明间在后檐

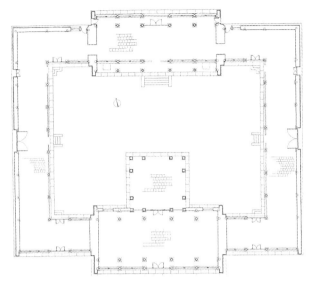

图 3-1-28 戏楼平面图（沈阳故宫博物院测绘）

金柱处设有一道屏蔽门，这种做法在后期的西路和东西所北面开门的建筑中普遍应用，既可以遮挡入口的直接视线，也对北入口的冷风有所遮挡，更重要的是作为明堂的完整背景，在视觉上起到了衬托的作用。

嘉荫堂室内装饰风格休闲典雅，各间悬挂皇帝御书对联多幅，如明间东西壁联分别为"妙理静机都远俗，诗情画意总怡神"、"一室有余含峭茜，八窗无尽启吟披"；东次间西壁和东暖阁内东壁的对联则分别为"何处不堪体物理，于斯亦未忘民艰"、"对时真惬农桑庆，宁道非关视听娱"。

（2）戏台

戏台在嘉荫堂的对面，是唱戏时的表演区（图3-1-31）。背南向北，青瓦歇山顶亭式建筑，进深六架椽卷棚顶。戏台平面正方形，面阔、进深均三间，明间 3.85 米，次间 1.75 米，台面约 9 米见方，台基高 0.95 米。东西北三面开敞，柱间额枋下设楣子，原为宝瓶式样，后维修时改为现状的灯笼框式样。檐下红色彩绘的垫板衬托着蓝绿色调的五彩斗栱，色彩热烈，烘托出建筑的热闹气氛。台面四周有十二棵柱，台口的四柱及柱间上方的楣子形成舞台的景框——中部明间宽 4.5 米，高 2.5 米的主景框和两侧宽 1.4 米，高 2.5 米的次景框。戏台内部设天花吊顶，中间向上形成藻井，天花处的净高度为 4.5 米，藻井深 470 毫米。

9. 太庙

太庙是由一组围合成四合院的建筑组成，院落中共有正殿 5 间，东西配殿各 3 间，配殿之南各连建"耳房" 2 间，正南面为 3 间山门，两旁角门各一，正殿前西侧有焚帛砖楼一座（图 3-1-32）。整个院落位于高台之上，院内地面高出墙外地面 2 米左右。

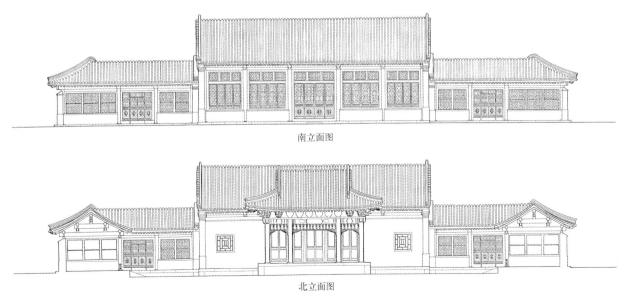

图 3-1-29 戏楼南、北立面图（沈阳故宫博物院测绘）

图 3-1-30 嘉荫堂外观（张勇摄）

图 3-1-31 戏台外观（张勇摄）

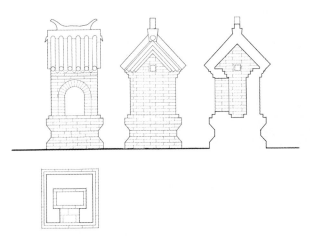

图 3-1-32 太庙焚帛砖楼（沈阳故宫博物院测绘）

太庙正殿为面阔五间单檐歇山顶，进深九架椽前檐廊建筑。正殿坐北朝南，屋宇高大，殿身矮小，在立面比例关系上，屋顶的高度（从檐口到正脊的高度）与殿身的高度相比，达到了6∶4（图3-1-33）。檐下采用了两层蓝绿色主调的雀替，规格精巧，色彩搭配质朴而清新，增加了檐下的层次感，与檐下的额枋一同形成了立面色彩的过渡。殿身东、西、北三面围以实墙，南面廊下金柱间设门窗，明、次间采用隔心为直棂马三箭式样的隔扇门，梢间设单扇直棂窗，风格古朴。殿身位于低矮的台基上，南侧对应明间和次间为三出踏跺。

太庙东西配殿为面阔三间进深五架椽硬山顶建筑。其高度和面阔进深都比正殿小。殿身面朝院落一侧设门窗，其余三面为实墙，配殿室内为彻上露明造。

10. 文德坊、武功坊

沈阳故宫的文德坊、武功坊（俗称东华门、西华门）是沈阳故宫古建筑中的早期建筑之一（图3-1-34），建成于清崇德二年（1637年），坐落在沈阳故宫大清门前的东西两侧，与沈阳故宫中轴线左右对称，并对南朝房、奏乐亭等建筑起着南北贯通的作用，使整个古建筑群融为一体。文德、武功二坊的建造反映了我国汉、满、蒙各族劳动人民的聪明才智及高超的工艺水平，它开创了清朝牌坊建造之先河。

文德坊、武功坊两座牌楼，建筑形式、构造尺寸均相同，属同时建造。屋顶造以悬山式，饰黄琉璃瓦镶绿剪边。中间二柱为中柱，也称明柱，两侧二根称边柱。明间由下至上依次为柱、夹杆石、戗柱、龙门雀替、小额枋、折柱、花板大额枋、外拽枋、

图 3-1-33 太庙正殿立面图（沈阳故宫博物院测绘）

图 3-1-34 文德坊外观（张勇摄）

平板枋、斗栱。

从结构形式上看，属于三间四柱三楼柱不出头式木牌楼。牌坊装饰精美，主要集中在屋顶和檐下；屋顶为黄心绿边琉璃瓦顶，每间檐下内外各四组斗栱承托，其下额枋、瓜柱、雀替、花板等部位，装饰以浮雕为主，辅以彩画。雕刻内容为翔龙飞凤、海水流云、瑞树奇花等，贴金敷彩、艳丽祥和，既有皇家气派也具有地方特色，在古代牌坊中独树一帜。额枋之间的精美木雕，明楼上下枋两面都浮雕云龙戏珠，两枋之间镶心板三块，中为枋额，分别以满、蒙、汉三体文字阳刻"文德坊""武功坊"，两侧栏板心为海棠式开光，内各饰金龙一。次楼浮雕除与明间近似的龙纹外，更有麒麟、凤鸟、莲荷等瑞兽奇花，衬以鲜红底色，对比明艳、寓意吉祥，形态较明楼更为生动。这些木雕的风格和题材与崇政殿、大清门五彩琉璃构件所饰颇为相近，又带有藏式木雕的某些特征，在其他地方也不多见。

（执笔人：张勇）

第二节　府邸和衙署

一、前郭尔罗斯哈拉毛都蒙古贵族府邸

前郭尔罗斯哈拉毛都位于吉林省前郭尔罗斯蒙古族自治县东南部。"哈拉毛都"系蒙语，意为"茂密的树林"，说明这里曾经树木繁茂。据史料记载，早在清顺治年间就有蒙古族人民在这里定居耕种。从旗祖固穆起，其子孙统治郭尔罗斯前旗的历史达三百余年，王府最初驻固尔班察罕（今查干花乡昂格来屯），后约于清光绪年间搬迁到现在的哈拉毛都。末代旗王（扎萨克王爷）、哲盟盟长——号称十家王头的"末代王爷"齐默特色木丕勒就出生在此地，因此该地俗称"王爷府"或"王府"。

齐默特色木丕勒晋升哲里木盟盟长后，即于光绪三十四年（1908年）着手改建王爷府，仿照京城王府的空间格局设计施工。所有重要的建筑部件，均在京城定制，重要工匠也从北京邀请，这座新王

图 3-2-1　七大爷府邸全景（王烟雨摄）

府于民国三年（1914年）改建完成。几经重建的王爷府依山傍水，规模庞大，夯土围墙长为350米，宽为166米，四角建有炮楼，共有房屋六百余间，南北共有七进院落，院落后部为私家花园。1945年8月以前王府与其东北约4公里外的全旗最大的喇嘛庙崇化禧宁寺构成了昔日郭尔罗斯前旗政治、经济、文化和宗教活动的中心。1949年前后两处建筑相继被拆毁，现仅存有王爷两位叔叔的府宅，建筑保存比较完好。

哈拉毛都地势南高北低，岗地起伏，形似卧龙。当地建房没有固定的"向口"（一般北方民居大都采用坐北朝南），而是随山形走势建造。因为重要建筑大都是由北京请来的工匠主持建造，因此，建筑布局、风格样式与细节都有京城传统民居的身影，现存府邸建筑是北京四合院和北方民居建筑形式的融合，再加入蒙古族的民族生活习惯和宗教特点而成的，其建造时间应该比王府稍微晚一些。

第一处宅院（图3-2-1～图3-2-4）是两组建筑中建造质量较好的一处，现存为一座带连廊的四合院，整个院落背靠起伏的山冈，前面的地势平坦开阔。正房（图3-2-5～图3-2-9）为五

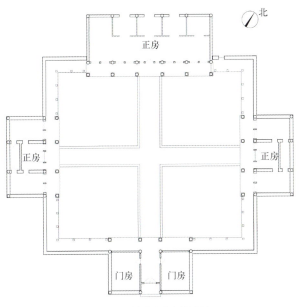

图 3-2-2　七大爷府总平面图（吉林建筑大学测绘）

图 3-2-3 七大爷府邸大门（王烟雨摄）

图 3-2-4 七大爷府邸大门内景（王烟雨摄）

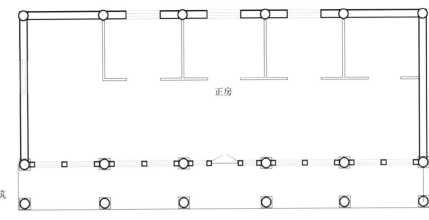

图 3-2-5 七大爷府正房平面图（吉林建筑大学测绘）

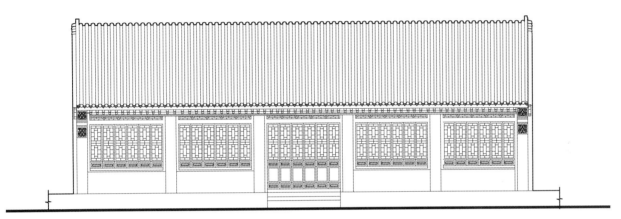

图 3-2-6 七大爷府正房正立面（吉林建筑大学测绘）

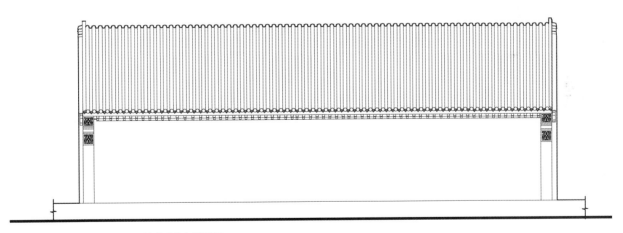

图 3-2-7 七大爷府正房背立面（吉林建筑大学测绘）

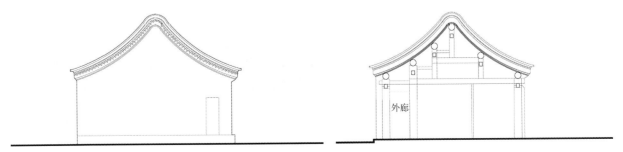

图 3-2-8 七大爷府正房侧立面（吉林建筑大学测绘）　　图 3-2-9 七大爷府正房剖面（吉林建筑大学测绘）

间，硬山卷棚式屋顶，这种做法在吉林传统民居中是绝无仅有的。正房前建有檐廊，柱子较细，没有柱础石，"枕头花"砖雕形式也非常简单，没有"腰花"、"山坠"等吉林传统民居的特有装饰。当年屋内地面是青石铺设的"火地"，下设火道，上面再加铺毛毡，相当于现在的地热。正房的室内没有隔墙，而是靠北部设有若干暖格，暖格前拉幕帘，隔出睡眠区。正房虽为五间，但在北面墙上只开有三扇窗。西端山墙处则有一大窗，从现在塞堵的痕迹看，西窗下部一直落到地炕的高度。蒙古族与满族相同，非常注重西向，他们将正房的西屋作为祭祖的地方。

两侧厢房各为三间，均为卷棚式硬山屋顶，在堂屋内设有木隔断，没有花饰，风格朴素，特别之处是西厢房背面开窗，而东厢房（图3-2-10、图3-2-11）背面一扇窗也没有。门房为三间，屋顶也为硬山卷棚式，大门两侧设槛墙，门前设抱鼓石（图3-2-12)，屋面用"燕尾虎头"瓦铺设，很有特点。

正房、厢房及门房都用连廊相连（图3-2-13)，廊柱为方形，尺寸较小，连廊顶部是平的，通过女儿墙向院外排水。院内甬路较汉族传统民居宽大，而且高出地面约1米，十分独特。院内遍植丁香、杏树，绿草丛生，环境幽静。

第二处宅院（图3-2-14～图3-2-17）与第一处非常相似，只是院落小一些，为三合院连廊式布局，院子大门为垂花门与吉林传统民居中四角落地式大门相结合的产物，院内柱子为方形，院外柱子为圆形，没有更多的花饰。正房（图3-2-18、图3-2-19）在西侧外墙上还建有祭龛。

这两处蒙古族贵族府宅有着鲜明的民族与地方特色，其中还夹杂着京城文化的影响，平屋顶的连廊还有近代建筑的身影。顺应山水走势的建筑布局与朝向，四合院式的空间布局，卷棚硬山式屋顶，

图3-2-10　七大爷府邸东厢房（王烟雨摄）

图 3-2-11　七大爷府邸东厢房暖阁（王烟雨摄）

图 3-2-12　七大爷府邸大门门墩（李之吉摄）

图 3-2-13　七大爷府邸正房前廊（王烟雨摄）

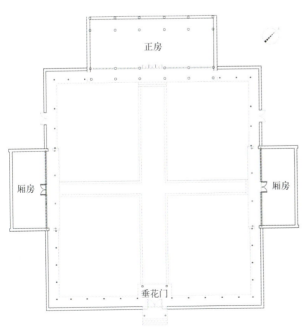

图 3-2-14　祥大爷府总平面图（吉林建筑大学测绘）

建筑内部独特的蒙古族生活习俗使得这两组建筑代表了近代时期多民族交互影响下的民居建造形式。

（执笔人：李之吉）

二、永吉乌拉街满族贵族府邸

乌拉街满族贵族府邸位于吉林省吉林市龙潭区乌拉街满族镇，南距吉林市北 30 公里。

清顺治十四年（1657 年），朝廷在乌拉城设立打牲乌拉总管衙门，属清内务府统辖，至宣统三年（1911 年）结束，是负责向皇家进贡土特产品的经济特区，也成为商贾富绅和达官贵人云集的地方，因而会留存较多的传统民居与贵族官员府邸，其中以"萨府"、"魁府"、"后府"最具代表性。"萨府"、"魁府"、"后府"于 2013 年，和乌拉街清真寺一起，

图 3-2-15　祥大爷府邸入口大门（王烟雨摄）

图 3-2-16　祥大爷府邸东厢房内景（王烟雨摄）

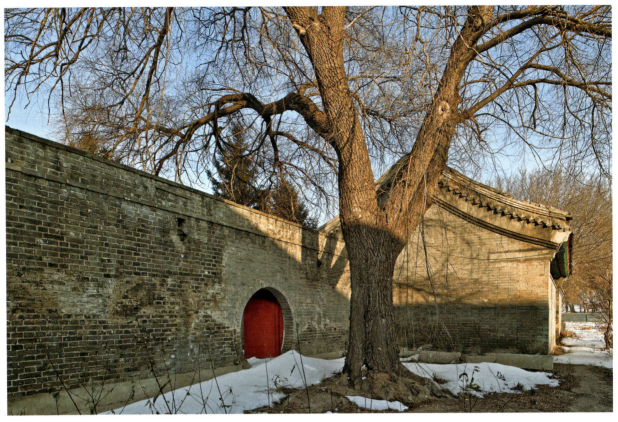

图 3-2-17　祥大爷府邸西厢房外景（王烟雨摄）

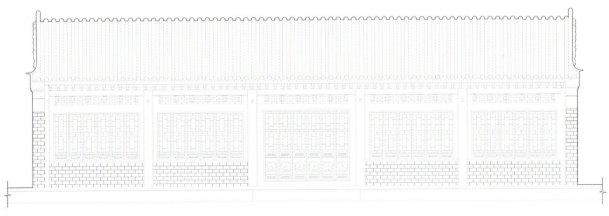

图 3-2-18　祥大爷府正房正立面（吉林建筑大学测绘）

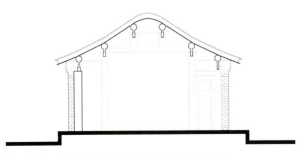

图 3-2-19　祥大爷府正房剖面图（吉林建筑大学测绘）

以"乌拉街清代建筑群"之名，被国务院公布为全国重点文物保护单位。

"萨府"位于乌拉街镇东南隅（现文化路永吉三中院内），始建于清乾隆二十年（1751年），是打牲乌拉总管衙门第十三任总管（正四品）索柱的私人府邸，自乾隆五十年调任吉林副都统后，易改其主。因府邸曾为一显贵萨大人所有，故称"萨府"，其最后一个主人为姓赵的地主。1955年始，萨府一直辟作永吉三中教室；2004年，萨府归吉林市第四十九中学管理和使用。各建筑均为青砖糙砌墙，较少雕饰，小青瓦干槎仰瓦屋面，两端用合瓦收头压边，清水脊，典雅古朴，具有清初八旗民居二进四合院的特色。

"萨府"（图3-2-20）格局保存完整，包括正房五间，东、西两厢四栋、每侧二栋各三间，门房五间，东耳房二间。其中正房（图3-2-21~图3-2-24）建筑坐北朝南，面阔5间，16.06米，进深2进，9.47米，2椽，5步架；南侧有前廊，柱顶呈鼓形；门、窗应为地方样式的支摘窗，后改为现状的新式玻璃门、窗。东、西厢房均面阔6间，20.85米，进深1进，6.72米，建筑损坏严重；西

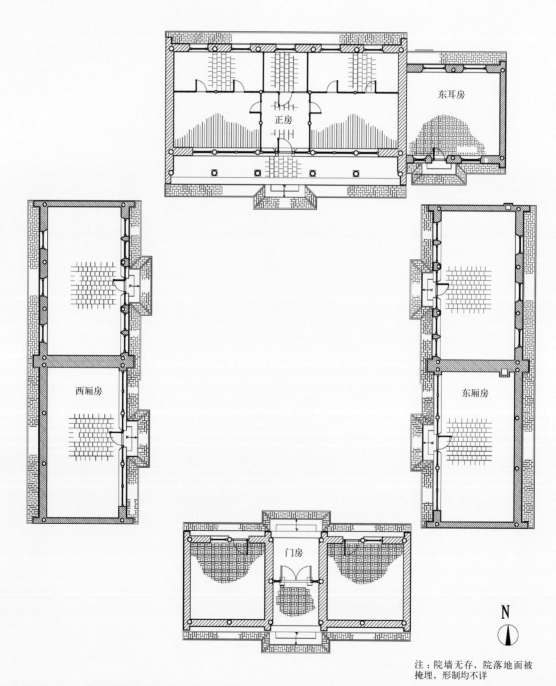

注：院墙无存，院落地面被掩埋，形制均不详

图3-2-20 萨府总平面图（肖东测绘）

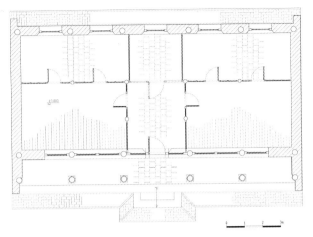

图 3-2-21 萨府正房平面图（肖东测绘）

厢房现状为 2007 年的不当修缮所致，并非原物。门房面阔 5 间，15.21 米，进深 1 进，6.42 米，保存仍很完好的门塾式 3 段屋面是其显著特点。东耳房位于正房东侧并搭建于其东山墙，面阔 2 间、6.56 米，进深 1 进、6.89 米。各建筑均在山墙和后檐墙内砌空腔作为火炕烟道，伸出屋面部分用砖砌烟囱。除正房之外的其他建筑均无外廊。

"魁府"位于乌拉街镇大十字街东约 250 米，现乌拉街镇政府西侧。始建于清光绪元年（1875 年），是官至副都统的乌拉街人王魁福的府邸，因尊称其"魁大人"而得名；王魁福死后，此房产便由其子

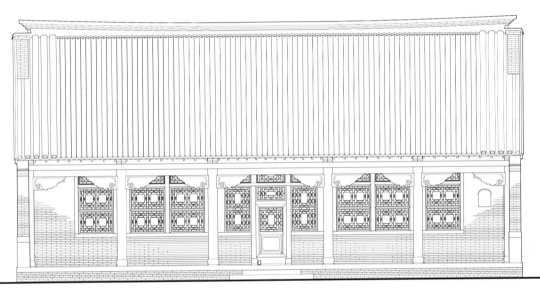

图 3-2-22 萨府正房南立面（肖东测绘）

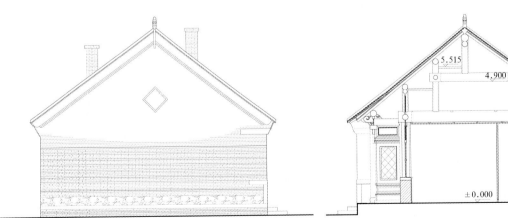

图 3-2-23 萨府正房西立面（肖东测绘）

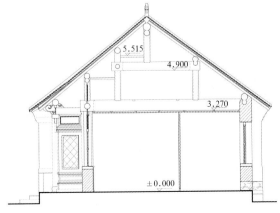

图 3-2-24 萨府正房剖面（肖东测绘）

王栋斋继承；新中国成立后，改作乌拉街农业馆和公社招待所。"魁府"是清末东北地区满族的典型四合院建筑，主体建筑为二进四合院。当年，一进大门便可见彩绘的"海水托日"影壁，用花墙（已拆毁）隔成前后院。一进院东、西厢房各3间，为仆人用房；垂花门位于花墙正中，与正房相对，以迴廊相通。正、厢房之间做券门式廊洞通过抄手廊相连，屋面做法和门窗形制同"萨府"。

"魁府"（图3-2-25、图3-2-26）格局保存基本完整，现存正房、东北厢房、西北厢房、东南厢房、西南厢房、门房及倒座房、东抄手廊、西抄手廊、东连廊、西连廊，共11座文物建筑及其院落。正房（图3-2-27～图3-2-32）位于庭院中轴线的最北端，面阔三间、12.31米，进深二进、9.61米，2椽、5步架；台明有三步台阶，做如意踏跺，柱顶呈鼓形；廊步架后做胡椒眼式吊顶。东北、西北厢房面阔三间、11.24米，进深2进、8.35米，2椽、5步架；西面有前廊；台阶、如意踏跺、柱顶均同于正房。东南、西南厢房面阔三间、10.64米，进深1进、6.72

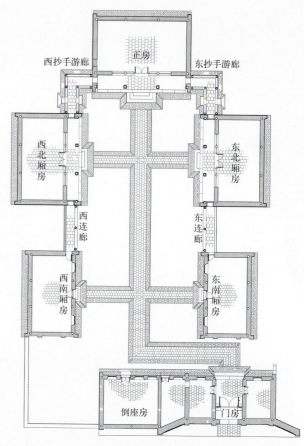

图3-2-25 魁府总平面图（肖东测绘）

图3-2-26 魁府入口大门（李之吉摄）

米；台明现有一步台阶，如意踏跺；其中东南厢房的叠落式南封火山墙被作为座山影壁（图3-2-32）。门房与倒座房七间，广亮大门位于门房东侧，与东厢房靠山影壁相对，面阔三间、11.39米，进深一进、5.88米，2椽、4步架；南檐墙上设女儿墙。两抄手廊位于正房和东北厢房、西北厢房之间，两廊东西长4.86米，南北长3.47米，呈直角转角。

"后府"建于清光绪六年（1880年），是管理打牲乌拉地方总管、三品翼领赵云生的私人府邸；因乌拉街镇内还有"东府"、"前府"，而云生宅邸居此，兼居"两衙署"之后，故称"后府"。1946年，国民党88师营部驻防后府，将正房后边的两座仓房

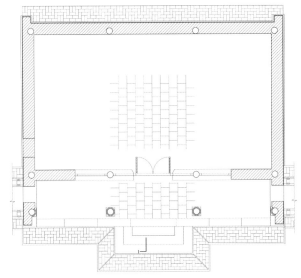

图3-2-27 魁府正房平面图（肖东测绘）

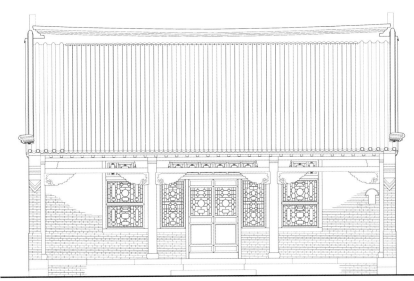

图3-2-28 魁府正房南立面（肖东测绘）

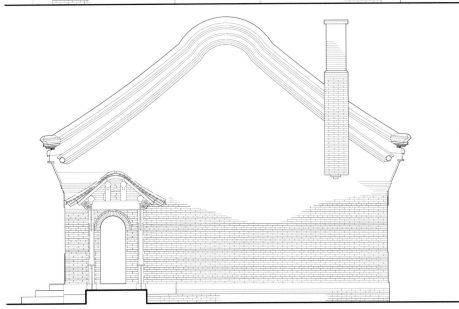

图3-2-29 魁府正房东立面（肖东测绘）

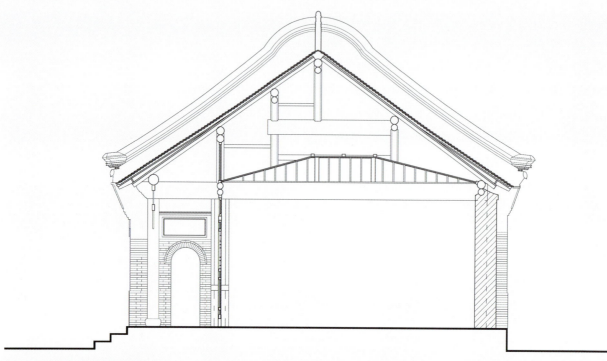

图3-2-30 魁府正房剖面图（肖东测绘）

图3-2-31 魁府正房前廊（李之吉摄）

图3-2-32 魁府院内影壁（李之吉摄）

图 3-2-33 后府现状（李之吉摄）

拆建为碉堡，院墙、大门等后来逐渐拆作他用，影壁、诗碑匾额也都下落不明。1950年前后，拆除了两个修建别致的大烟囱。1978年10月，东厢房发生火灾被烧毁，现仅存正房和西厢房（图3-2-33）。

据学者研究："后府"是清末东北满族典型的四合院建筑（图3-2-34），主体建筑为二进四合院；此外还设有西花园，位于庭院西侧，以月门相通，园内布置有玉石桥、莲池、假山、鱼缸、花木等。"后府"大门朝东，东有一座八字形汉白玉基座的大型影壁，上雕"海水托日"图案和"当朝一品"四个大字，两侧有记事碑刻。

"后府"正房（图3-2-35～图3-2-45）面阔五间，16.45米，进深二进、9.94米，2椽、5步架；南面有前廊；台明有三步台阶，柱顶呈鼓形；小青瓦干槎仰瓦屋面，两侧采用两条合瓦压边的做法，山脊浑圆，垂脊高出屋面，且边檐四角外斜上翘；山墙、柱顶石、墙角等外嵌以漂亮别致的砖雕和汉白玉雕饰。两山镶嵌的大型砖雕图案保存完好，博缝上部为串枝壮母图饰，下部南侧为"琴棋书画"，北侧为"富贵有余"的绶带寓意浮雕；山墙正中的"腰花"是一幅大型"双喜花篮"砖雕，约有1.5米见方，

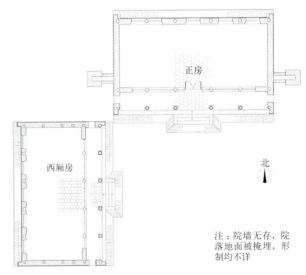

注：院墙无存，院落地面被掩埋，形制均不详

图 3-2-34 后府总平面图（肖东测绘）

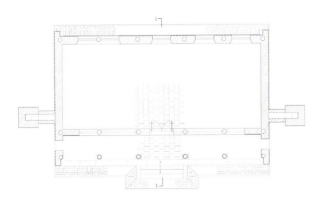

图 3-2-36 后府正房平面图（肖东测绘）

图 3-2-35 后府正房（李之吉摄）

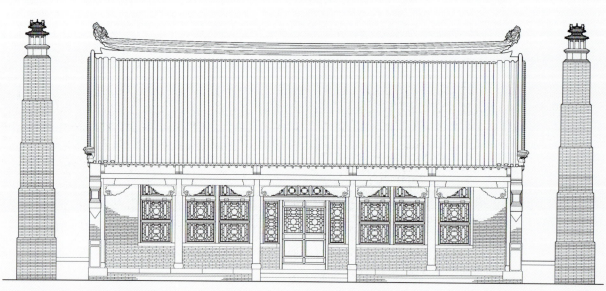

图 3-2-37 后府正房南立面（肖东测绘）

图 3-2-38　后府正房东立面（肖东测绘）

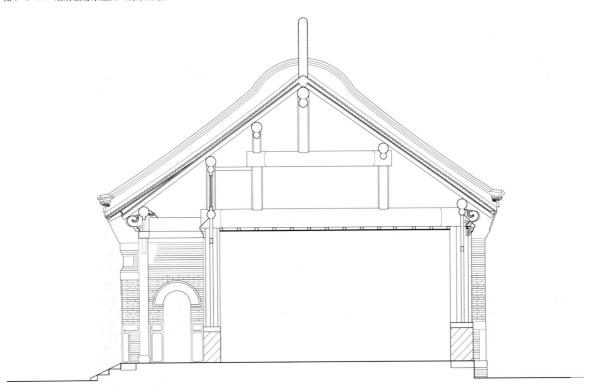

图 3-2-39　后附正房剖面图（肖东测绘）

图 3-2-40 后府正房腿子墙汉白玉石雕（李之吉摄）（左）
图 3-2-41 后府正房腿子墙汉白玉石雕（李之吉摄）（右）

图 3-2-42 后府正房柱础石（李之吉摄）

图 3-2-43 后府正房山墙腰花（李之吉摄）

图 3-2-44 后府正房南侧博风上的砖雕（李之吉摄）

图 3-2-45 后府正房檐下局部（李之吉摄）

图 3-2-46 后府西厢房腿子墙迎风石雕饰（李之吉摄）

两侧"腰花"的花卉图案略有不同，每个都分成16块进行拼装，无明显缝隙；"枕头花"砖雕也很精细，但大多已损坏。据老照片，正房两侧各建一座烟囱，上设重檐歇山十字脊方亭，功能和装饰具备。西厢房（图 3-2-46）面阔五间、14.21米，进深二进、8.99米，2椽、5步架。

"萨府"、"魁府"、"后府"作为打牲乌拉地方总管的私人府邸，是乌拉古城乃至满族文化的见证，是东北地区官宦旗人住宅的典型代表，也是北方满族居住文化的缩影和早期清代满族民居的范例。"萨府"、"魁府"、"后府"建筑风格独特，具有较高的建筑艺术价值。（执笔人：肖东）

辽宁吉林黑龙江古建筑

第四章 陵寝

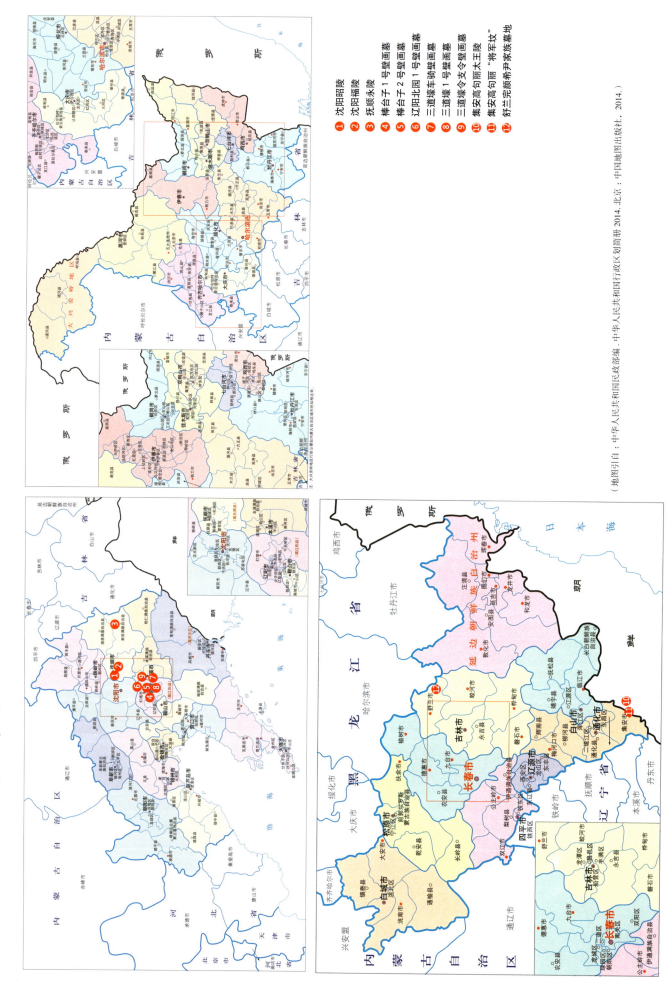

综述

东北境内，分布着自新石器、青铜时代以来直至明、清代的千余座墓葬，又包括三处清初的皇家陵寝。

吉林西团山墓群是青铜时代的墓葬代表。该时期还包括有直接在山崖上开凿而成的山顶大棺。

春秋战国时期墓葬以沈阳郑家洼子墓群为代表，墓的形式为土圹竖穴棺椁墓。此外，1990年和1994年曾在辽宁省朝阳县十二台乡和北票市大板乡发现过三燕时期墓葬，古墓的朝向分为东西向和南北向两种。五座古墓中，三座为石椁墓，两座为土坑墓，古墓均为前高后低，头部宽，脚部窄。墓的长度均为2米左右，宽为30～50厘米。

汉代的墓葬包括汉至曹魏，甚至到西晋，是目前发现数量最大的一类古墓，约有上万座。比如，辽宁省辽阳地区自20世纪40年代以来，发现这个时期的多个大墓群，其中壁画墓近20座，墓葬的地理位置都在汉辽东郡——襄平城郊外。每个大墓群都有几十、几百或上千座墓。

吉林榆树老河深墓群则是汉代少数民族墓葬形式的重要代表。

辽宁地区的汉墓大部分为封土墓，根据墓室材料又可以分为土坑墓、贝墓、贝石墓、贝砖墓、砖室墓、石板墓等。根据墓葬形制分为单室墓、双室墓、并室墓和三室墓。根据墓室的形式又分为常见的方形和放陶釜的圆形。如，营口市归州镇槐树房村发现的汉墓群中发掘了墓葬27座，其中砖室墓10座，瓮棺葬17座。砖室墓均用花纹砖砌筑，由墓道、墓门、甬道和墓室构成，墓门为拱形，方砖封堵。其中，单室墓的墓门开于墓室南壁偏右，墓室平面呈长方形，甬道两壁用条砖砌筑，墓底铺方砖。双室墓的墓门开于西墓室南壁偏右。甬道由条砖砌成，拱形券顶。墓室平面均呈长方形，两室之间有甬道相连，墓底铺方砖。并室墓是由2座墓室紧贴的单室墓组成，有单独墓门位于墓室南壁偏右，楔形砖砌成拱形顶，方砖横砌封堵。甬道两壁用条砖砌筑，拱形券顶。墓室平面呈长方形，墓壁砌筑方法与单室墓相同，墓室底部铺方砖。三室墓，由一个前室和两个并列后室组成"品"字形布局。墓门位于墓室南壁偏右。甬道两壁用长条砖砌筑，墓壁砌砖最高处残存11层，西后室和前室由下至上的砌法为横砌四层方砖，一层丁立长条砖，再横砌二层方砖；东后室砌法为横砌三层方砖，一层丁立长条砖。两个后室分别有甬道和前室相通。瓮棺葬采用陶釜做葬具，有两种形式，一种是土坑贝壳瓮棺葬，一种是土坑瓮棺葬。贝壳瓮棺葬的墓圹为长方形，内填大量贝壳，墓底放置两块板瓦，其上放对接的两个陶釜做葬具。土坑瓮棺葬，均为椭圆形墓圹，内置瓮棺。瓮棺的构成有瓮瓮对接、瓮釜对接、釜釜对接和三釜组合对接。封土石室墓墓顶原来都有高大的方锥形封土，由于年代久远，大部分封土早已不存。这些墓葬多用本地所产石板、石条构筑，大的石板、石条重约2～3吨，石块之间用白石灰勾缝。大的墓室长约8米，宽6.8米，高约1.7米；小的墓室也长3～5米。平面呈"亚"字、"工"字和"T"字形等。贝墓存在于沿海地区，已发掘的有100余座。贝墓是以海蛎、海螺、蛤蜊、鲍鱼壳、海帽等为主要材料建成的墓室。做法是先掘好土圹，在墓底铺一层贝壳，四周竖立木板为椁，入墓后盖上木板，空隙处塞实贝类，然后封土。据文献记载，最早的贝墓出现于春秋时期，《左传》记载："宋文公卒，始厚葬用蜃炭。"这里说的"蜃"，便是贝类，《辞海》解读是大蛤。郑玄解释："蚌蛤之蜃，犹塞也，将井椁塞下以蜃，御湿也。"所以用贝壳筑墓，是因为贝壳坚硬不朽，又防御潮湿，保护尸体不易腐坏（《周礼·地官》）。贝墓绝大多数出现在西汉时期，东汉初期仅有少部分。其墓葬形制与内陆一致。西汉前期多为单室墓，中期多为夫妻分室合葬墓，后期多为夫妻同室合葬墓，后期至东汉初期为贝石墓（即以贝壳与卵石或石椁合筑）和贝砖墓（以贝壳与长方形素砖合筑）为主。贝墓起源并集中在辽南，山东长海县受辽南的影响也出现少量贝墓，而内陆地区不见贝墓，内陆省的沿海也少有发现。在辽宁南部地区，所发掘汉代墓葬，皆是排列整齐有序，密集相接的墓群，分散或孤立的汉墓甚少。例如，大连市营城子汉墓，一个墓地数百座汉墓，有贝墓、贝石墓、贝砖墓、砖室墓、石板墓。这个墓群跨越年代达四五百年之久，属于同类型墓葬集中在一起，越是外围时代越晚。由此可知，这些墓主都是按宗族内各直系宗亲的血缘关系及世系辈分，依次埋入墓地的。这就是贾谊所说的："六亲有次，不可相逾，相逾则宗族扰乱，不能相亲。"（贾谊：《新书》）。

壁画墓多为大型多室墓，这些墓顶封土高大，墓室平面呈方形，用石板构筑，左右有耳室和回廊，墓内壁画直接绘在石壁上，内容以表现墓主人经历和生活为主。这类墓室内绘有壁画，是汉墓当中较高级的一类。比如，辽阳较早的壁画墓以长方形的石棺床为中心，四周筑有回廊、前有墓门、左右耳室、后室等多室墓，石壁上装饰彩画。稍晚则左右廊和棺室已结合成一体。有的墓在后室放置未成年子女的尸骨，中间棺床为夫妇合葬。从葬制上看，除早期使用木棺外，砖墓、砖券墓和石板墓不断增多，墓的规模宏大，结构严密。逐渐开始流行将尸体放在石筑尸床上的无棺葬，并使用两端翘起的石灰枕。墓内支撑墓顶的方形石柱、横梁、栌斗、垫石等构件，因横断面打凿困难，往往出现不规整的边缘。墓底辅以石板。墓壁、墓顶、墓门则用大型石板构筑。耳室底部用石板条垫起，上面放置随葬明器。墓内石柱支顶，横枋梁的交接处，置一不规则的栌斗。在作为门框的石柱外面，贴立相应的大型石板为墓门。辽阳汉魏壁画墓除其构造外，彩绘在墓内棺室和石壁上的壁画尤为珍贵。这个时期的页岩着色的壁画墓葬，发现地唯有辽阳。从总的绘画水平看，差异明显，有由繁到简的趋势，魏晋墓室的壁画水平，略逊于东汉。把这些古墓壁画汇到一起，总长达百米。具有代表性的壁画 50 余幅，壁画内容丰富多彩，有百戏图、车骑出行图、宅第建筑图、庖厨图、天象图、神话宗教图、宴饮图、歌舞、杂技、仓廪、侍吏、门卒、门犬、日月星云等画幅和楼阁等彩色壁画。按照壁画墓的一般布局，靠近墓门的石方柱上，往往绘有硕大、竖耳的门犬或执环首铁刀、盾牌、弓箭及佩剑的门卒。墓前室的左右耳室的墙壁上，则绘有墓主人夫妇对坐宴饮、观看杂技百戏等画面。亦有将这样的内容画在墓后耳室壁上的。前室则绘有在庭院中接待、会见下属官吏的场面。墓的侧壁往往绘车马出行图，后壁及耳室则绘家居宴饮及百戏杂技、仓廪、楼阁等。天象图，多数画在墓中左右耳室石壁上方，日月对照。在盖石顶板上画星座，只是象征性的红圈点。他们显示着窥天通天、与天同构的"天人合一"的建筑思想。

隋唐代主要有砖室墓、土坑墓和砖石合筑墓。自20世纪80年代以来，隋唐墓葬在辽宁省朝阳地区发现较多，总数达 200 座，但在其他地区的数量较少。

渤海时期的墓葬以规模庞大的吉林敦化六顶山墓群和贞孝公主墓为典型代表。这一时期的墓葬形式多采用地下石室墓和石棺做法，重要墓葬的墓室中发现有壁画。如贞孝公主墓墓室的东、西、北三面墓壁上绘有 12 侍者图。

辽墓可分为 3 期，早期自穆宗应历八年（公元 958 年）至圣宗太平十一年（1031 年），中期为兴宗重熙时期（1032～1055 年），晚期自道宗清宁元年（1055 年）至辽亡（1125 年）。早期在契丹人墓葬中，最重要的是法库叶茂台墓群。其中，1974 年发掘的 7 号墓葬最为重要。7 号墓葬为砖筑，全长 16.7 米，墓室长 7 米，宽 5.6 米，由一个主室、一个前室、两个耳室构成。各墓室均为方形，上有券顶。墓门仿木楹柱、门簪、前檐、檐下斗栱等。前室在三处券门两旁，共绘有 6 幅人物壁画，画中男子皆作髡发式契丹装束。主室后部置放木制棺床小帐，内置雕刻精美"四神"的大石棺，在棺床小帐内东、西两壁上，悬挂着两幅绢轴画。中期辽墓契丹贵族墓中，单室墓有阜新重熙七年（1038 年）晋国夫人萧氏墓、义县清河门一号墓等。墓葬形制和随葬物都与早期的大致相同，唯墓内宋式仿木建筑和壁画增多。该时期不少辽墓中已出现廊柱、斗栱壁画，反映了汉族木结构建筑的影响和契丹民族生活方式的变化。晚期辽墓契丹贵族墓中大型双室墓发现较少，单室墓占绝大多数。墓室平面开始出现八角或六角形的，墓门上都有比较复杂的仿木建筑结构。辽宁翁牛特旗解放营子辽墓用粗大柏木枋构成的八角形叠涩顶大型木椁，是有关辽墓木椁结构第一次发现的完整资料，墓内还出土有保存较好的木床、木桌、木椅。特别要提及的是，北镇的显、乾二陵的地下墓葬至今还没有正式发掘，但从其年代上来看，显、乾二陵埋葬的是皇族，该陵跨越了辽代200余年的历史，经历了早期、中期和晚期三个时段，尤其是乾陵的修建时期正是景宗皇帝和承天皇太后（契丹萧太后）统治契丹政权的鼎盛时期，目前湮灭在这荒村野岭中。

金代，位于吉林舒兰的完颜希尹家族墓地具有代表性。另外，辽宁朝阳地区的一处墓葬群，占地240平方米，共八座古墓，有明显的排列层次，呈"金字"形排列。金代采用有砖砌墓室和木棺的形式。

在中国最后一个封建王朝——清朝的发祥地，至今遗存下来的清初三陵（永陵、福陵、昭陵）是清初的六代皇帝的陵寝。人们习惯于把清永陵、清福陵、清昭陵合称为"关东三陵"，他们之间既有共同的特点又有各自的特点。他们的共同点在于：关外三陵都是各自独立形成陵区的，每一陵区在选址、布局上基本上遵照明清陵寝的主体模式。总体构思上都遵从着"事死如事生"的传统思想，在空间序列上都体现出中轴递进、左昭右穆的礼制顺序，在选址上也呈现出不尽完善的风水观。然而，关东三陵却又在许多方面与传统的明清帝陵有所不同。清永陵依山就势，背山面水，是一处四帝共居、臣墓相伴的祖陵和族陵。清福陵与清昭陵将封建帝王陵寝的形制与东北传统的封建城堡结合起来，由此构成出了一种极具民族特色的陵寝形式——"阴城"。这与中国传统将墓室按照与生前"阳宅"相对应的"阴宅"形式建造而有所不同。后来清入关后的陵寝，由于满族人的生活逐渐稳定，不必担心外来的入侵，均裁撤了陵墙四隅的角楼建筑，墙上亦不再设马道，隆恩门也改成了一层建筑——还城为院，将双重城墙恢复为多进四合院。这是关内与关外陵寝截然不同建陵思想的体现。在群体布局上多次出现"梯形"空间形态。"梯形"空间是满族所特有的布局形式，具有非常浓郁的民族特色。这也是同关内明清陵寝之间的一大差异。并非是由于设计者的偶然行为或是施工中的误差造成，而是满族人在长期的生活实践中形成的对"梯形"空间的一种偏爱以及对尊卑礼制等级的强调。与关内明清陵寝之间还有一个不同之处，就是在祭祀附属用房的分散布置楼阁式建筑所占的比例较大。这可以说是关东三陵所独有的，而在关内陵寝中无论是明陵，还是清陵均不曾出现。建筑单体的营造具有对寒冷地区建筑和满族民居形式传承与借鉴的明显印迹。建筑色彩和装饰又具有满、汉、蒙、藏多民族融合的鲜明特点。

第一节　皇陵

一、沈阳昭陵

位于辽宁省沈阳市皇姑区的昭陵也称"北陵"，是清太宗爱新觉罗·皇太极及其孝端文皇后博尔济吉特氏的陵墓。昭陵始建于崇德八年（1643年），至顺治八年（1651年）初步建成。顺治元年定名为"额尔登额蒙安"，意为"光耀之陵"。康熙、乾隆、嘉庆等朝又对其进行了增建和改建，至嘉庆六年（1801年）全部建成。因此，它既反映了早期满族的建筑思想和技术，也融入了中原皇陵建筑的形制和风貌。据考证，昭陵南北长2.55公里，东西宽1.3公里，周长为90华里，占地332万平方米，是清前三陵（清永陵、福陵、昭陵）中规模最大的一座。

（一）昭陵的历史沿革

昭陵地处沈阳城北"龙岗"，东起东山咀子、西至塔湾，属漫岗地带，建造之初，"风水"先生为弥补陵址的先天不足，人工堆积了一座假山——隆业山。成为昭陵的"龙脉"。昭陵之水为"玉带河"，位于陵寝前约一公里，为浑河支流。因其环陵之过，有如"玉带缠腰"而得名。按风水术语的"子山午向兼壬丙艮龙"，陵寝方位取向略偏东南。由于太宗皇太极生前未建陵墓，昭陵是其"驾崩"后应急而建。在选址后，仅用四十天时间就将享殿以及必要的设施建造完成。之后昭陵的修建一直在继续，至顺治八年（1651年），皇帝诏封昭陵山为"隆业山"，昭陵的第一阶段工程才算完成。康熙初年昭陵开始修建地宫、宝城、大明楼等建筑，到康熙二十七年（1689年）修碑亭至此改建、增建完成。之后乾隆、嘉庆等朝又对其进行了改建和修缮。

清王朝后期至民国时期，由于当时政府无力修缮及战乱导致昭陵残破凋零，建筑损毁严重。至20世纪50年代开始，昭陵建筑才得出保护和修缮。2004年7月，历经370余年风雨的沈阳昭陵建筑群经联合国教科文组织世界遗产委员评审，正式列入《世界遗产名录》。

（二）昭陵的总体布局及特点

据载，昭陵东起二台子，西至小韩屯，南起保安寺，北到三台子。南北长2.55公里，东西宽1.3公里，周长为90华里，是清前三陵（清永陵、福陵、昭陵）中规模最大的一座。陵区周围又在相当大的范围内辟为陵寝控制区，并以红、白、青三种颜色的界桩、界牌加以限定，形成一座南北、东西各20余里的庞大禁地。目前其中的大部分区域因历史原因已改作他用。

现全陵占地18万平方米，陵寝建筑的平面布局遵循"前朝后寝"的原则，平面沿南北中轴线呈对称式布局（图4-1-1）。自南向北由前、中、后三个部分组成，前部为宫外区，从下马碑到正红门，包括华表、石狮、石牌坊、更衣亭、省牲亭。中部从正红门到方城，包括华表、石象生、碑楼和祭祀用房。后部为方城、月牙城和宝城，这是陵寝的主体。其布局即仿自明朝皇陵而又具有满族陵寝的特点。

前部为正红门外，目前主要指宫前区，由远及近分别为最南端的下马碑四座，华表一对和石狮一对。分别立在道路的两旁。石狮以北建有神桥，神桥是一座三孔拱形石桥，青砖铺面（今改为条石），两侧有石雕护栏，栏板雕刻着身披烈焰腾空飞翔的天马，还有着草、海水、江涯、花卉以及犀角等"八宝"。护栏之上雕有"宝瓶云拱"及"俯莲式"望柱头，桥两端有守桥石狮子，桥下是"玉带河"，西侧原有涤品井一眼。神桥往北为石牌坊。石牌坊和它后面的正红门、东西两侧的两个跨院门共同形成了进入陵宫前的围合性空间。东跨院是为皇帝服务的更衣亭和静房（厕所）。西跨院是省牲亭和馔造房。东跨院内有门房、更衣亭、净房、照壁。门房，坐东面西，共三间，硬山式，顶铺黄琉璃瓦。更衣亭，坐北面南，三间歇山式，满铺黄琉璃瓦，用于皇帝祭祀时更衣使用（今已不存）。净房（皇上的御用厕所）位于更衣亭外东北角，正方形。西跨院是为祭祀时宰杀禽畜的省牲亭和制作祭品的茶膳房（现不存）。宰牲亭坐北朝南，硬山式，青砖灰瓦。三间通连，前无门，明间后檐留有通道，北墙外有涤品井（现不存）。照壁位于西跨院墙正中，上雕有麒麟图案，为青砖浮雕。石牌坊以北是陵寝正门——正红门，此门周围是环绕陵区的朱红围墙，又叫"风水墙"——祭祀活动正式开始的准备与前奏性空间。

中部指正红门与方城之间区域，进入正红门向北有三条用石板铺成的石路，中间一条为"神道"。以神道为轴线，神道两侧由南往北依次成对排列着石雕华表、坐狮、坐獬豸、坐麒麟、立马、卧骆驼、立象等石象生。再往北，在神道正中有神功圣德碑亭一座。碑亭两侧有"朝房"，东朝房是存放仪仗及制奶茶之地，西朝房是备制膳食和果品之所。均为硬山式建筑。碑亭正北是进入陵寝方城的隆恩门，由正红门至方城构成了昭陵的第二部分。

后部是陵寝的主体——方城、月牙城和宝城。方城用大青砖砌筑，城墙高二丈三尺三寸，四周长七十九丈，城上四隅有角楼四座。方城正中是隆恩殿，殿前两侧有东西配楼和东西配殿，右前有焚帛亭。东西配殿均为歇山式建筑，顶铺黄琉璃瓦，四面出廊，面阔三间，进深二间，其下有低矮的石基座，门窗及梁柱均以朱漆红饰。东西配殿南各有配楼一座，形制相同，都是二层硬山式小楼，顶铺黄琉璃瓦，前后出廊，山墙极厚，屋顶宽大，俗称"晾果楼"。焚帛亭是一座用金矿石雕制的小型亭子式建筑，用于大祭时焚烧祝版、祝帛。亭高约3米，正方形，歇山式结构，亭子每面各有活枢屏风门四扇，

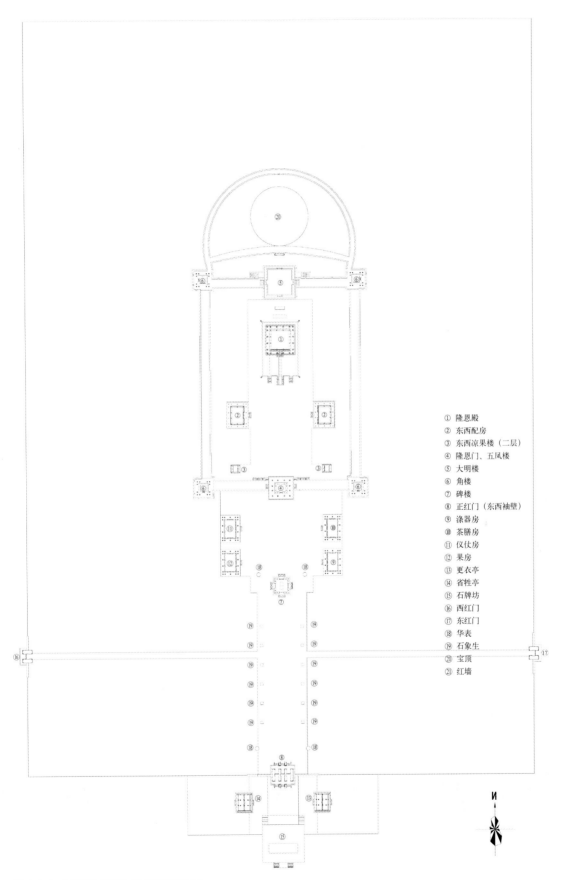

图 4-1-1 沈阳昭陵总平面（沈阳昭陵管理处）

亭内设有"火池"，亭子下部为雕有各式花纹的须弥座。隆恩殿后为二柱门和石五供祭台。二柱门又叫"冲天牌楼"，门为一间，上设悬山式琉璃瓦屋顶，两边各有一方形石柱，石柱前后有抱鼓石。石祭台在二柱门之后，长一丈八尺六寸，宽五尺，高四尺，用汉白玉雕造而成，造型是须弥座式。上面雕刻各种图案。其上枋雕刻缠枝莲及宝相花，纹样布置丰腴饱满，枝叶翻卷有序。下枋雕刻法螺、法轮、宝伞、白盖、莲花、宝瓶、金鱼、盘肠等"佛八宝"，还雕有汉钟离的温凉扇、曹国舅的八卦云板、吕洞宾的阴阳剑、蓝采和的花篮、铁拐李的火葫芦、何仙姑的竹笊篱、韩湘子的洞箫和张果老的渔鼓等道家"八仙"使用的器物，又叫"暗八仙"。这些"八宝"、"暗八仙"寓意把所有宝物奉献给陵主。此外，石祭台上还刻有柿子、如意、净瓶、鹌鹑，寓意"事事如意"、"平平安安"。再后是券门，券门上为皇太极的碑楼——重檐歇山顶的大明楼，为昭陵最高建筑。该楼为垂檐九脊歇山式屋顶，上檐七踩，均施以彩绘，内为十字形穹隆顶。四面各有半圆形拱门，下部为方形台基，台基四面各出踏垛。楼内立汉白玉墓碑，上用汉、满、蒙三种文字刻"太宗文皇帝之陵"。

进入券门是月牙城，迎面正对宝城墙上的琉璃照壁（俗称地宫门），照壁之后即埋葬着帝后棺椁的宝城和宝顶。宝城之后是用人工堆积而成的"隆业山"。陵寝建筑楼台殿阁红墙黄瓦，气势轩豁，陵园环境幽静肃穆，古松参天。

（三）昭陵的主要建筑

1. 正红门与红城

按满人建城的形制呈"内城外郭"式布局，正红门内为内城，进入正红门即进入了陵寝的正门（图4-1-2）。正红门（图4-1-3）为单檐歇山式黄色琉璃筒瓦屋面，屋面上有正脊一条，垂、岔脊各四条，正脊由正当勾、串珠、带有龙饰的脊筒、筒瓦、正吻组成，岔脊有三走兽。檐下斗栱由砖垒砌雕刻而成，三个拱形洞门上部有石券脸，雕有二龙戏珠纹，下碱刻有"寿山福海"及松树、宝瓶等吉祥图案，门楣正中各有一块长方形石雕光素无字门额。门洞中间有对开的两扇木门，上有六角形兽面"铺首"及六路六行门钉。下部是汉白玉须弥座式台基，台基前后有台阶三路。须弥座之上地栿、栏板、望柱均为石质，栏板的雕刻纹饰有净瓶荷叶云及"回"纹，望柱头形状为宝瓶并雕莲瓣。

图4-1-2　正红门外观（张勇摄）

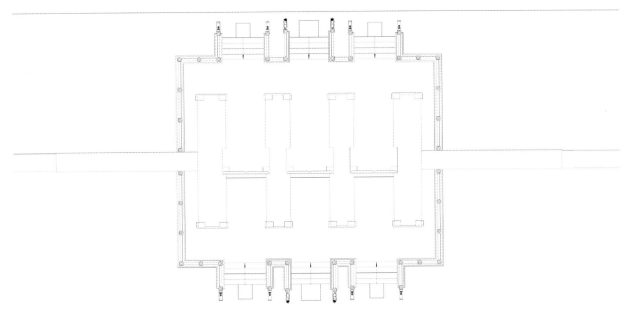

图 4-1-3　正红门平面（沈阳昭陵管理处）

正红门东西两侧各有琉璃袖壁（图 4-1-4）一座，长 8.5 米，高 5 米。上面镶着五彩琉璃云龙，袖壁两旁是环绕陵寝的红墙，墙身以红土刷墁，墙顶覆盖黄色琉璃构件，又称"红城"，东西各有一间侧门，叫东红门、西红门，门的形制和做法与正红门相似。

2. 碑亭

神功圣德碑碑亭（图 4-1-5）又称"大碑楼"，是一座重檐九脊歇山顶建筑，顶上满铺黄琉璃瓦；飞檐斗栱，一层为五踩斗栱，二层为七踩斗栱。平面近似方形，四面为红墙，每面各有一座拱形门，下部为方形台基，四出踏垛（图 4-1-6）。亭内枋、柱檩、椽各处均施以彩画，室外大木架彩绘形式为旋子烟琢墨石碾玉金线大点金，室内大木架绘墨线大点金；平棊天花内作金琢墨岔角云作金鼓子心天花彩画。正中立一石碑"大清昭陵神功圣德碑"，是由康熙亲笔题书歌颂皇太极的石碑。此碑通高 6.67 米，碑身高 5.45 米，宽 1.76 米，碑头由六条水蛟龙盘曲组成，碑座是"龙趺"，之下为基座，碑身正面以满、汉两种文字刻有碑文。

3. 隆恩门

隆恩门（图 4-1-7）为方城正南的城门楼，它是一座方台式砖石结构，单体拱形门洞（图 4-1-8）。门楣顶部竖有石刻门额，上面用满、蒙、汉三种文体竖刻"隆恩门"三个大字。门券脸用石雕成，上刻云纹图案，下碱部位刻有松、石等图案，松树老干盘曲，状若游龙。门洞中间有木门两扇，外包铁皮，并有门杠锁闭，门为对开的实榻木门，双面铜门钉，六路八行，门包单面铁页，门上有面兽一对。门前原有一座由青砖铺成的"丹墀"，是谒陵官员行礼之处。

隆恩门的顶部有门楼，俗称"五凤楼"（图 4-1-9），是昭陵最高建筑，为三层歇山式建筑，大脊正中原有一只琉璃烧制的宝葫芦，并以四条金练加固。檐下五踩斗栱，五凤楼为面宽三间，进深二间，上下三层。内外彩画油饰，大木梁枋彩画为金琢墨石碾玉金线大点金旋子彩画。

4. 隆恩殿

方城正中是供奉皇太极及其皇后神牌和举行祭祀大典的正殿——隆恩殿。隆恩殿（图 4-1-10）面阔三间，进深二间；单檐歇山式，黄琉璃瓦顶，檐下七踩斗栱（图 4-1-11）；四面出廊，殿内采用"彻上明造"做法。

此殿建在高六尺，周长三十六丈四尺二寸的巨大石台基之上。台基为须弥座式（图 4-1-12、图 4-1-13），四周有勾栏。正面为台阶三路，正中一路是一块巨大的丹陛石，上面雕有"寿山福海"及"龙

图 4-1-4 正红门琉璃袖壁（张勇摄）

图 4-1-5 碑亭外观（张勇摄）

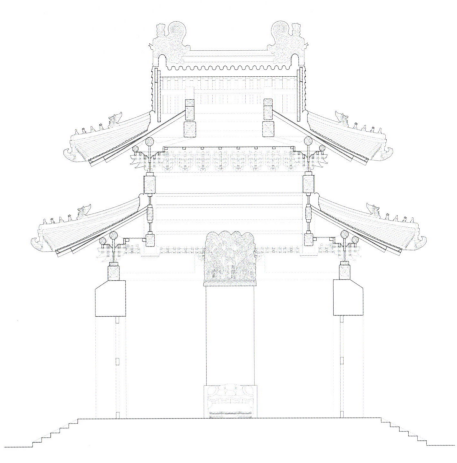

图 4-1-6 碑亭剖面图（沈阳昭陵管理处）

图 4-1-7 隆恩门外观（张勇摄）

图 4-1-8 隆恩门立面图（沈阳昭陵管理处）

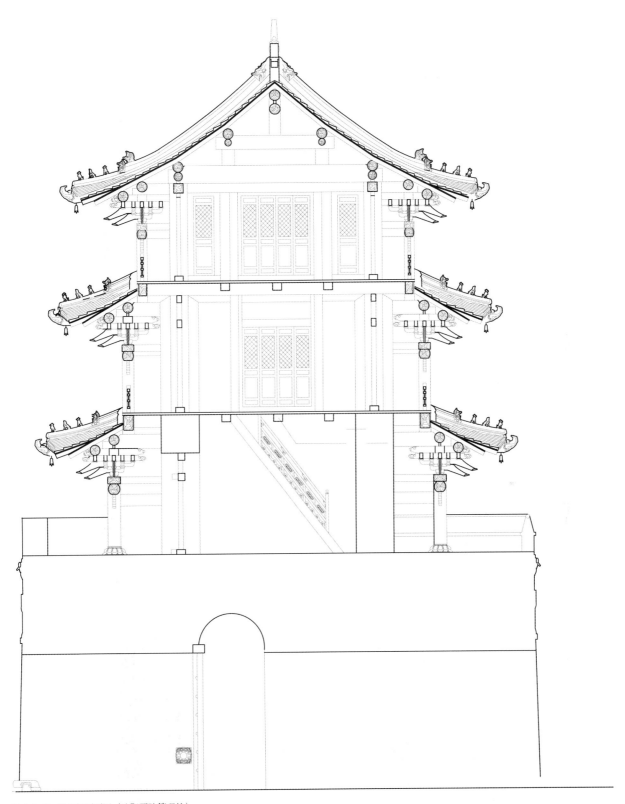

图 4-1-9　隆恩门剖面图（沈阳昭陵管理处）

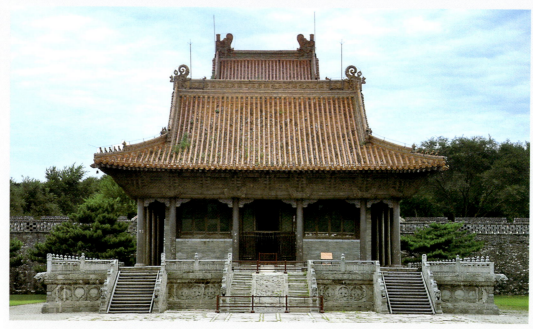

图 4-1-10 隆恩殿外观（张勇摄）

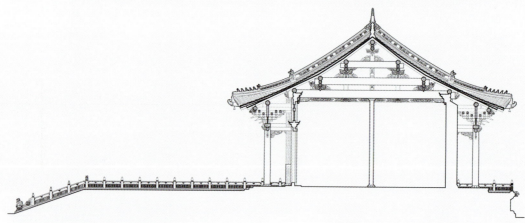

图 4-1-11 隆恩殿横剖面图（沈阳昭陵管理处）

图 4-1-12 隆恩殿须弥座（张勇摄）

图 4-1-13　隆恩殿须弥座立面图（沈阳昭陵管理处）

图 4-1-14　大明楼外观（张勇摄）

凤合欢"图案。须弥座台基图案自上往下可分六层，第一层是连珠纹，是一排正圆形相切，形如圆珠的石雕带；第二层由卷叶花组成的图案单元反复连续构成了须弥座的上枋；第三层即上枭，为一排仰莲瓣；第四层为束腰，也是由卷叶花组成的单元；第五层是俯莲瓣组成的下枭；第六层由一排唇形小花组成了下枋。栏板、栏柱、宝瓶云拱（又名净瓶荷叶）、望柱头，抱鼓石等部位都雕刻得十分细腻，图案有蔓草、卷叶花以及石榴花等纹饰，娓丽流畅，抒卷自如，是除石牌坊外另一件大型石雕艺术珍品。

5. 大明楼

大明楼（图 4-1-14、图 4-1-15）坐落于方城北门之上，为昭陵最高建筑，现在的大明楼是 20 世纪 30 年代后修建的。屋顶垂檐九脊歇山式，上檐七踩，下檐五踩，均施以彩绘，其内（图 4-1-16）为十字形穹隆顶。四面各有半圆形拱门，下部为方形台基，台基四面各出踏垛。前檐挂有匾额，以满、蒙、汉三种文体书"昭陵"二字。大明楼内立有一块汉白玉石碑，碑头龙首，碑身竖刻有"太宗文皇帝之陵"字样，四周刻有游龙纹，碑座为须弥座。

6. 石牌坊

石牌坊（图 4-1-17、图 4-1-18）位于正红门前，仿木架四柱三间歇山顶结构，高约 10 米，全长约 14 米，坊间各构件均采用仿木雕做法，雕刻花卉、蕃草及"八宝"图案，纹饰生动，栩栩如生。更有五对石狮相背蹲踞在须弥座上，起夹杆作用。整个石坊雕琢精细，集平雕、圆雕、浮雕、透雕等各种雕刻技法于一炉，是一件石雕艺术的巨型珍品。

目前昭陵保护区占地 48 万平方米，现存古建筑 38 座，建筑群以神道为中轴线对称分布，平面

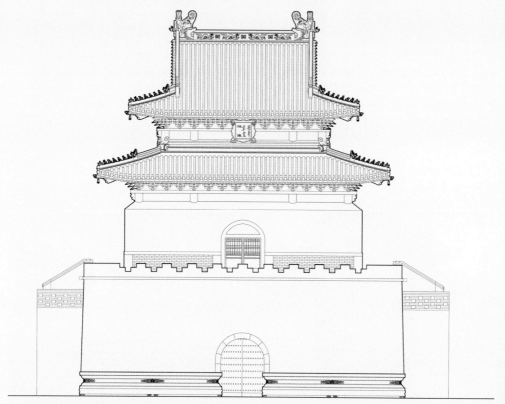

图 4-1-15 明楼正立面
（沈阳昭陵管理处）

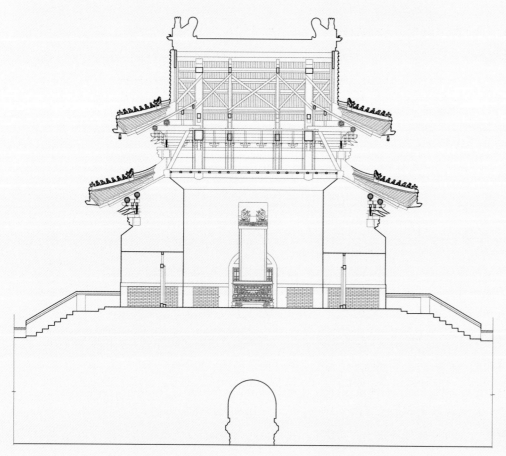

图 4-1-16 明楼纵剖面
（沈阳昭陵管理处）

图 4-1-17　石牌坊外观（张勇摄）

布局规整，层次分明，四面红墙环绕。以神道为中轴，正红门、神功圣德碑、隆恩门、隆恩殿、明楼、宝顶南北一线贯穿；东西配殿、配楼、茶膳房、果房、仪仗房、涤器房、华表、石像生、东西红门分列左右。前朝后寝，等第分明，总的来看，沈阳昭陵主体建筑仍保存完好，地下基础完好，规划、布局依然完整，古建筑与遗址未受后人过多的干预与改变，自然环境也基本保持原始状态，真实性与完整性程度很高。（执笔人：张勇）

二、沈阳福陵

位于辽宁省沈阳城东郊的"东陵"，又称福陵。是清太祖努尔哈赤和孝慈皇后叶赫那拉氏的陵墓。与沈阳昭陵、新宾永陵合称"关外三陵"。陵寝面临滔滔浑河水，背倚莽莽天柱山，掩映于青松浓荫之中。福陵建筑群共有大小建筑32座。建筑宏伟，气势威严，既传承中国传统建筑的做法，又蕴含东北少数民族的建筑特色，2004年以极高的历史和艺术价值被列入《世界遗产名录》。

（一）福陵的历史沿革

因沈阳城东10公里的天柱山（又称石咀头山）"川紫山拱、佳气郁葱"，被定为"万年吉地"，福陵便选址于此。福陵创建于后金天聪三年（1629年），初称"太祖陵"、"先汗陵"，崇德元年（1636年）封陵号为福陵。顺治入关后，将福陵按明朝的陵寝规制进行了扩建，增设石象生、华表与望柱，并建内城城垣、角楼等，顺治八年（1651年）主体建成，至康熙十六年（1677年）福陵增建了地宫、团城、明楼和隆恩殿，后于乾隆、嘉庆年间又有重建、改建，规制完备。陵墓建筑群占地500余公顷。东起兴隆辅，西至毛君屯，南起三家子，北至长岭子。陵寝南北长约773米，东西宽约302米，占地共19.48万平方米。

（二）福陵的总体布局

清代帝王的陵墓建筑规制主要承袭明制，福陵虽系草创，但也考虑了陵寝建筑与自然的和谐统一，

图 4-1-18 牌坊正立面（沈阳昭陵管理处）

体现了古代"天人合一"的哲学思想。经多次增建、改建，福陵礼制设施齐全，建筑经历年的增建、积累，基本具备了帝陵的建筑规模。

福陵的总体布局严谨，中轴线（神道）南起正红门，经神桥、一百单八蹬，全长约566米（图4-1-19）。主体建筑全部建造在中轴线上，附属建筑位列两侧；形成左右对称，错落有致的空间布局，集中体现了皇权至上的封建等级思想观念。陵园四周红墙环绕，平面成长方形，南面正中开门，依山而建。一条贯穿南北的"神道"为中轴线，从纵向剖面来看自南而北渐次升高。福陵主体建筑全部建在天柱山山顶，而外郭建筑位于南面的平地，两者之间有约45度斜坡。这个斜坡通过"一百单八蹬"（图4-1-20）得以解决，它犹如一架天梯，在地形上沟通前低后高的空间联系；在数字上附会三十六天罡、七十二地煞的象征与内涵；"一百单八蹬"不仅设计形式独特，同时也是中国古代建筑中对风水理论的运用。

（三）主要建筑及特点

按满人建城形制，陵寝呈"内城外郭"布局，由城外区、城院区和方城区三部分构成，清福陵建筑群融满汉民族建筑艺术于一体，体现了早期丧葬理念逐渐汉化时的皇陵建筑形式与格局，是满汉民族建筑艺术相融合的实物例证。陵寝按满人建城形制，呈"内城外郭"式。它共分成三个部分。

1."城"外区

原城外区还包括由青、白、红三色"界桩"界定的禁地，以加强对陵区安全的保护，目前这些设施早已不存。现在的城外区是指陵寝南端的一道"津墙"和分立于它两侧的下马石碑至正红门外。"津墙"即圆唇，由于福陵南部明堂地面平整，前临浑河，津墙实际上是一座形制特殊的防洪设施。其北为一条东西向的大道，道路两侧由南向北依次建有下马碑六座（目前尚存五座）、石望柱、石狮各一座，石牌坊各一座。正红门外原有涤品井、冰窖，目前已无存。

（1）石牌坊

两座石牌坊（图4-1-21）为四柱三间三楼结构（图4-1-22）；全部以石材雕造而成，造型为通天牌楼式，每座长约10.5米，宽3.13米，柱为方形，下部为长方形基座，上面雕刻有缠枝莲、仙人、仙鹿、松柏、麒麟等祥瑞图案，基座前后各有抱鼓石，鼓心是莲花形，下面雕有锦袱，锦袱两角各坠古钱一枚。抱鼓石下为须弥座，岔角石上刻有缠枝纹，每根石柱由四截组成，立柱顶端有一圆形莲花座，上雕有石犼。楼顶为歇山式，正中明间坊心刻有文字及图案，满、蒙、汉三体文字为"往来人等至此下马，如违，定依法处"。这对石牌坊是福陵最早的建筑物之一。

（2）正红门

外城正中的正红门（图4-1-23）又名"大红门"，是陵寝的总门户。为三拱券单檐歇山式仿木架建筑（图4-1-24）。顶满铺黄色琉璃瓦，有正吻、垂兽和戗兽，但无走兽。整体建筑矗立在0.6米高的单层须弥座上，面阔三间12米，进深6.9米。拱形洞门内宽2.1米，高2.8米，前后门橡镶有半圆形石券脸，明间券脸上雕有二龙戏珠图，左右次间券脸雕云纹。门楣上各镶有石门额，光素无字，券脸下部腰线石及"下域"各雕刻有海水江涯、松、宝瓶等吉祥图案。两侧各有一座长11.9米、高约5米的琉璃影壁，又称"袖壁"。正中有如意头形"盒子"，上面镶有五彩琉璃云龙，龙为升龙，云纹密集，四角上镶有琉璃"岔角"。

2.城院区

从正红门向北到方城外为城院区。正红门袖壁两边是围绕陵寝的红墙，南面高约3米，东、西、北三面高2.5米，下有石基，上用青砖砌成，墙面刷红土，墙顶用黄琉璃构件装饰，又称"红城"或"风水红墙"，在东西两侧各开一门，称"东红门"、"西红门"，均为一间，样式类似于大红门。南向的正红门与东西两侧红门和红墙围合出陵寝的矩形外城郭。入正红门可见有三条笔直的石铺甬路向北延伸，中间与"神门"相连的即为神道。成对的擎天

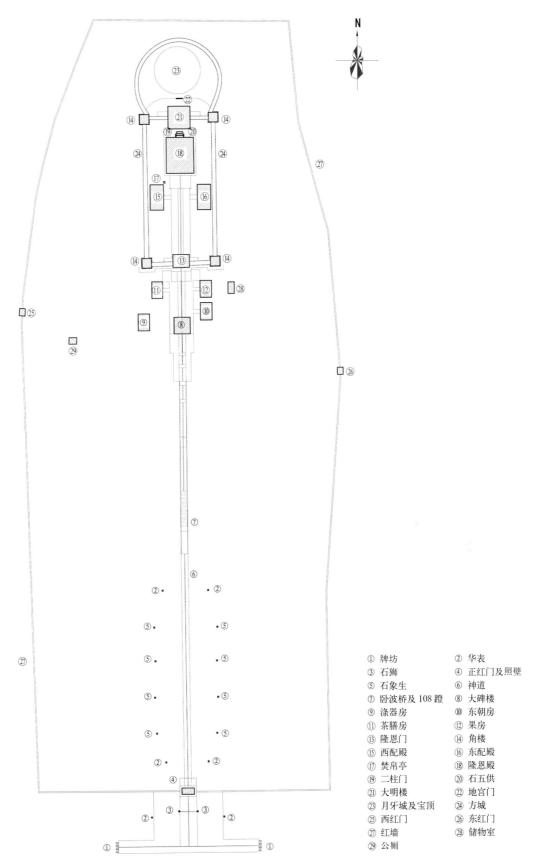

图 4-1-19 沈阳福陵总平面图（沈阳建筑大学测绘）

① 牌坊　② 华表
③ 石狮　④ 正红门及照壁
⑤ 石象生　⑥ 神道
⑦ 卧波桥及108蹬　⑧ 大碑楼
⑨ 涤器房　⑩ 东朝房
⑪ 茶膳房　⑫ 果房
⑬ 隆恩门　⑭ 角楼
⑮ 西配殿　⑯ 东配殿
⑰ 焚帛亭　⑱ 隆恩殿
⑲ 二柱门　⑳ 石五供
㉑ 大明楼　㉒ 地宫门
㉓ 月牙城及宝顶　㉔ 方城
㉕ 西红门　㉖ 东红门
㉗ 红墙　㉘ 储物室
㉙ 公厕

图 4-1-20　石牌坊外观（张勇摄）

图 4-1-21　一百单八蹬（陈伯超摄）

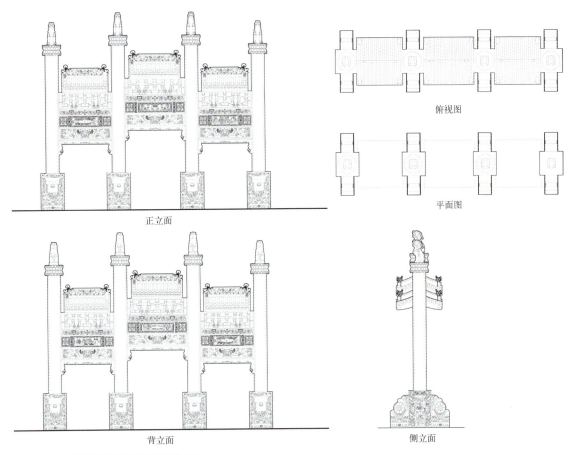

图 4-1-22 石牌坊测绘图（沈阳建筑大学测绘）

图 4-1-23 正红门外观（张勇摄）

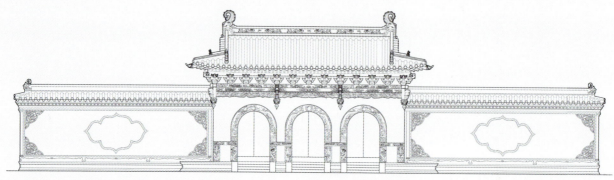

图 4-1-24　正红门立面图（沈阳建筑大学测绘）

图 4-1-25　福陵石象生（陈伯超摄）

柱和石骆驼、石马、石虎、石狮等石象生以及石华表分立两旁，石象生用青石雕琢，须弥式大理石基座，座上雕有花纹，上面雕有"锦袱"，四角各坠古钱一枚（图 4-1-25）。神道跨越两座"神桥"直通"一百单八蹬"。这是一组修筑在斜坡上的台阶，全长 40 米，宽 7 米，108 级，两侧有高 1 米的扶手墙，墙顶盖有黄琉璃瓦。在石阶上下两端修建石桥，称卧波桥。拾级而上呈现出一片开阔地。中间坐落着重檐歇山顶、四面辟券门的"大清福陵神功圣德碑"碑楼。楼北两侧有茶膳房、果房、涤器房、省牲房、齐班房等祭祀用房。形制相同，皆为单檐歇山式，面阔三间，进深二间，明间开门，四面出廊梁架无彩绘，青砖布瓦砌造，梁、柱、门、窗涂以朱漆。

碑亭

碑亭（图 4-1-26）又称"大碑楼"，坐落于"一百单八蹬"顶端的中轴线上，隆恩门之下，于康熙二十七年（1688 年）增建。重檐歇山顶，屋顶满铺黄琉璃瓦，四条垂脊与短柱交接处采用了合角吻（图 4-1-27）。垂脊上有走兽四个，走兽一般为单数，采用偶数属于地方做法；檐下五踩双下昂斗栱。平面为方形，四面红墙，每面各开一单券拱形门，下部为 0.5 米高的方形台基，四面各出五级踏垛。碑亭四周为青砖墁地，又称"海墁"。海墁南侧各卧伏两个螭首。外檐彩画为金线烟琢墨石碾玉旋子彩画。内檐为井口天花，方光内是蓝、绿、红三色岔角云，圆光蓝地装饰三朵莲花。亭内正中立有"大清神功圣德碑"，通高 6.67 米，碑高 5.5 米，蛟龙首，上绘六条出水蛟龙，上以满汉两种文字刻："大清福陵神功圣德碑"。碑座为"龙趺"，下设"地栿"，碑身正面刻有碑文。

3. 方城、宝城区

方城、宝城区是福陵的主体部分。方城位于陵区后半部，陵寝的主要建筑几乎都在其中，方城以青砖砌筑，平面呈矩形，周长379.47米，城高5.23米，上有垛口高1.67米，内有女儿墙，中间为马道，宽约2米，铺青砖，并微向内倾斜。方城四隅皆设有重檐歇山十字脊角楼。南北各开一门，南向正门名为"隆恩门"，上有三层门楼一座，与之相对的北券门也有一座建筑为"明楼"，南北门两侧各有"马道"出入方城。方城正中为福陵的正殿——隆恩殿，东西两侧有东、西配殿。隆恩殿后是二柱门和石五供，西南角设焚帛亭，其为小型歇山亭式建筑，用汉白玉仿砖瓦及木结构刻造而成，下有方形须弥座，四面有屏风式门扇。出方城北券门即"月牙城"，它是方城与宝城之间的过渡部分。城周长约75米，高约5.3米，城内空旷，只有北墙正中镶嵌一幅彩色琉璃照壁，正中的"盒子"上镶有牡丹花及花瓶，象征宝贵，月牙城两端修有"蹬道"，以上下方城和宝城。宝城在月牙城以北，呈半圆形，又称"团城"。由青砖垒砌，高5.7米，

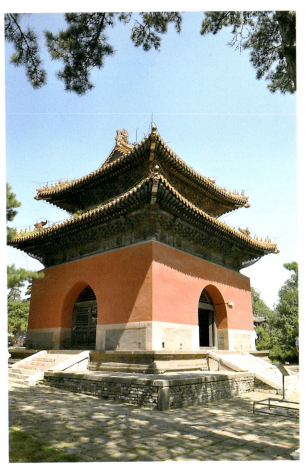

图4-1-26 福陵碑亭外观（张勇摄）

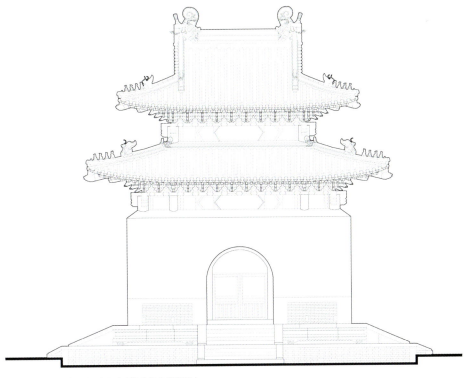

图4-1-27 碑亭正立面图（沈阳建筑大学测绘）

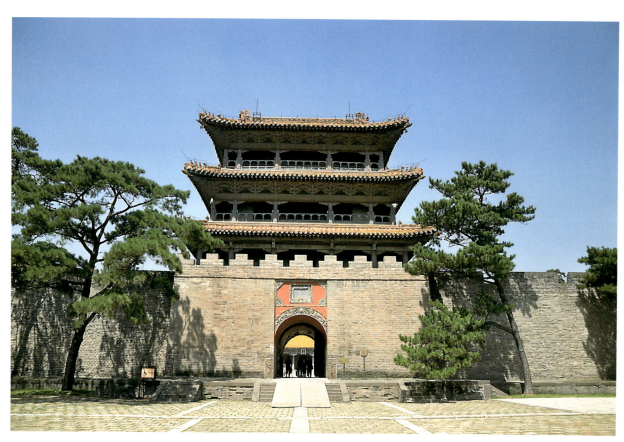

图 4-1-28 隆恩门外观（张勇摄）

周长 198.3 米，外有津墙，内有女儿墙，马道倾斜与方城相反，向外倾斜，并有排除积水用的"荷叶沟"。南面朝向月牙城的城墙上设琉璃照壁，正对方城北墙券门。宝城之上为宝鼎，又叫"独龙阜"，实为坟丘。高 6.7 米，母线长 40 米，周长 110 米。宝鼎之下是福陵的"心脏"部位——地宫，地宫入口在陵的正前方，是一条坡形甬道，地宫内部构造及随葬器物等，因地宫未被挖掘，不为人所知。宝顶之内埋葬着清太祖努尔哈赤和孝慈高皇后以及殉葬的大妃乌喇纳拉氏和二庶妃。在陵寝之西原有寿康妃博尔济吉特氏、安布福晋和绰奇德和母。但该墓已不存。

（1）隆恩门

隆恩门（图 4-1-28）位于方城南侧，属方城正门，单体拱形门洞，顶部有三层门楼一座，俗称"五凤楼"，三滴水歇山顶楼阁式样，屋面覆以黄琉璃瓦，檐下三踩单下昂斗栱（图 4-1-29）。平面正方形，楼身面阔、进深各三间，室内减去两棵内柱，为减柱造。楼体木结构大式做法（图 4-1-30），共分三层，底层敦实封闭，外带周围廊，二层、三层通透轻盈，环以平座。楼体从下至上有收分，歇山山面没做收山，山面与山墙有对位关系，是硬山加周围廊的歇山做法。正脊挺直，二、三层檐下有斗栱，明间斗栱二攒，次间斗栱一攒。檐下的兽面柱头、宽厚雀替和直棂码三箭的窗棂式样等仍旧保持与早期粗犷古朴的建筑装饰风格一致。内外朱漆彩画，外檐为金琢墨石碾玉旋子彩画，垫拱板上为火焰三宝珠彩画，内檐彩画绘以宝珠、灵芝及卷草，"五架梁"的反包袱内绘行龙，点缀卷草团花。色调以朱红色为主调，大面积地运用冷、暖色调对比，显现了清初彩画的特点。

（2）隆恩殿

方城正中是福陵的正殿——隆恩殿（图 4-1-31），又称"享殿"、"神殿"，是供奉陵主神位和举行祭祀的重要场所（图 4-1-32）。单檐

图 4-1-29 隆恩门正立面图（沈阳建筑大学测绘）

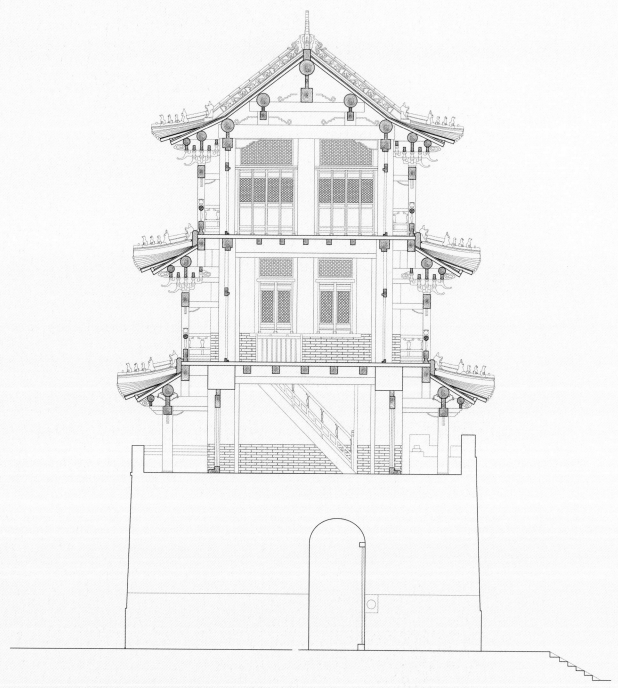

图 4-1-30 隆恩门横剖面图（沈阳建筑大学测绘）

图 4-1-31 隆恩殿外观（张勇摄）

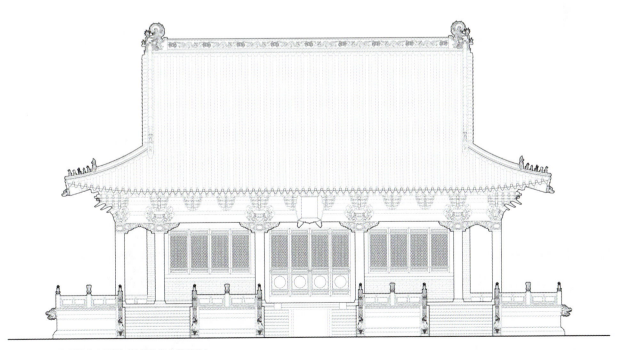

图 4-1-32 隆恩殿南立面图（沈阳建筑大学测绘）

歇山式建筑，屋面满铺黄琉璃瓦，正脊两端设正吻，垂脊端有垂兽，戗脊每道用一只戗兽及走兽五个。檐下七踩三下昂斗栱，"抬梁式"木构架（图4-1-33）；平面面阔三间、周围出廊；隆恩殿下部是一座高1.7米、周长118米的须弥座，台基、须弥座的上下枭及束腰雕刻蔓草、卷叶花、石榴花等纹饰，四周有高约1.2米的护栏，上有栏板、望柱，台基四角各有一螭首，台基正面出两路石阶，中间斜铺陛石，上面雕刻"寿山福海"和"龙凤合欢"图案。殿内正中设有暖阁、宝座、供桌等器具，用于祭祀。室内顶部采用"彻上露明造"的做法，梁架裸露，上面施以彩画。内外檐均为金琢墨石碾玉旋子彩画，七架梁枋心为包袱，红地金龙，中间是团寿字。包袱两端为锦池子枋心。

东、西配殿（图4-1-34）位于隆恩殿两侧，均采用单檐歇山式，顶铺黄色琉璃瓦，四面出廊，面阔三间，进深二间。其下有石基座，门窗梁柱皆以朱漆彩绘，殿内原有小暖阁及宝座等陈设。

（3）明楼

隆恩殿后方为方城北墙券门。门上建有明楼（图4-1-35），俗称"大明楼"，是福陵的最高建筑，康熙四年（1665年）建造，明楼于1962年因雷电火灾烧毁，1979年重新修复。造型为重檐九脊方形碑亭式，采用歇山收山做法，但从檐柱中线向内只收入半个檩径（清官式做法收入一个檩径），使山面不至于过于庞大。屋顶满铺黄琉璃瓦，重脊上饰走兽八个，垂脊上有走兽四个，走兽一般为单数，采用偶数属于地方做法（图4-1-36、图4-1-37）。四面各有拱形券门，建筑面积289平方米，下部为6米高的方形台基。楼内立"太祖高皇帝之陵"石碑（该楼于1962年毁于雷火，今修复）。明楼外檐为金线和墨线结合的小点金旋子彩画，下额枋上是墨线石碾玉旋子彩画，内檐为井字天花，内容与碑亭相仿。天花枋是墨线大点金旋子彩画。

由于建造工期历经数代，并经历了多次复

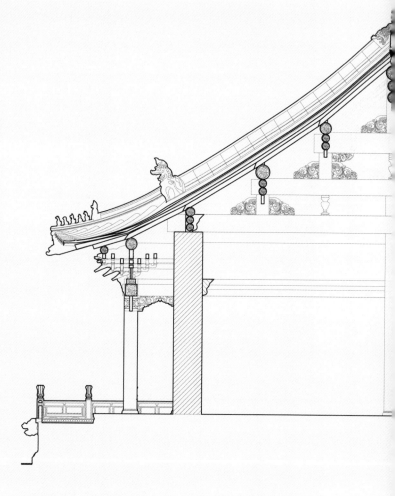

建和修缮，清福陵建筑在承袭中国传统建筑布局和结构体系的同时，又杂糅了清代各时期的建筑风格。因此我们可以在同一座建筑上看到既有自然疏朗的清早期彩画，又可看到沥粉帖金的清晚期彩画，如东配殿。尽管如此，清福陵因建筑遗址保护具有很高的历史真实性和完整性。（执笔人：张勇）

三、抚顺永陵

位于辽宁省新宾满族自治县永陵镇的永陵，是清朝爱新觉罗氏的祖茔，被誉为关外第一陵，葬有清太祖努尔哈赤远祖六世祖孟特穆，曾祖福满，祖父觉昌安，父亲塔克世，伯父礼敦，叔父塔察偏古等皇室亲族。此陵约始建于明嘉靖中后期，已有近500年历史，清天聪八年（1634年）称兴京陵，顺治十六年（1659年）尊为永陵。

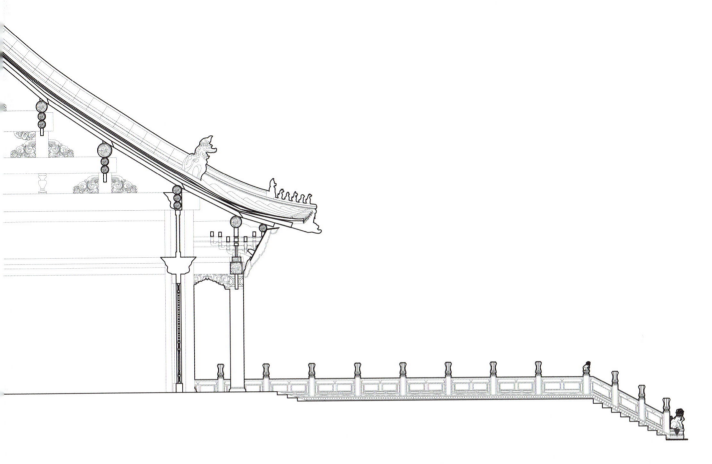

图 4-1-33 隆恩殿横剖面（沈阳建筑大学测绘）

图 4-1-34 东配殿外观（张勇摄）

图4-1-35 明楼外观（张勇摄）

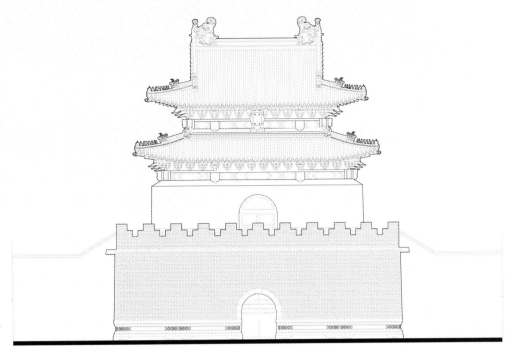

图 4-1-36 明楼正立面图(沈阳建筑大学测绘)

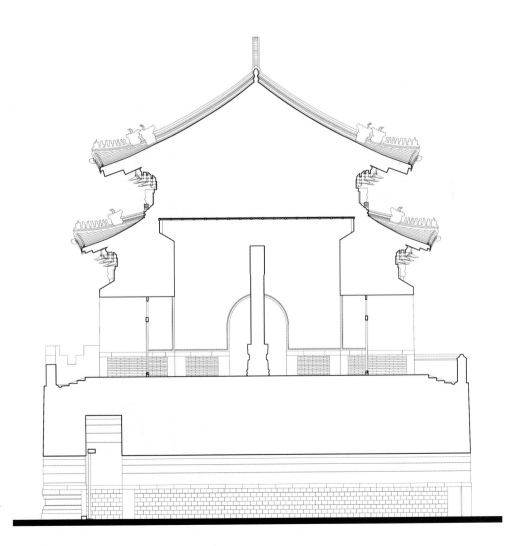

图 4-1-37 明楼横剖面图(沈阳建筑大学测绘)

图 4-1-39 永陵纵剖面图（图片来源：新宾县永陵赫图阿拉城旅游管理处）

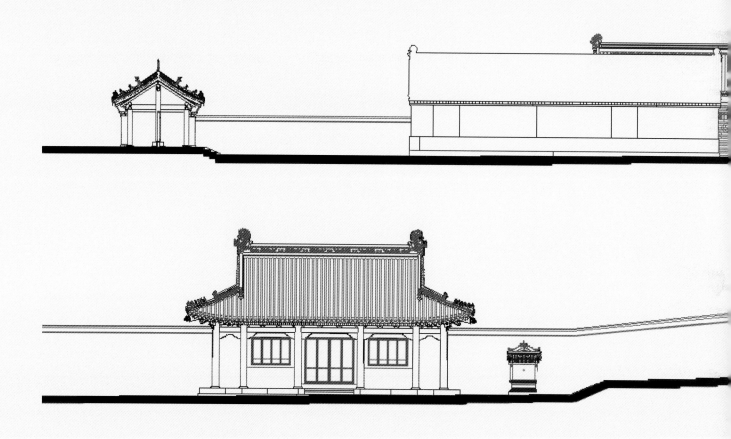

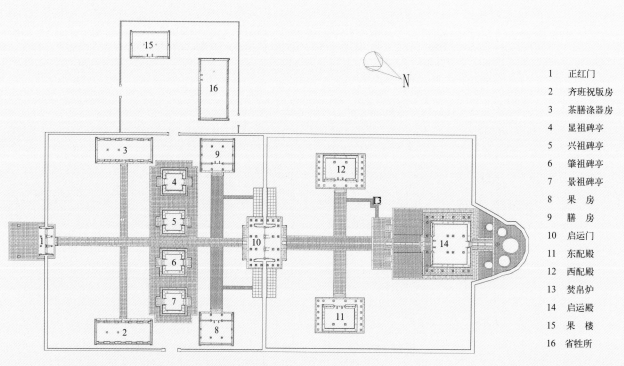

1	正红门
2	齐班祝版房
3	茶膳涤器房
4	显祖碑亭
5	兴祖碑亭
6	肇祖碑亭
7	景祖碑亭
8	果　房
9	膳　房
10	启运门
11	东配殿
12	西配殿
13	焚帛炉
14	启运殿
15	果　楼
16	省牲所

图 4-1-38 抚顺永陵总平面（新宾县永陵赫图阿拉城旅游管理处）

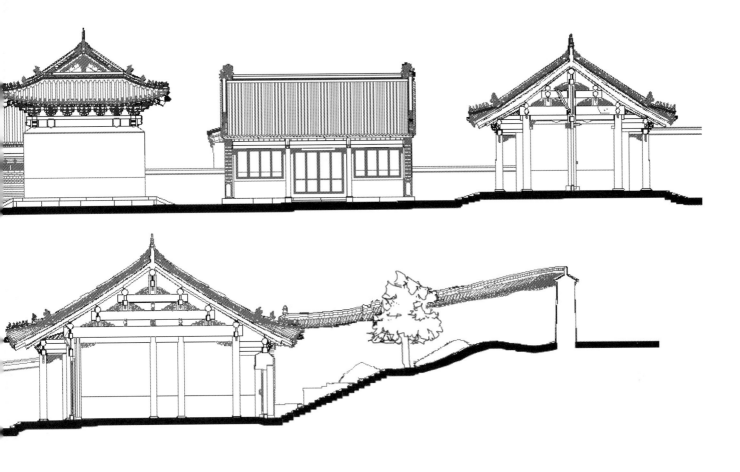

（一）永陵的历史沿革

永陵方位从西北朝东南，"风水"术语称"乾山巽向"，历史上东起嘉禾沟，西至羊祭台，南起哈山，北至护山岭。清末又在烟囱山、玛尔墩岭各设30里红桩禁区，在金厂岭至邯郸坡等地设封堆45处，使永陵保护范围扩大数百里，是三陵中规模最大者。

永陵大约创建于明嘉靖时期，初为"兴祖"福满葬地；万历十一年（1583年）太祖努尔哈赤将"景祖"觉昌安、"显祖"塔克世续葬于此，天命九年（1624年）又将祖父觉昌安、父塔克世等迁葬于东京，定名为"东京陵"；崇德元年（1636年）太宗皇太极按着古代帝王追尊四祖制度，追封远祖孟特穆、高祖福满、曾祖觉昌安、祖塔克世为"四王"，顺治八年（1651年）世祖皇帝诏封祖陵陵山曰"启运山"；顺治十五年（1658年）将东京二祖觉昌安、塔克世迁并兴京陵，兴京祖陵遂成为"四祖陵"。永陵最初为黑砖黑瓦建筑，康熙十六年（1677年）始改为琉璃瓦。今天的永陵从康熙十六年之后基本定型，未再做大的改动。

（二）永陵的总体布局

陵区占地约1.1万余平方米，包括宫外区和宫内区，其中宫外区建筑主要为陵宫外围的服务和防护设施，如："省牲所"、"下马碑"、"鹿角"、"红白青三色界桩"、"界牌"、"信钟"。另外还有觉罗陪葬墓等。宫内区由前宫院、方城、宝城前后三进院落组成（图4-1-38）。

整个陵宫布局严格按照"左右对称"、"前朝后寝"的传统陵寝制度设计和建造。陵宫的中轴线，南起正红门（明间），经神道、启运门（明间）、启运殿，北至兴祖福满宝顶止。所有主体建筑几乎完全贯穿在这道中心线之上。东、西配殿，东、西四配房左右对称地分布在中轴线两侧，十分均衡。

由南至北，从正红门到启运门、启运殿、宝城，利用地势高差形成"前低后高"的布局，建筑体量也前后依次增大，形成良好的透视效果，既显示皇权至高无上的政治地位，同时又起到保护陵寝的作用（图4-1-39）。

建筑形制在承袭中国传统建筑形制的基础上，带有满族的民族特色，如正红门的木栅栏式门扇就是沿袭满族扎木为栅、为寨的民族习俗；另外"四祖"碑亭东西一字排开，为历代皇陵绝无仅见；碑亭门础石上的浮雕坐龙形象似犬，使人联想到"义犬救主"的满族传说。

（三）永陵的主要建筑及特点

1. 前宫院

前宫院：南北长约70米，东西宽67.2米，三面围绕红墙，墙高七尺八寸。前为正红门，左右有东、西红门，正红门内向北连接一条长22丈的"神道"，以条石铺成，三道并行。与其他明清皇陵不同，永陵未在神道上修建建筑作为阻隔，这也是永陵建筑有别于其他皇陵之处。院内正中东西一字排列肇、兴、景、显"四祖"神功圣德碑碑亭。两厢为四配房：东厢南侧为大班房和祝版房，北侧为果房；西厢南侧为茶厨房和涤器房，北侧为膳房。东西配房均为硬山式青砖布瓦式建筑，门窗梁柱不饰不绘，十分简朴，明间开门，主要用于守值、缮写与祭祀服务。

（1）正红门

正红门（图4-1-40）为陵宫正门，又称"大红门"。建筑形制为常见的硬山式（图4-1-41、图4-1-42）。高5.4米，面阔10.7米，进深6米，共三间，顶铺黄红色琉璃瓦件，内设通道式栅栏门，每间设对开式朱栏门。这种栅栏门是满族扎木为栏的古老习俗，是永陵的满族特色之一。

正红门东西红墙正中各设一随墙门，即东红门、西红门，各一间，顶铺黄红色琉璃瓦件，门扇亦为对开式朱栏门。此门为守陵官员、司职人员以及匠役等进出陵宫之门。

（2）"四祖"神功圣德碑碑亭

在前宫院正中，"四祖"神功圣德碑碑亭（图4-1-43）东西一字横列，四座碑亭次序排列，从左

图4-1-40　正红门外观（张勇摄）

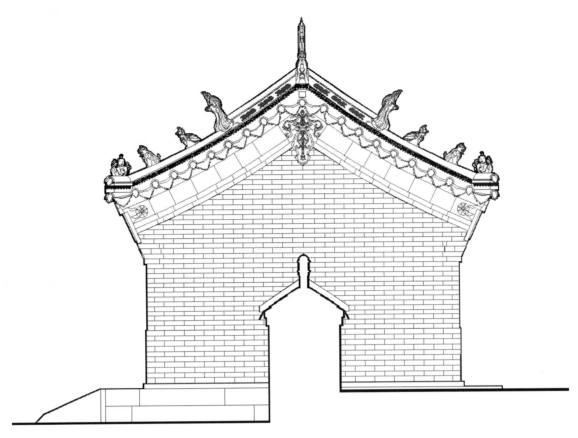

图 4-1-41 正红门侧立面图（新宾县永陵赫图阿拉城旅游管理处）

图 4-1-42 正红门剖面图（新宾县永陵赫图阿拉城旅游管理处）

图 4-1-43 四祖神功圣德碑碑亭外观（张勇摄）

至右依次为景祖、肇祖、兴祖、显祖。建筑制式相同，都是单檐九脊歇山式，檐下五踩斗栱，四面为实墙，南北各开一拱形券门（图 4-1-44～图 4-1-46）。碑亭面阔、进深均为 7.38 米（图 4-1-47），亭高 9.6 米，屋顶满铺黄红色琉璃瓦，垂脊檐下的"猪嘴兽"头颇具特色。券门门楣石、腰线石及柱角石各雕有"二龙戏珠"、"赶珠龙"及"坐龙"图案，特别是柱角石的坐龙，形式酷似"坐犬"（图 4-1-48），反映满族崇犬的习俗。此为永陵建筑呈现的又一满族特色。

亭内顶部梁架为"彻上露明"形式，梁枋均饰旋子彩画。正中立有"神功圣德碑"一甬，碑式为"龙趺龙首"。通高 6.54 米。正中开光部分用满、蒙、汉三种文体阴刻"大清"国号。

2. 方城

方城位于前宫院北侧，南北长 80 米，东西宽 69 米，三面红墙高约 3.4 米。城南正门为启运门，城内正中为启运殿，左右两厢为东、西配殿。西配殿前有焚帛亭。焚帛亭又称燎炉，是谒陵和平时祭祀时焚化纸钱金银帛和祭文之所，是青砖瓦无木结构歇山式建筑。高 2.2 米，大脊、鸱吻、垂脊、兽头及椽、檩等构件全为泥土炼制。亭前正中开拱形门，内设炉膛，下部为束腰形基座，造型古朴。

（1）启运门

方城的南门为"启运门"（图 4-1-49），又叫"内宫门"，是进出方城、宝城的唯一门户。为单檐九脊歇山式，顶铺黄红琉璃瓦，面阔三间，进深三间，四面出廊，梁柱等处俱饰彩绘。建筑体高 8.95 米，长宽各为 15 米。每间有对开朱漆板门两扇，每扇门上镶嵌 81 颗鎏金门钉及一只金色兽面门环。两侧各有前后对称的五彩云龙袖壁两座（图 4-1-50），悬山式青砖瓦墙帽，饰有正脊、鸱吻、兽头、瓦垄、勾头、滴水等仿木构件，袖壁为云海江崖升龙陶质青砖浮雕彩画，四岔角各有缠枝花纹。四面有白色边框，下为石基座。

（2）启运殿

启运殿（图 4-1-51）又称"享殿"，是陵寝中的主体建筑，是清朝皇帝谒陵举行诣陵大典和

图 4-1-44　景祖碑楼正立面（新宾县永陵赫图阿拉城旅游管理处）

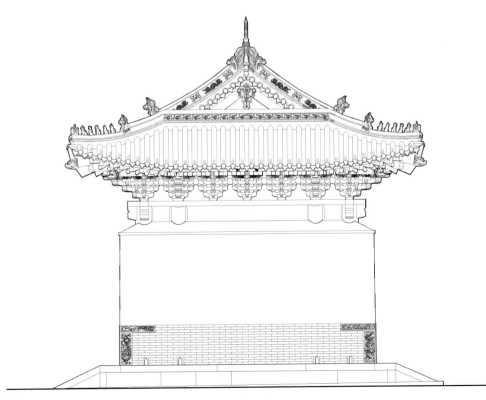

图 4-1-45　景祖碑楼侧立面（新宾县永陵赫图阿拉城旅游管理处）

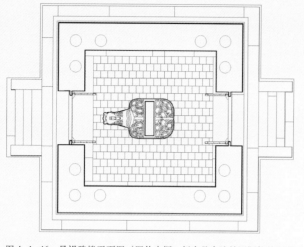

图 4-1-46　景祖碑楼平面图（图片来源：新宾县永陵赫图阿拉城旅游管理处）

平时祭祀的殿堂。启运殿为单檐歇山式，屋面满铺红黄琉璃瓦，正脊 8 条行龙戏珠，两端鸱吻剑把分别透雕"日"、"月"二字，寓意"肩担日月一统天下"，"祖先神灵保佑江山如日月永存"，面阔三间，进深四间，各为 19.25 米，殿高 13.5 米，四面出廊，明间开屏风门四扇，东西山为实墙，后山墙正中开有拱形门。下为台基和月台，月台高 0.9 米，周长 102 米，礓磜三路，中为斜铺丹陛石，月台礓磜五级，台基礓磜二级。门窗均施朱漆，殿内梁架采用"彻上明造"形式（图 4-1-52），檩枋施以彩绘，是中国北方民族早期建筑的特点之一。殿内陈设肇、兴、景、显四祖四后大小暖阁宝床、龙凤宝座、神龛神

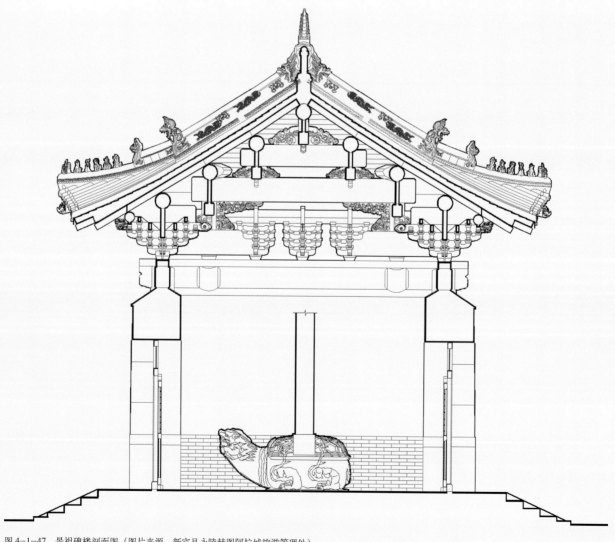

图 4-1-47　景祖碑楼剖面图（图片来源：新宾县永陵赫图阿拉城旅游管理处）

图 4-1-48　碑亭券门石雕（张勇摄）

图 4-1-49　启运门外观（张勇摄）

图 4-1-50　五彩云龙袖壁（张勇摄）

图 4-1-51　启运殿外观（张勇摄）

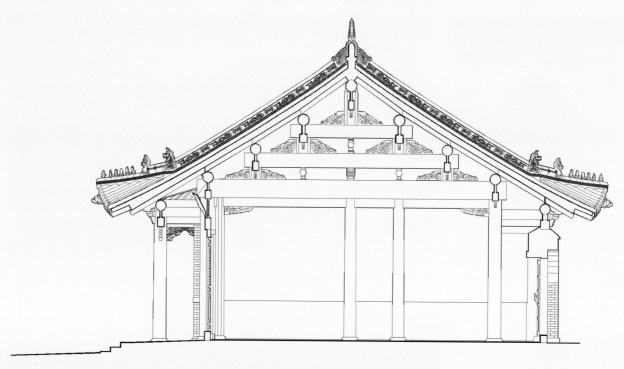

图 4-1-52　启运殿剖面图（图片来源：新宾县永陵赫图阿拉城旅游管理处）

位，供案、五供与金瓜斧钺等仪仗，其排列次序与前面的四祖神功圣德碑顺序完全一致。

（3）东配殿

东配殿（图 4-1-53）和西配殿位于启运殿两厢，其建筑形式相同。均为歇山式，面阔三间，进深三间，四面出廊。红黄琉璃瓦顶，朱漆彩绘。

3. 宝城

宝城位于方城后方。形如"月牙"，又称"月牙城"。南北长 18 米，东西宽 21.5 米，城墙高 4.4 米，墙体下部以条石为基础，上部用砖砌，外涂白灰，墙顶铺青色砖瓦。城内前低后高，有上下两层座台，"四祖"的墓奉于上层座台，正中是兴祖福满帝后合葬墓，东侧是景祖觉昌安帝后合葬墓，西侧是显祖塔克世帝后合葬墓。肇祖原皇帝孟特穆及皇后之墓被挤在兴祖墓东北一角几乎靠近罗圈墙，且地面上无封土可凭，几与地平，宝城的前部还有"神树"及环绕神树木的琉璃蟠壁。宝城下层台地是武功郡王礼敦巴图鲁、恪恭贝勒塔察篇古陪葬之地。

4. 宫外建筑

陵宫外围建筑主要为陵宫外围的服务和防护设施，如省牲所、下马碑、鹿角、界桩、界牌及信钟等。同其他皇陵一样，永陵也设有红、白、青三色界桩，作为禁区标志和安全防守设施。陵宫以南及东西两侧设有一道用鹿角围成的半圆形保护墙，名曰"鹿角墙"。在东西两侧原有下马木牌四座，乾隆四十八年（1783 年）改为下马石碑，由下马碑往北，是一条宽四丈的黄沙大道，称为"神道"；笔直地伸向陵园正门，即正红门，此为宫前区域。

在前宫院西红墙外有一座跨院，名为省牲所，南北长 38.4 米，东西宽 35.2 米。院内正中有省牲厅、西厢有三间硬山式结构的果楼，前有垂花门，墙外有冰窖、收拾牛羊院等附属建筑。

省牲厅是陵宫附属建筑，位于西红门外一独立跨院正中，是屠宰牛羊及家禽等鲜活祭品之处，硬山式青砖布瓦式建筑，共五间，西次间开门，是典型的"口袋房"，内设炉灶、水池及煮牛羊的大铁锅四口以及其他许多陈设和器具。此房于民国后期

图 4-1-53　东配殿外观（张勇摄）

因失火烧毁，近年重建。

永陵与沈阳市境内的昭陵、福陵统称为关外三陵。它是世界文化遗产、全国重点文物保护单位。（执笔人：张勇）

第二节　墓葬

一、棒台子1号壁画墓

棒台子1号壁画墓位于辽宁省辽阳市西北郊4公里的棒台子村北约500米。因古墓封土高大而称为"大青堆子"。1944年发现，墓上封土，略呈钝方锥形，存高7米，底边每面长22米。估算当初建墓时封土高20米，堆土量约1000立方米，仅低于王侯墓。该墓年代为东汉后期到汉魏之际，是辽东郡高级地方官吏的墓葬。被列为第一批国家级文物保护单位。

该墓方向东偏南约10°，墓室呈"工"字形，左右宽8米，前后深6.6米，墓室高1.79米。椁室用淡青色大块石灰质板岩构筑。墓门石柱四根，开三门。四周石板为壁，顶加石条横枋，上下也铺盖石板，石灰勾缝。墓室中央并列三个棺室，外围回廊，左、右、后三方各突出耳室一间（图4-2-1、图4-2-2）。

除地面铺石无画外，椁室主要壁面都有壁画，有的一壁表现一个主题，有的几壁连画，也有一壁的壁画，上下分属两个主题，气势雄伟壮观。墓室壁画（图4-2-3～图4-2-5）内容有门卒图、门犬图、杂技图、饮食图、出行图、宅第图、庖厨图、云气图等。（执笔人：赵龙珠）

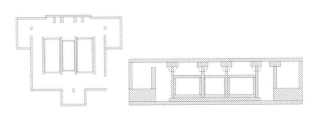

图 4-2-1　棒台子1号壁画墓平面、剖面图（王莹、赵龙珠依据辽阳博物馆馆藏的原始测绘图纸绘制）

图 4-2-2　棒台子 1 号壁画墓模型（摄于辽阳博物馆）（赵龙珠摄）

图 4-2-3　壁画之门犬图（辽阳博物馆提供）　图 4-2-4　壁画之杂技图（辽阳博物馆提供）

二、棒台子 2 号壁画墓

棒台子 2 号壁画墓位于辽宁省辽阳市西北郊 4 公里棒台子村东约 200 米，1956 年发现。地面已无封土。该墓年代为东汉末至西晋初。被列为第一批国家级文物保护单位。

该墓方向南偏东 20 度，墓室（图 4-2-6）平面呈"工"字形，南北长 4.66 米，前宽 5.9 米，后宽 5.12 米，室内地面距盖顶约 1.9 米。用大块淡青色页岩石板构筑，石灰勾缝。四周石板围立，上下石板铺盖，顶加石条横枋。前、后廊各有左、右耳室、四个并列棺室，用三堵立壁间隔而成，西起一、三两壁前后断开，右耳室面积大于左耳室。墓正门在前壁中部，并列石柱三根，分门为四洞，柱上有栌斗，上架门楣，下有柱础，前横门槛，彩色壁画分别画在左右两小室各壁、后室壁及门楣、棺室隔壁及栌斗的前面。大部分保存较好，彩色及线条朴素自然。侧门设在后廊东壁。墓室壁画（图 4-2-7、图 4-2-8）有门卒图、宴饮图、车骑图、楼房宅院图、车列图、流云装饰图、楼房宅院图，画正中三层高楼，庑殿式盖顶，瓦垄、脊有鸟状物，朱栏红柱，石台阶，红色楼梯。水井一眼，院墙一道，流水式墙顶，朱红门楼。（执笔人：赵龙珠）

三、辽阳北园 1 号壁画墓

北园 1 号壁画墓位于辽宁省辽阳城西北北园瓦窑子村东南，1943 年发现，是目前发现价值较高的墓葬。此墓高应在 18 米以上，及帝陵高度之半，坟丘之高崇，在已知各地汉墓中为最。该墓葬封土虽经千余年风雨，仍高达 5 米。该墓年代为东汉后期，墓主人身份为二千石武官。被列为第一批国家级文物保护单位。

图 4-2-5　壁画之乐工图（辽阳博物馆提供）

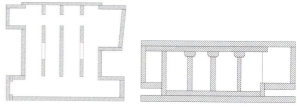

图 4-2-6　棒台子 2 号壁画墓平、剖面图（王莹、赵龙珠依据辽阳博物馆馆藏的原始测绘图纸绘制）

图 4-2-7　壁画之府吏（辽阳博物馆提供）

图 4-2-8　壁画之车骑（辽阳博物馆提供）

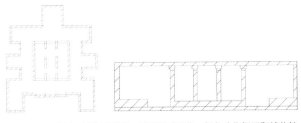

图 4-2-9　北园 1 号壁画墓平、剖面图（王莹、赵龙珠依据辽阳博物馆馆藏的原始测绘图纸绘制）

图 4-2-10　北园 1 号壁画墓模型（摄于辽阳博物馆）（赵龙珠摄）

该墓坐东朝西，墓室（图 4-2-9、图 4-2-10）结构非常规整。椁室用淡青色大块页岩石板构筑。整个墓室长约 7.85 米，宽 6.85 米，高约 1.7 米。该墓石室上盖低于地平线约 0.5～0.6 米，椁室平面呈"亚"字形，上盖纵排大块石灰板岩。墓室内有前后廊，前廊左右各突出一耳室，后廊后壁及椁室左右两壁中部也各向外突出一耳室。共形成五个耳室，有左前耳室、右前耳室、左后耳室、右后耳室及后耳室，左后耳室、右后耳室、后耳室为近似方形，前部左、右耳室为纵长方形。椁室内左右两侧纵列二块巨石立壁，中部两道立壁，各由三块较小的壁石组成，三棺室之间都断开两个口子。即石墓室中央由四条壁石区分为三个棺室。环绕墓室四周有回廊相通。墓门三扉西南向。

此墓壁画（图 4-2-11、图 4-2-12）保存较好，均以墓中主人为中心。壁画内容主要有：宴饮图、

图 4-2-11　壁画之楼阁图（辽阳博物馆提供）

图 4-2-12　壁画之车马出行图（辽阳博物馆提供）

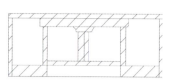

图 4-2-13 三道壕车骑壁画墓平、剖面图（王莹、赵龙珠依据辽阳博物馆馆藏的原始测绘图纸绘制）

图 4-2-14 三道壕车骑壁画墓墓门（摘自《辽阳览胜》）

图 4-2-15 壁画之家居饮食图（辽阳博物馆提供）

图 4-2-16 壁画之车骑（辽阳博物馆提供）

属吏图、楼阁图、乐舞图、杂技图、斗鸡图、仓廪图、车马出行图、骑从图等。（执笔人：赵龙珠）

四、三道壕车骑壁画墓

三道壕车骑壁画墓位于辽宁省辽阳市北郊冶建化工厂院内，1951年发现。该墓年代为汉代晚期。被列为第一批国家级文物保护单位。

该墓墓门方向为南偏东15°，墓室（图4-2-13）宽4.13米，长3.36米，高1.2米。墓室用青色大块页岩石板砌筑，石灰勾缝，由前廊、并列的两个棺室和左右耳室组成。墓门（图4-2-14）在前壁中部，中间一方柱，分门为左右两洞，外面用大石板封堵。前廊左右两端各连一小长方形耳室。两棺室中间立二大石板为壁，上砌斗状长方石条，负荷盖石。

左右小室各壁及右棺室右壁和前廊藻井均有壁画（图4-2-15、图4-2-16），画面上下边用红色粗线作边框。内容主要有：家居饮食图、庖厨图、车马出行图、门卒图等。

随葬遗物有灰陶明器、铜发簪和铜饰件、骨簪、五铢钱，其中模型陶井、围栏、通道、井亭俱全，制作精致，为陶器明器中的精品。（执笔人：赵龙珠）

五、三道壕1号壁画墓

三道壕1号壁画墓，位于辽宁省辽阳市北三道壕村，1955年发现。该墓年代为东汉末至西晋初。被列为第一批国家级文物保护单位。

该墓方向南偏西22°，墓室（图4-2-17）用淡青色大石板砌筑，石灰勾缝。平面呈"凸"字形，长3.4米，宽4.65米。内分前廊、左右耳室、四个棺室。前廊设四门，用三根石柱支撑，柱头上置方形柱斗，上下左右各有石质的门楣、门槛、门框。门内是一狭长而地面稍低的横廊，左右端各接一长方形耳室，右耳室面积大于左耳室。并列的四个棺室中间三壁，左右两壁中部各留窗式空洞。棺中各置大石板尸床，棺前石板挡头。

石壁上的壁画（图4-2-18、图4-2-19）分

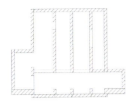
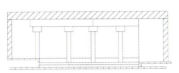

图 4-2-17　三道壕 1 号壁画墓平、剖面图（王莹、赵龙珠依据辽阳博物馆馆藏的原始测绘图纸绘制）

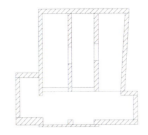
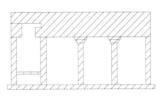

图 4-2-20　三道壕令支令壁画墓平、剖面图（王莹、赵龙珠依据辽阳博物馆馆藏的原始测绘图纸绘制）

图 4-2-18　壁画之庖厨图（辽阳博物馆提供）

图 4-2-21　壁画之家居图（辽阳博物馆提供）

图 4-2-19　壁画之对坐饮食图（辽阳博物馆提供）

画于两耳室各壁、门、柱的侧面和枋、柱的前面。有对坐饮食图、庖厨图、车马出行图等。（执笔人：赵龙珠）

六、三道壕令支令壁画墓

三道壕令支令壁画墓位于辽宁省辽阳市北郊约 2.5 公里的三道壕村，1953 年发现。墓主人推测为当时曹魏时令支县令。该墓年代为东汉末至西晋初。被列为第一批国家级文物保护单位。

该墓（图 4-2-20）方向北偏东 12°，平面呈"T"字形，长 3.44 米，宽 3.62 米。椁室用淡青色大石板砌筑，石灰勾缝。内分前廊、左廊、左右耳室、两棺室。两棺室前端立有高 20 厘米的石板，棺室之间石壁上部中段，留有方形窗式空洞，壁上加石枋承接盖石。右耳室面积大于左耳室，墓门在前壁中部，正中一石柱，分门为两洞，石柱顶有栌斗，上架门楣，下横门槛。

右小室前、后、右壁和墓门左壁有壁画（图 4-2-21），墨线轮廓。各壁画下均有朱色界栏。内容有人马图、家居图、庖厨图。值得注意的是还有三行墨笔隶书题字"魏令支令张□□"、"□夫人"、"公孙夫人"。（执笔人：赵龙珠）

七、集安高句丽太王陵

太王陵是洞沟古墓群禹山墓区东南部一座大型方坛阶梯石室墓，位于禹山南麓稍高起的岗丘上。西距吉林省集安市区约 4 公里。墓葬东北 360 米处是著名的好太王碑。1961 年被评为全国重点文物保护单位。

太王陵（图 4-2-22、图 4-2-23）建在高阜上，墓边海拔 198 米。四面为漫缓斜坡，视野开阔。墓葬现高 14 米，东边长 62.5 米，西边长 66 米，南边长 63 米，北边长 68 米。以花岗岩、石灰岩、山

图 4-2-22　太王陵外观（王烟雨摄）

图 4-2-23　太王陵局部（王烟雨摄）

图 4-2-24　太王陵护坟石（李之吉摄）

砾石及河卵石等多种石材砌筑，主体由阶坛和墓室两部分组成。

太王陵基础未进行特别加固处理，只在土层中埋入一层大块条石作为基础。由于墓上大量积石造成的巨大压力，加之千百年来自然界各种变化的侵蚀，积石倾颓，阶坛变形，护坟石（图 4-2-24）倾倒，墓外形变化较大。阶坛保存较好的是东、南两侧的中段，可见 8 级，自下而上逐级内收。第一级阶坛高约 4 米，砌石八层。以上石条每层不等。8 级以上还应有若干级方可达到顶部平台。阶坛四周有巨大的护坟石，现存 15 块，均为自然形状的巨大花岗石。

墓室（图 4-2-25）建在顶部平台上，平台近于正方，长宽各 24 米左右。墓室外部呈上宽 12 米，下宽 15 米，高 4 米左右的方台。用石灰岩石条砌筑，外用大块河卵石封护，顶上有 1 米厚的封土，外观呈覆斗形状。墓室平面呈长方形，长 3.24 米、宽 2.96 米、高 3 米。四壁由石条垒砌，东壁砌石九层，南、西、北三壁各砌石十层。墓道开在西壁正中，长 5.4 米、宽 1.84 米。内侧高 1.78 米，中段高 1.98 米，外口处高 2.36 米。底部与墓室底相平，墓门处有两级台阶。1990 年在墓内碎石淤土中清理出破碎的石椁和棺床。复原后为一榫卯结构组装两坡水式屋宇。复原后的石椁面宽 3 米，内宽 2.68 米，两檐最宽 3.19

图 4-2-25 太王陵墓室内部（李之吉摄）

米。纵长 2.74 米，内长 2.4 米，屋脊最长 2.92 米，通高 2.48 米，石椁门宽 1.6 米、高 1.9 米。

太王陵南 100 米处发现一段陵墙，可以推知，陵外原有围墙保护。陵南阶坛外 3 米处还发现一座陪葬墓，由 4 块立石和底石、盖石共 6 块石板构成，类似石棚墓。墓葬东侧 50～68 米处有两条间距 1.5 米的平行石台，可能是祭祀建筑。

根据太王陵的墓葬结构、规模、出土遗物，特别是"愿太王陵安如山固如岳"的文字砖和"辛卯年好太王□造铃九十六"铭文铜铃的发现，证明此墓主人为高句丽第 19 代王广开土境平安好太王。（执笔人：耿铁华）

八、集安高句丽"将军坟"

将军坟是高句丽第 20 代王——长寿王的陵墓，俗称"将军坟"。位于龙山南麓坡地上，周围地势开阔。西南距吉林省集安市区约 5.5 公里，距好太王碑与太王陵 1.5 公里。有"东方金字塔"之称。1961 年被评为全国重点文物保护单位。

将军坟（图 4-2-26）陵墓气势雄伟，构筑精良，是一座大型方坛阶梯石室墓。阶坛共七级，用 1100 多块精琢的花岗岩石条砌筑，逐层内收成阶梯状，直至墓顶。底部阶坛呈方形，边长 30.15～31.25 米，墓顶高于底部基石 13.07 米。将军坟的基础构筑于黄土层中，采用挖槽后砌垫河卵石的方法，垫石深 1～1.2 米，外缘宽于基坛 3 米。卵石下的黄土层表，还见有局部的夯砸坚硬的细碎山石。基础上筑有基坛，以修凿工整的花岗岩石条筑成，与地表平。

墓顶平面呈方形，四面以第七级阶坛顶层条石为边，边长 13.5～13.8 米，中心处略高。墓顶曾有较多的瓦当和板瓦残片，墓南侧土堆中曾发现铁链、板瓦和莲花纹瓦当等建筑构件，可以推知墓上原有寝殿一类的建筑。

将军坟四面每面放置 3 块巨大的护坟石（图 4-2-27），以抵消上部石料重量造成的向外张力，

图 4-2-26 将军坟外观（李之吉摄）

图 4-2-27 将军坟护坟石（王烟雨摄）

现存 11 块护坟石，东北面中间缺少 1 块护坟石，将军坟构筑时修有向外的地下排水设施，以防雨水和地表水浸泡墓基。

将军坟周围铺有卵石，四面各宽 30 米左右，河卵石以近墓处石块较大，远墓处碎小，应是将军坟的墓域标识。

此墓总体保存较好，因早年被盗，墓室内棺床破碎，墓顶少量石条缺损，东北侧护坟石缺失，北角地基下沉，致使局部石条移位。

将军坟及其陪坟（图 4-2-28、图 4-2-29）出土的一些瓦上刻有文字与符号，还有一批大型的莲花纹瓦当，十分珍贵。

将军坟修建时有科学合理的设计与布局，是阶坛石室墓的典范。墓有基础，其上铺砌基坛，基坛外再砌护基石，在基坛上构筑墓室。阶坛条石层层平行砌筑，内填卵石，墓室之上巨石封盖。四周有巨石倚护。其结构严谨，构筑精良，建筑规模合理，应是方坛阶梯石室墓最为成熟的形制，年代约为 5 世纪。（执笔人：耿铁华）

九、舒兰完颜希尹家族墓地

完颜希尹家族墓地位于吉林省舒兰市小城乡东村境内（图 4-2-30），是金代尚书左丞相兼侍中完颜希尹及其家族的墓地。墓地共分为五个墓区，占地面积达 136 万平方米，墓区后依山岭、前向沟川、坐北朝南、背风向阳，一、二、三墓区在东沟，四、五墓区在西沟。墓前有七组石雕，每组石雕基本上都是由成对的石柱、石虎、石羊和石人组成，个别的还有石供桌。一般都有墓碑。墓葬依墓室结构划分有砖石混筑墓、石函墓、石室墓和砖室石椁墓四种，其中以石函墓最为普遍。完颜希尹家族墓地为吉林省为数不多的古代贵族墓葬（图 4-2-31），反映了当时贵族墓葬的独特形式，舒兰完颜希尹家族墓地 2001 年成为全国重点文物保护单位。

第一墓区在东村大松树屯东北约 400 米处，墓室均为青灰色板石立砌，呈长方形。

第二墓区在第一墓区西北约 250 米处一个平坦的山丘上。这里曾有"大金故尚书左丞相金源郡贞宪王完颜公神道碑"，龟跌龙首，碑身正反两面阴刻楷书两千八百余字，详细记述了完颜希尹的生平事迹。现此碑已毁，仅存碑址和清光绪二十年（1894 年）吉林将军长顺在其旁所立的碣石。墓前 30 余米处的一个山冈上，原有石人、石羊、石虎和石柱。现石虎已不存，石人头部皆残，石羊（图 4-2-32）一残，另一完整，石柱一残，另一完整。石人北侧 15 米处有一座花岗岩条石垒砌的石室墓，由墓道、天井和墓室三部分组成。墓道呈一土砌狭长斜坡，长 8.6 米。天井呈长方形，南北长 3.2 米，东西宽 1.3 米，底铺细沙，东壁为墓道中穿，南北两壁分峙墓门两侧。墓室顶正中系用一整块花岗岩精雕成四阿式屋顶。屋

图 4-2-28 将军坟陪冢 1（王烟雨摄）

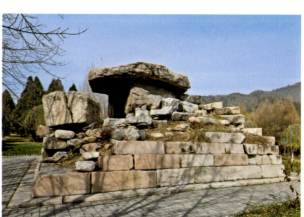

图 4-2-29 将军坟陪冢 2（王烟雨摄）

图 4-2-30　完颜希尹墓周围地势（李之吉摄）

图 4-2-31　修复后的完颜希尹墓（李之吉摄）

图 4-2-32　残损的完颜希尹墓石象生（李之吉摄）

顶下四周砌长石板和方石。墓门外铺有一硕大石板，伸展至门外，作入门的台阶，其上立两块板石，上小下大，将门封堵。墓室略呈方形，南北长 2.45 米，东西宽 2.4 米，高 2.4 米，四壁为加工细致的石材砌筑。四壁上以条石仿作梁枋，上置渐次内收的顶石三重，最上顶为一方形天窗，上接四阿式石制墓室盖顶，仰视墓室藻井，呈浑圆穹隆状。墓室内置石函五个，后壁正中石函形体最大，内有木匣，匣内有绢帛包裹的骨灰少许，其他四石函也均有骨灰碎块，随葬品有铁券、铜烛台及瓷器，此墓即为完颜希尹之墓。

第三墓区在完颜希尹墓西北 1 公里许的一条南北走向的沟谷中，墓前有成对的石人、石虎、石羊等石雕刻物。墓室为砖室，内有石椁，石椁内有木棺，为完颜希尹孙子的墓地。

第四墓区在第三墓区西南约 1.5 公里许的一条南北走向的山谷中，这里亦有成对的石人、石虎、石羊等雕刻物。1979 年，墓中石函内有清晰、完整的墓志：一为"昭勇大将军同知雄州节度使墓志"，一为完颜涛为其父昭勇将军与其母乌古伦氏以礼合葬的墓志。

第五墓区在第三墓区西南约 2 公里许的山谷坡地上。墓前石雕保存较好，从南向北排列石柱、石虎、石羊、石人各一对，基本完好，为完颜希尹父亲完颜欢都的墓区。（执笔人：李之吉）

辽宁 吉林 黑龙江古建筑地点及年代索引

序号	名称	类型	地点	材料结构	规模	文保等级
1	五女山山城	古城	辽宁桓仁	土石砌筑	南北长1540米，东西宽350～550米，总面积约60万平方米	国保
2	盛京城	古城	辽宁沈阳	土石砌筑	总面积1.4平方公里	省保
3	丸都古城	古城	吉林集安	石砌筑	丸都山城周长约6950米	国保
4	国内城	古城	吉林集安	石砌筑		国保
5	双城古城承旭门	古城	黑龙江双城	砖木结构	南北宽9.54米，东西长6.91米，高11.4米	省保
6	凤林古城	古城	黑龙江双城		面积约120多万平方米	省保
7	金上京城	古城	黑龙江哈尔滨		周长10954米，占地面积有11平方千米	
8	渤海上京城	古城	黑龙江省宁安		南北长约3358米，东西宽约4586米，面积约15.9平方千米	
9	鞍山海城市牛庄镇	古镇	辽宁海城		总面积53平方千米	国家历史文化名镇
10	大连瓦房店市复州城镇	古镇	辽宁瓦房店			省历史文化名镇
11	兴城古城	古镇	辽宁兴城		总占地面积为67.76公顷	省保
12	丹东东港市孤山镇	古镇	辽宁东港			省历史文化名镇
13	石佛寺朝鲜族锡伯族村	古镇	辽宁沈阳			省历史文化名镇
14	凤城关大老爷旧居	民居	辽宁凤城	砖木结构	占地约576平方米	市保
15	新宾肇宅满族民居	民居	辽宁新宾	砖木结构		县保
16	龙井凉水镇长财村	村落	吉林龙井	砖木结构		
17	图们智新乡北大村	村落	吉林龙井	砖木结构		
18	长白金华乡梨田村	民居	吉林长白	砖木结构		
19	沈阳故宫	宫殿	辽宁沈阳	砖木结构	占地6万多平方米，现存楼台殿阁各式建筑46座，总计房屋400余间	国保
20	前郭尔罗斯哈拉毛都蒙古贵族府邸	府邸	吉林前郭尔罗斯	砖木结构	夯土围墙长为350米，宽为166米，共有房屋600余间	
21	永吉乌拉街满族贵族府邸	府邸	吉林永吉	砖木结构		国保
22	沈阳昭陵	皇陵	辽宁沈阳	砖木结构	南北长2.55公里，东西宽1.3公里，占地332万平方米	国保
23	沈阳福陵	皇陵	辽宁沈阳	砖木结构	南北长约773米，东西宽约302米，占地共19.48平方米	国保
24	抚顺永陵	皇陵	辽宁新宾	砖木结构	陵区占地约1.1万余平方米	国保
25	棒台子1号壁画墓	墓葬	辽宁辽阳	土石	存高7米，底边每面长22米，墓室左右宽8米，前后深6.6米，墓室高1.79米	国保

续表

序号	名称	类型	地点	材料结构	规模	文保等级
26	棒台子2号壁画墓	墓葬	辽宁辽阳	土石	墓室南北长4.66米，前宽5.9米，后宽5.12米，室内地面距盖顶约1.9米	国保
27	辽阳北园1号壁画墓	墓葬	辽宁辽阳	土石	墓室长约7.85米，宽6.85米，高约1.7米，墓葬封土残高5米	国保
28	三道壕车骑壁画墓	墓葬	辽宁辽阳	土石	墓室宽4.13米，长3.36米，高1.2米	国保
29	三道壕1号壁画墓	墓葬	辽宁辽阳	土石	墓室长3.4米，宽4.65米	国保
30	三道壕令支令壁画墓	墓葬	辽宁辽阳	土石	墓室长3.44米，宽3.62米	国保
31	集安高句丽太王陵	墓葬	吉林集安	土石	墓葬现高14米，东边长62.5米，西边长66米，南边长63米，北边长68米	国保
32	集安高句丽"将军坟"	墓葬	吉林集安	石	底边边长30.15~31.25米，墓顶高于底部基石13.07米	国保
33	舒兰完颜希尹家族墓地	墓葬	吉林舒兰	砖石	总面积为136万平方米	国保
34	大广济寺	佛寺	辽宁锦州	砖木结构	占地3000多平方米	国保
35	奉国寺	佛寺	辽宁义县	砖木结构		国保
36	沈阳四塔四寺	佛寺	辽宁沈阳	砖木结构	北塔法轮寺占地1万余平方米，建筑面积3000余平方米，北塔高24米	省保
37	慈恩寺	佛寺	辽宁沈阳	砖木结构	占地约12600平方米，建筑约135座，总面积约3000平方米	省保
38	千山龙泉寺	佛寺	辽宁鞍山	砖木结构		省保
39	千山大安寺	佛寺	辽宁鞍山	砖木结构	建筑面积8666平方米	省保
40	千山香岩寺	佛寺	辽宁鞍山	砖木结构		省保
41	千山中会寺	佛寺	辽宁鞍山	砖木结构	占地面积为527平方米	省保
42	千山祖越寺	佛寺	辽宁鞍山	砖木结构	七幢建筑，面积394.9平方米	省保
43	沈阳般若寺	佛教寺庙	辽宁沈阳	砖木结构	占地2289平方米，建筑面积2037平方米	省保
44	沈阳实胜寺	佛寺	辽宁沈阳	砖木结构	占地5500多平方米，建筑面积2000多平方米	省保
45	沈阳太平寺	佛寺	辽宁沈阳	砖木结构	占地面积为12406平方米，建筑面积达958平方米	国保
46	沈阳大佛寺	佛寺	辽宁沈阳	砖木结构	占地面积3600平方米，总建筑面积540多平方米	市保
47	沈阳中心庙	佛寺	辽宁沈阳	砖木结构	占地面积为260平方米	市不可移动文物
48	长安寺	佛寺	辽宁沈阳	砖木结构	总长132米，总宽42米，占地5376余平方米	省保
49	海城三学寺	佛寺	辽宁海城	砖木结构	占地约5000平方米	省保
50	彰武圣经寺	佛寺	辽宁彰武	砖木结构	占地2万多平方米	省保

续表

序号	名称	类型	地点	材料结构	规模	文保等级
51	阜新瑞应寺	佛寺	辽宁阜新	砖木结构	占地约80平方公里	省保
52	辽阳首山清风寺	佛寺	辽宁辽阳	砖木结构		省保
53	铁岭慈清寺	佛寺	辽宁铁岭	砖木结构		省保
54	朝阳佑顺寺	佛寺	辽宁朝阳	砖木结构	南北长163.6米、东西宽63.8米，总占地面积16975平方米，现存建筑面积3800平方米	国保
55	凌源万祥寺	佛寺	辽宁凌源	砖木结构	占地5万平方米，共有500余间禅房	省保
56	北票惠宁寺	佛寺	辽宁北票	砖木结构	南北长192米，东西宽63米，占地面积达12000多平方米	省保
57	普兰店清泉寺	佛寺	辽宁普兰店	砖木结构	东西长279米，南北长129米，占地面积4500平方米，建筑面积9800平方米	省保
58	大连观音阁	佛寺	辽宁大连	砖木结构		市保
59	大连法华寺	佛寺	辽宁大连	砖木结构	占地面积约26100平方米，建筑面积3900平方米	市保
60	吉林观音古刹	佛寺	吉林吉林	砖木结构		市保
61	吉林北山药王庙	佛寺	吉林吉林	砖木结构	占地面积为1474.60平方米，建筑面积为507.164平方米	省保
62	宁安兴隆寺	佛寺	黑龙江宁安	砖木结构	南北长142米、东西宽63米	省保
63	北镇庙	道教宫观	辽宁锦州	砖木结构	南北长296米，东西宽178米，占地面积49700平方米，建筑面积5000平方米	国保
64	沈阳太清宫	道教宫观	辽宁沈阳	砖木结构	占地5000余平方米，建筑面积1600余平方米	省保
65	千山无量观	道教宫观	辽宁鞍山	砖木结构		省保
66	喀左天成观	道教宫观	辽宁喀左	砖木结构	占地15000平方米，现存建筑占地面积3000多平方米，建筑面积达1800多平方米	省保
67	庄河青堆子天后宫	道教宫观	辽宁庄河	砖木结构	南北长54米，宽27.6米，总面积为1490平方米，建筑面积312平方米	市保
68	普兰店三清观	道教宫观	辽宁普兰店	砖木结构	占地1130平方米，建筑面积为600平方米，庙宇为20间	市保
69	大连响水寺	佛寺	辽宁大连	砖木结构		市保
70	吉林北山玉皇阁	道教宫观	吉林吉林市	砖木结构	占地面积为5124.00平方米，建筑面积为1527.00平方米	省保
71	吉林北山坎离宫	道教宫观	吉林吉林市	砖木结构	占地面积为334.88平方米，建筑面积为248.532平方米	省保
72	开原老城清真寺	清真寺	辽宁开原	砖木结构	占地面积为3383平方米，建筑面积800平方米	省保

续表

序号	名称	类型	地点	材料结构	规模	文保等级
73	沈阳南清真寺	清真寺	辽宁沈阳	砖木结构	占地面积9323平方米，建筑面积1662平方米	市保
74	瓦房店清真寺	清真寺	辽宁瓦房店	砖木结构	占地3000平方米	市保
75	长春清真寺	清真寺	吉林长春	砖木结构	占地5000多平方米	省保
76	卜奎清真寺	清真寺	黑龙江齐齐哈尔	砖木结构		国保
77	呼兰清真寺	清真寺	黑龙江哈尔滨	砖木结构	占地面积3000平方米	市保
78	哈尔滨阿城清真寺	清真寺	黑龙江哈尔滨	砖木结构	占地面积约5800平方米	省保
79	依兰清真寺	清真寺	黑龙江依兰	砖木结构	占地面积3560平方米	省保
80	乌拉街满族镇清真寺	清真寺	吉林省吉林市	砖木结构		国保
81	朝阳关帝庙	关帝庙	辽宁朝阳	砖木结构	占地3700平方米	省保
82	普兰店关帝庙	关帝庙	辽宁普兰店	砖木结构		市保
83	吉林文庙	文庙	吉林吉林市	砖木结构	南北长221米，东西宽74米，占地16354平方米	国保
84	吉林北山关帝庙	关帝庙	吉林吉林市	砖木结构	占地面积为2801.17平方米，建筑面积1303.28平方米	省保
85	阿城文庙	文庙	黑龙江哈尔滨	砖木结构		市保
86	瓦房店横山书院	书院	辽宁大连	砖木结构	占地面积2516平方米	市保
87	铁岭银岗书院	书院	辽宁铁岭	砖木结构	占地面积约8800平方米，建筑面积3500平方米	省保
88	海城山西会馆	会馆	辽宁海城	砖木结构	占地面积达3000平方米，建筑面积为930平方米	省保
89	沈阳无垢净光舍利塔	塔	辽宁沈阳	砖	通高34.75米	省保
90	辽阳白塔	塔	辽宁辽阳	砖	高70.4米	国保
91	海城银塔	塔	辽宁海城	砖	高约15.58米	市保
92	海城金塔	塔	辽宁海城	砖	高度31.5米	省保
93	朝阳北塔	塔	辽宁朝阳	砖	塔高42.6米	国保
94	朝阳云接寺塔	塔	辽宁朝阳	砖	高约41米	国保
95	喀左大城子塔	塔	辽宁喀左	砖	塔高约36米	省保
96	朝阳黄花滩塔	塔	辽宁朝阳	砖	塔残高31.7米	省保
97	朝阳双塔寺双塔	塔	辽宁朝阳	砖	东塔高约11米，西塔高约13米	省保
98	朝阳八棱观塔	塔	辽宁朝阳	砖	高29.43米	省保
99	朝阳南塔	塔	辽宁朝阳	砖	高45米	省保
100	绥中妙峰寺双塔	塔	辽宁绥中	砖	大塔残高约20米，小塔残高约9米	省保

续表

序号	名称	类型	地点	材料结构	规模	文保等级
101	开原崇寿寺塔	塔	辽宁开原	砖	塔高 66 米	省保
102	兴城白塔峪塔	塔	辽宁兴城	砖	塔高 43 米	省保
103	长白灵光塔	塔	吉林长白	砖	通高 12.86 米	国保
104	农安辽塔	塔	吉林农安	砖	高达 44 米	国保
105	洮南双塔	塔	吉林洮南	砖	通高 13 米	省保
106	衍福寺双塔	塔	黑龙江肇源	砖	塔高 15 米	省保
107	凤城魁星楼	其他	辽宁凤城	木		市保
108	凤城孔庙牌坊	牌坊	辽宁凤城	木		市保
109	沈阳永安石桥	桥梁	辽宁沈阳	石	桥身全长 37 米，外宽 14.5 米，路面宽 8.9 米，两端各宽 12 米	省保
110	凌源天盛号石拱桥	桥梁	辽宁朝阳	石	桥身通长 5 米，桥宽 4.7 米，高 3.4 米，拱宽 3.5 米	省保
111	盖州钟鼓楼	其他	辽宁盖州	砖	长 37 米，宽 14 米	省保
112	宁安大石桥	桥梁	黑龙江宁安	石	全长 25 米，宽 4.5 米，高 7.3 米	省保
113	宁安望江楼	其他	黑龙江宁安	砖木结构	高 7.54 米、东西长 8 米、南北宽 6.45 米	省保
114	巴彦牌坊	牌坊	黑龙江巴彦	木	宽 14 米，高 6.4 米	省保
115	五常蓝旗石牌坊	牌坊	黑龙江五常	石		省保

参考文献

[1] (清)阿桂等. 钦定盛京通志[M]. 沈阳:辽海出版社,1997.

[2] 王树楠等. 奉天通志[M]. 沈阳:东北文化丛书编委会,1983.

[3] 陈伯超,朴玉顺等. 盛京宫殿建筑[M]. 北京:中国建筑工业出版社,2007.

[4] 丁海斌,时义. 清代陪都盛京研究[M]. 北京:中国社会科学出版社,2007.

[5] 武斌主编. 清沈阳故宫研究[M]. 沈阳:辽宁大学出版社,2007.

[6] 辽宁省文物考古研究所编著,五女山城——1996~1999、2003年桓仁五女山城调查发掘报告[R]. 北京:文物出版社,2004.

[7] 张驭寰. 吉林民居[M]. 北京:中国建筑工业出版社,1985.

[8] 邓传军. 凤城关大老爷旧居之新解[J]. 满族文学,2012,(05):92-95,97.

[9] 戴家盛. 大孤山镇情叙编(孤山镇志)(未出版手稿)[Z].

[10] 汪仁本,施恒青,岳长贵著. 中华古镇大孤山[M]. 大连:大连出版社,1998.

[11] 张所文. 走进孤山[M]. 辽新内资F2011字[2011]第1号.

[12] 张士尊. 清代盛京岫岩口岸考[J]. 东北史地,2010,(04):82-88.

[13] 许檀. 清代前期的山海关与东北沿海港口[J]. 中国史研究,2001,(04):57-70.

[14] 玉玺. 大孤山古庙建筑群[N]. 辽宁大学学报(哲学社会科学版),1981,(01).

[15] 顾伟编著. 丹东旅游指南[M]. 沈阳:沈阳出版社,1998.

[16] http://www.donggang.gov.cn/mshtml/2005-8/3257.html.

[17] 阎化川. 妈祖习俗在山东的分布、传播及影响研究[J]. 世界宗教研究,2005,(03):126-137.

[18] 吕海平,杨旭. 辽东镇民居对明清官式建筑屋顶形式的影响[N]. 沈阳建筑大学学报(社科版),2009,(04):385-387.

[19] 陈伯超,支运亭. 特色鲜明的沈阳故宫[M]. 北京:机械工业出版社,2003.

[20] 陈伯超. 满族建筑文化国际学术研讨会论文集[M]. 沈阳:辽宁民族出版社,2001.

[21] 杜家骥. 清入关前的议政处所及八旗亭[J],北方文物,1998,4.

[22] 王成民. 盛京皇宫继思斋的建筑特色与文化内涵[J]. 满族研究,1999,2.

[23] 朴玉顺、陈伯超. 沈阳故宫木作营造技术[M]. 南京:东南大学出版社,2010.

[24] 张勇. 沈阳故宫装饰艺术研究[M]. 南京:东南大学出版社,2010.

[25] 东南大学、清华大学等. 中国古代建筑史1-5卷[M]. 北京:中国建筑工业出版社,1999.

[26] 梁思成. 中国建筑史[M]. 天津:百花文艺出版社,1998.

[27] 李文信. 辽阳发现的三座壁画古墓[J]. 文物,1955,(5).

[28] 王增新. 辽阳市棒台子二号壁画墓[J]. 考古,1960,(11).

[29] 辽阳市人民政府地方志办公室编[M]. 辽阳市情,1987.

[30] 辽宁省地方志编纂委员会办公室主编. 辽宁省志·文物志[M]. 沈阳:辽宁人民出版社,2001.

[31] 尚尔增编. 辽阳览胜[M]. 沈阳:辽宁美术出版社,2003.

[32] 沈阳一宫两陵志编撰委员会. 沈阳福陵志[M]. 沈阳:辽宁民族出版社,2006.

[33] 李锡厚、白滨. 二十五史新编:辽史.金史.西夏史[M]. 上海:上海古籍出版社,1997.

[34] 中国文物保护技术协会. 文物保护技术[M]. 北京:科学出版社,2010.

[35] 黄斌，黄瑞. 走进东北古国[M]. 呼和浩特：远方出版社，2006.

[36] 张国庆、朴忠国. 辽代契丹习俗史[M]. 沈阳：辽宁民族出版社，1997.

[37] 阜新市辽金元契丹女真蒙古族历史考古研究会编. 阜新辽金史研究[M]. 香港：香港新天出版社，1992.

[38] 彭菲. 论中国辽代佛塔的建筑艺术成就[D]. 内蒙古工业大学，2007，(05).

[39] 刘蕴忠. 辽塔浮雕装饰艺术研究[D]. 苏州大学，2008，(03).

[40] 陈白. 锦州大广济寺[A]. 孙进已等. 中国考古集成[C]. 北京：中国建筑工业出版社，1995.

[41] 杨瑞. 河北辽塔设计艺术研究[D]. 苏州大学，2007，(03).

[42] 杨楠. 辽代密檐塔形制特色研究[D]. 华南理工大学，2005，(06).

[43] 林茂雨. 沈阳塔湾舍利塔[J]. 辽宁大学学报，1980，(3).

[44] 于余. 北镇崇兴寺双塔[J]. 辽宁大学学报，1981，(5).

[45] 许彦文. 永丰塔小议[J]. 大连文物，1982，(2).

[46] 于余. 开原崇寿寺塔[J]. 辽宁大学学报，1982，(3).

[47] 王大方. 精美的辽代白塔[J]. 中国文物报，1982，(8).

[48] 王晶辰. 辽崇兴寺双塔[J]. 辽宁文物，1983，(5).

[49] 王晶辰. 云接寺塔[J]. 辽宁文物，1983，(5).

[50] 祝明等. 海城金塔[J]. 辽宁大学学报，1985，(6).

[51] 申平. 佛塔形态演变的文化学含义[J]. 洛阳工学院学报，2001，(06).

[52] 王菊耳. 辽代无垢净光舍利塔地宫四天王壁画初探[J]. 北方文物，1988，(4)：46-52.

[53] 孙进已等. 沈阳塔湾无垢净光舍利塔塔宫清理报告[M]. 沈阳市文物管理办公室，沈阳市文物考古工作队.

[54] 中国考古集成，东北卷，辽（三）[M]. 北京：北京出版社，1995：2146（原载于辽海文物学刊1986（2））.

[55] 曲强. 盖州市志[M]. 沈阳：辽宁科学技术出版社，2008：17-18.

[56] 筱竹. 盖州钟鼓楼[J]. 辽宁大学学报，1990，(3)：1-2.

后记

《中国古建筑丛书》是一套汇集全国各地区优秀传统建筑资料与评述的大作，并以省（区）为单元独自成书，但东北三省将辽宁、吉林、黑龙江合在一起归为一个单元，分为上、下两册。这是由于东北三省文化发展的不平衡性所致。辽宁省是文物大省，历史悠久，现存古建筑众多，因此，若以辽宁省单独作为一个单元独立成书，内容之丰富同样需要分为两册。而在吉林省和黑龙江省的历史建筑中，古建筑现存量较少，大部分是在近代以后建成和保存下来的遗产，若单独成书，信息量差距悬殊。另外，东北地区在中国版图中界域明晰，一道古老的长城成为塞内、塞外的分划与联系。东北三省的历史与文化具有密切的关联，也由此形成了建筑现象的地域性和统一性特征。因此，东北三省成为中国古建筑丛书分编方式中的特例：将辽宁、吉林、黑龙江三省古建筑整合编录，形成上、下两册。

鉴于东北地区相对其他各省（区）的疆域偏大，在资料收集、实地考察和历史研究等方面的工作量也相对繁重。因此，本书在研究与编纂过程中，联合了沈阳建筑大学、哈尔滨工业大学、吉林建筑大学、大连理工大学、辽宁工业大学和辽宁建筑职业学院等6所高校的许多教师和学生参加了这项工作，除本书前面列出的作者之外，还有许多教师、研究生参与了本书的前期工作。例如刘兵、李泉权、吴智翔、张李、刘万迪、赵龙梅、胡艳宁、袁月、刘畅、许涛、闫玉龙、王红燕、鲍吉言、李皓、史俊、肖洪、王鑫刚、赵晓静、李炎炎、邢飞、马小童、贾晓亮、于萍、姚琦、张晓阳、李安娜、刘贝、朱厚宁、刘娜奇、刘思佳、纪文喆等，都参与了大量的资料收集、建筑测绘和基础性研究工作，本书也凝聚着他们的心血与汗水。另外，各市的文物、宗教、旅游管理部门，博物馆及图书馆、档案馆等都给予了许多方便和支持。对于本书的面世，这些同学和老师以及这些部门的默默奉献功不可没。尽管此书还存在着许多不够确切、不够深入、不够完整的缺憾，但它将我们的劳动转化为对祖国珍贵遗产的宣传和记载，是我们最大的欣慰与无上的荣幸。

陈伯超
2015年3月于沈阳

作者简介

《辽宁 吉林 黑龙江古建筑》的作者是由来自高校、研究院和博物院的研究人员共同组成的一支对中国古建筑文化充满热爱并为着它的保护与传承精诚奉献的团队，包括学术精湛的教授、卓有成就的学者和勤奋敬业的学术骨干，单独介绍哪一个人都将列出一串令人敬佩的成果，而组合到一起的他们更是一支实力强大的学术团队。他们活跃在白山黑水、城市旷野、聚落古迹之间，活跃在教学、科研、建设的第一线上，本书正是他们长年研究与积淀的结晶。

陈伯超 教授	刘大平 教授	李之吉 教授	朴玉顺 教授	胡文荟 教授	张成龙 教授	赵兵兵 副教授	哈静 副教授
徐帆 副教授	吕海平 教授	汝军红 副教授	刘洋 讲师	张俊峰 副教授	李刚 吉林省博物院院长	李培约 高级建筑师	赵龙珠 副教授
刘思铎 讲师	李炎炎 建筑师	张勇 副教授	原砚龙 讲师	郝鸥 副教授	谢占宇 讲师	何颖娴 工程师	王严力 工程师
金日学 副教授	耿铁华 教授	肖东 副研究员	朱洪伟 高级工程师	邵明 副教授	杨梦阳 讲师	牛笑 讲师	王烟雨 摄影师